증산도문화사상연구 2

중국과 인도의 신선사상

후천 仙 문화와 상제

증산도문화사상연구 2
중국과 인도의 신선사상

발행일	2022년 5월 13일 초판 1쇄
저 자	신진식, 나우권, 김태용, 최수빈, 유수민, 샤오둥푸, G.J. 수다카르 공저
발행처	상생출판
발행인	안경전
주 소	대전 중구 선화서로 29번길 36(선화동)
전 화	070-8644-3156
F A X	0303-0799-1735
홈페이지	www.sangsaengbooks.co.kr
출판등록	2005년 3월 11일(제175호)
ISBN	979-11-91329-35-3
	979-11-91329-16-2(세트)

본 책자는 상생문화연구소가 개최한 2021년 가을, 증산도 문화사상 국제학술대회에서 발표된 논문을 편집하여 간행하였습니다.

증산도문화사상연구 2

중국과 인도의 신선사상

후천 仙 문화와 상제

신진식 · 나우권

김태용 · 최수빈

유수민 · 샤오등푸

G.J. 수다카르

상생출판

간 행 사

　요즘 코로나-19의 기세가 절정에 달했습니다. 전국적으로 하루 60만 명이 넘는 확진자가 발생하였고 누적 환자수는 1천만 명을 넘어섰습니다. 참으로 무서운 기세입니다. 물론 '극즉반極即反'이란 말이 있듯이 코로나 질병대란은 시간이 지날수록 수그러들 것입니다. 그러나 코로나는 끝이 아니며 개벽시대를 맞아 더 크고 무서운 병란이 올 것이라고 합니다. 증산 상제님께서는 "앞으로의 난은 병란病亂이니라. 난은 병란이 제일 무서우니라."(『도전』 5:412)고 하셨습니다. 감염병 전문가들 역시 코로나 이후 반드시 새로운 병이 닥쳐올 것이라고 경고하고 있습니다. 더욱 증산 상제님의 말씀에 귀를 기울여야 할 때입니다.

　코로나로 정치, 경제, 문화 등 전 사회가 위축되어 있던 지난 가을, 증산도 교육문화회관은 진리를 추구하는 많은 학자와 연구자들로 그 열기가 뜨거웠습니다. 그 이유는 11월 23일부터 5일간 〈후천 선 문화와 상제〉라는 주제로 증산도 문화사상 국제학술대회가 열리고 있었기 때문입니다. 우리나라 학계에서 5일간 일정의 국제학술대회는 그 규모면에서 찾아보기 어려운 큰 행사가 아닐 수 없습니다. 국내외 이름 높은 학자들이 '선仙'과 '신선神仙' 그리고 '수행'을 주제로 매우 훌륭한 논문을 발표하였으며, 격조 높은 논평과 토론이 진행되었습니다. 또한 증산도 진리를 연구하고 대중화하는 상생문화연구소 연구원들은 증산도의 핵심 진리인 '상제'를 주제로 심도 깊은 연구 결과를 발표하였습니다. 참으로 한국 뿐 아니라 세계에 영생불사永生不死하는 '신선神仙' 문화의 참뜻을 전한 뜻깊은 시간이었습니다. 진리탐구의 열정이 넘치는 학술대회는 5일의 일정으로 끝이 났지만 그 결과는 이렇게 영원히 남을 단행본으로 편집이 되어 출간되기에 이르렀습니다.

  상생문화연구소에서는 지난 2021년 봄에 국제학술대회를 개최하였고 이미 그 결과를 『삼신, 선, 후천개벽』이란 제목의 단행본으로 묶어낸 바 있습니다. 우리나라를 대표하는 종교학자인 김종서 서울대 명예교수는 그 책의 추천사에서 "(이번 학술대회는) 대안으로서의 증산사상을 열어놓고 있다... 도교적 전통들을 수용해내면서 신론과 선과 개벽 및 주문 수행 등을 중심으로 새로운 길을 제시하고 있는 증산사상이 바로 그 대안인 셈이다."라고 하여 선과 수행에 있어 증산도 진리의 중요성을 강조한 바 있습니다.

  2021년 가을 〈후천 선 문화와 상제〉라는 주제의 학술대회에서 발표된 발표문들은 2022년 봄을 맞아 지금 세 권의 단행본으로 세상에 그 결실을 맺게 되었습니다. 5일간의 학술대회에서 발표된 논문들을 세 가지 주제로 묶어 출간한 것입니다. 각 권의 제목은 『중국과 인도의 신선문화』, 『한국의 신선문화』, 『증산도의 문화와 사상』입니다. 이 세 권의 단행본 시리즈는 선 문화의 종주국인 한국의 신선사상뿐 아니라 중국의 신선사상, 그리고 인도의 신선문화까지 담고 있으며, 나아가 인류에게 후천 선경이라는 선의 보편세계, 신선들의 이상세계를 열어주신 증산 상제님에 대한 중요한 내용들이 들어있습니다. 말 그대로 인류 선 문화를 이해하는 가장 중요한 참고서라고 해도 과언이 아닐 것입니다.

  이번 학술대회를 개최하면서 상생문화연구소 안경전 이사장님은 '후천 선 문화와 상제'라는 주제에 대해 "'후천 선後天仙'이란 지금까지의 선천 수행법과는 전혀 다른 신선문화 도통수행법을 전수받아 대우주 삼신의 성령으로 거듭난 인간 '삼랑선三郞仙'을 뜻합니다. 동시에 신과 인간이 하나 되어 열어나가는 후천가을의 조화문명을 말합니다. 가을개벽을 넘어 이 땅에 펼쳐지는 '후천 선경'은 영원한 생명, 불멸의 존재인 삼랑선이 건설하는 선의 세계입니다. 상제上帝는 동방에서 지존하신 하느님, 천주를 가리키는 말입니다. 천지만물을 낳고 기르시는 우주성령 삼신三神과 하나 되어 삼계三界 우주를 다스리시는 분이기에 삼신일체 상제님으로 불립니다. 또한 1871(辛未)년 가을, 이 땅에 인간의 몸으로 강세하셔서 병든 천지를 뜯어고쳐 선천 상극의 질서 속에 원한 맺힌 인간과 신명을 널리 건지는 천지공사天地公事를 통해 상생의 새 세상으로 이끌어주신 조화주 개벽장 하느님, 증산 상제님을 가리킵니다. 후천 선과 상제는 서로 떼어놓고 말할 수 없습니다. 상제님께서 내려주신 무극대도가 곧 후천 삼랑선이 되는 수행의 길이요, 나아가 후천가을 통일문명 시대를 열고, 조화선경을 건설하는 무극대도인 까닭입니다."라고 그 중요성을 간결하고 쉽게 설명하였습니다. 이렇게 선 문화를 강조하는 이유는 바로 『도전』이 전하는 큰 가르침 중의 하나가 바로 선 문화이기 때문입니다.

> 이제 온 천하가 큰 병大病이 들었나니 내가 삼계대권을 주재하여 조화造化로써 천지를 개벽하고 불로장생不老長生의 선경仙境을 건설하려 하노라.(『도전』 2:16)
> 나의 도道는 사불비불似佛非佛이요, 사선비선似仙非仙이요, 사유비유似儒非儒니라. 내가 유불선 기운을 쏙 뽑아서 선仙에 붙여 놓았느니라.(『도전』 4:8)

(후천에는) 수화풍水火風 삼재三災가 없어지고 상서가 무르녹아 청화명려淸和明麗한 낙원의 선세계仙世界가 되리라.(『도전』 7:5)

증산도 『도전』에서 찾은 선仙과 관련된 구절들입니다. 사실 『도전』은 선仙 사상의 보고寶庫, 선 문화의 교과서입니다. 인류 선 문화의 원형과 미래 선 문화의 참모습이 상제님의 말씀으로 자세히 기록되어 있어 누구나 정성을 다해 읽으면 선과 수행의 올바른 길을 찾을 것입니다.

세권의 책자에 들어갈 간행사를 쓰면서 많은 분께 감사의 말씀을 전하는 것은 당연한 도리일 것입니다. 우리 연구소 안경전 이사장님께서는 학술대회를 개최할 수 있도록 물심양면으로 지원과 배려를 아끼지 않으시면서, 또 학술대회에 참가하시는 발표자 한분 한분께 증산도 진리를 담은 책자를 기증하여 글 작업에 어려움이 없도록 도움을 주셨습니다. 큰 은혜입니다. 2021년 봄에 이어 가을 학술대회에서도 소중한 강연을 해주신 정재서 영산대 석좌교수님은 연구소가 기대는 큰 언덕입니다. 또 실무적으로는 도교문화학회 회원분들과 소통하면서 학술대회 발표자로 여러분을 소개해 주신 이봉호 경기대 교수님께도 감사의 마음을 전합니다. 항상 연구소의 어려운 일을 도맡아 해주시고 학술대회의 전 과정을 잘 이끌어 주신 원정근 박사님께는 항상 감사하는 마음을 갖고 있습니다. 특히 이번 세권의 책자에 들어갈 추천사를 흔쾌히 보내주신 김백현 강릉원주대 명예교수님, 감사합니다. 매번 연구소의 책을 출간할 때마다 그 많은 양과 번잡함을 마다하지 않고 훌륭한 편집을 해주시는 상생출판 강경업 편집실장님의 노고에도 인사를 전하겠습니다. 물론 제일 감사의 마음을 전해야 할 분은 바로 학술대회 발표를 해주시고 또 이 책자에 옥고가 실리도록 허락하신 교수님들이라고 생각합니다. 정말 감사드립니다.

　이제 연구소는 해를 바꿔 2022년 올해도 두 번의 국제학술대회를 기획하고 있습니다. 한 번씩 학술대회를 개최하고, 그것이 쌓여 하나의 전통으로 정립된다고 생각하니 어깨가 무거워집니다. 하지만 진리를 전하는 사명감으로, 또 여러 교수님과 학자, 깨달음을 추구하는 수행자분들과 늘 함께 한다고 생각하면 즐거운 일이고 뜻있는 일이라고 믿으며 큰 힘을 얻게 됩니다. 앞으로도 증산도 문화사상 국제학술대회에 깊은 관심과 애정을 부탁드리면서 두서없는 간행사를 마무리할까 합니다. 다시 한 번 감사의 인사를 올립니다.

2022년 춘분에 즈음하여
상생문화연구소 연구실장 유 철

추 천 사

코로나19 전염병의 유행으로 인한 여러 가지 악조건에도 불구하고 증산도 상생문화연구소에서는 2021년 봄 '삼신, 선, 후천개벽'이라는 주제로 국제학술대회를 개최하여, 국내외 최고 수준의 학술마당을 펼쳤습니다. 상생문화연구소에서는 이러한 국제학술대회를 일회성에서 멈추지 않고 더욱 심화시켜, 2021년 가을 증산도 문화사상 국제 학술대회를 11월 25일 화요일에서 11월 27일 토요일까지 닷새 동안 후천 선 문화와 상제라는 주제를 중심으로 진행하였습니다. 이번 2021년 가을 증산도 문화사상 국제학술대회를 통해 증산도의 후천 선 문화를 발양할 뿐만 아니라 증산도 사상의 알짬이 무엇인가를 팔관법으로 나누어 제시한 것이 큰 성과였다고 생각합니다.

증산도의 후천 선사상은 인간이 우주만물과 하나가 되어 영원히 살 수 있는 길을 모색합니다. 증산도에서 선仙은 단순히 유불선의 선仙이 아닙니다. 후천의 선도仙道를 중심으로 하여 선천의 유불선 삼교를 초월하면서도 포함하고 있기 때문입니다. 유불선의 모체로서 인류 태고 시대의 원형문화인 신교의 선사상과 동학에서 좌절된 지상신선의 꿈을 완성하려는 참동학의 선사상을 창조적으로 계승하여 한국 선도의 새로운 부활을 꿈꾸는 것입니다. 한마디로 선의 원시반본原始返本을 추구하는 것입니다.

증산도의 후천 선사상은 유불선의 정수를 모아서 후천의 신세계, 즉 조화선경세계를 여는 새로운 기틀을 마련하였습니다. "내 세상은 조화선경이니, 조화로써 다스려 말없이 가르치고 함이 없이 교화되며 내 도는 곧 상생이니, 서로 극剋하는 이치와 죄악이 없는 세상"(『도전』 2:19:1-2)을 열려는 것입니다. 후천의 조화선경造化仙境, 지상선경地上仙境, 현실선경現實仙境 문화를 열어가는 열매문화로서의 선仙입니다.

　증산도의 후천 선사상은 선도의 조화造化로 불로장생과 불사장생의 선경세계를 만들어 모든 사람들로 하여금 선풍도골仙風道骨이 되게끔 하는 데 그 궁극적 목표가 있습니다. 후천의 지상신선으로서의 태일선太一仙 또는 태을선太乙仙입니다. 태일선 또는 태을선은 우주만물과 하나가 되어 신천지와 신문명을 새롭게 여는 창조적 주체로서의 신인간을 뜻합니다. 후천의 선 문화는 조화주 개벽장 하느님께서 내려주신 무극대도의 신선공부를 통해 선천세상의 상극질서를 개벽하여 온 생명이 독자적 자유를 맘껏 누리면서도 우주적 조화를 이루면서 살아갈 수 있는 지상선경地上仙境을 열고 태을신선太乙神仙으로서 거듭나는 데서 완성됩니다.

　증산도의 후천 선 문화는 우리 주위에 흔하게 널려 있는 돌 속에 숨어 있는 옥玉과 같습니다. 2021년 가을 증산도 문화사상 국제학술대회의 결과물을 『후천 선 문화와 상제』로 발간하는 이 책은 돌 속에 숨어 있는 옥을 캐내는 소중한 작업이라고 할 수 있습니다. 무한한 우주 생명과 하나가 되는 천지일심天地一心으로 이러한 작업을 계속해 나간다면 머지않아 인류가 새롭게 살아가야 할 길을 조명해 줄 수 있는 보석같이 빛나는 옥玉이 우리의 눈앞에 펼쳐질 것입니다.

강릉원주대 명예교수 김 백 현

목 차

여동빈呂洞賓과 증산甑山의 신선사상

신진식

필자 약력

신진식

소속 : 인천대학교

출생 : 1968년 2월 8일

학력 : 北京大學 대학원 철학 석·박사

경력 : 군산대학교 인문학연구소 연구교수('06~'08)

　　　 인천대학교 윤리교육과 초빙교수('08~'18)

　　　 인하대학교 철학과 초빙교수('19~20)

　　　 인천대학교 인천학연구원 학술연구교수('19~현재)

논문

「內丹學 '性命雙修' 사상의 현대적 의의」

「삼국시대의 중국 唐·五代 道教 전래에 관한 연구」

「朴世堂 老莊學의 특징」외 국내외 발표 논문 다수

저서

신진식 외, 『동아시아의 타자 인식』

신진식 외, 『포박자 연구』

신진식 외, 『東方文化與醫道』(中國)

신진식 외, 『東方文化與心靈健康』(中國)

신진식 외, 『환동해지역의 오래된 현재』

신진식 외, 『살림과 돌봄의 공동체, 사상과 실천』

역서

신진식, 『천년도인술』

신진식 외, 『종려전도집鍾呂傳道集』·『영보필법靈寶畢法』

신진식 외, 『주역참동계분장통진의周易參同繫分章通眞義』

신진식, 『입약경入藥鏡』

신진식 외, 『도교사전』

신진식, 『구한국외교문서 淸案』2, 4, 6권

1 들어가는 말

인간은 태어난 후 모두가 죽는다. 죽음은 우리에게 절대적인 미지의 세계로서 모두에게 불안과 공포를 야기하고, 가깝던 사람과의 이별에 따른 비극도 발생시킨다. 인류는 이를 극복하기 위해 장생불사를 갈망하며 끊임없이 노력해왔다. 사실 이와 같은 불사에 대한 열망은 인간의 보편적인 정서로서 시공을 초월하여 어느 시대나 모두 존재했고 현대에도 여전히 존재하고 있다. 현대 과학에서 추구하는 것 중 하나가 바로 노화를 방지하여 인간의 생명을 연장하고자 하는 것에 있다. 이러한 것을 보면 불사를 추구하는 것은 인간의 궁극적인 욕망과 관련된 문제인지도 모른다. 이러한 욕망은 신선사상을 탄생하게 만든 결정적인 모티브가 된다. 도교의 출발이 소박한 민중들의 욕구를 수용하는 데 있었던 것처럼, 신선사상은 모든 사람들이 기대하는 장생의 욕구에서 비롯된 것으로, 수행을 바탕으로 불로장생의 목적을 추구하는 현세기복적 특징을 지닌다. 신선사상은 유한한 인간이면서 동시에 불사의 신적인 존재가 되고자 하는 욕망의 표현이자, 인간 존재의 한계를 극복하고자 하는 이상의 표현이기도 하다. 바로 이러한 신선사상은 "인간 스스로가 개발한 신선방술에 의해서 불사의 생명을 향유하는 동시에 신과 같은 전능의 권능을 보유하여 절대적 자유의 경지에 우유優游하는 존재가 될 수 있다고 믿는 사상이다. 그것은 곧 '인간의 신화'를 생각하는 사상이요 '인간세계의 낙원화'를 지향하는 사상이다."[1]

신선도교의 각종 도파道派가 목표로 하는 것은 신선이 되는 일[成仙]로, 양생연명養生延命을 하거나 장생불사長生不死의 상태를 이루는 것이며, 최종

---

1) 도광순 편, 『신선사상과 도교』, 범우사, 1994, pp.13~14.

적으로는 특정한 수도修道를 통해 하늘과 합일하는 경지에 도달하는 신선이 되는 것이다. 바로 이것이 도교가 추구하는 최고의 주제이며 여기에는 체계적이고 완전한 이론적 기반이 있다. 도교에서는 만물의 근원과 형체形體와 정신, 천명天命과 인간의 적극적 노력을 언급한다. 전진교全眞敎 북오조北五祖 가운데 한 명인 여동빈[2]의 신선사상은 바로 이러한 내용들을 가장 포괄적으로 담고 있다.

이 글에서 이와 비교 논의의 대상으로 삼고 있는 증산사상은 유불도 삼교 중 도교와 많은 관련성을 가진다.[3] 이는 증산甑山 강일순(1871~1909)이

----

2) 여동빈의 이름은 巖이며 字는 洞賓, 號는 純陽子이다. 사료가 전해지지 않아 생몰년과 이력이 정확하지 않지만, 唐末五代 사람으로 河中府永樂 (지금의 山西省永濟縣) 출신이다. 火龍眞人을 만나 天遁劍法을 익혔고, 64세에 華山에서 鍾離權을 만나 10가지의 시험에 통과하고 득도하여 신선이 되었다고 한다. 王世貞, 『列仙全傳』 권6, 「呂巖」 (中國古畵譜集成編輯委員會, 『中國古畵譜集成』1, 山東美術出版社, 2000), pp.217~219 참고) 南宋 曾造는 『集仙傳』에서, "당대부터 오대까지 도를 이룬 인사는 겨우 16인 뿐인데, 순양자 여공의 실력이 가장 뛰어나다(自唐至五代成道之士, 僅得十有六人, 獨純陽子呂公顯力廣大)"라고 하였다. 순양자 呂公, 즉 훗날 八仙의 리더이기도 한 呂洞賓은 널리 回仙이라고 불리우며, 전진교의 북오조 가운데 한 명으로, 呂祖라고도 부른다. 宋 宣和元年(1119) 徽宗은 여동빈을 妙通眞人을 봉하였고, 元 至元六年(1269) 世祖는 여동빈에게 純陽演正警化眞君이라는 호를, 이어 至大三年(1310) 武宗은 純陽演正警化孚佑帝君이라는 호를 내렸다. 明淸시기까지 황제들은 여동빈에게 호를 내려 그의 지위를 승격시켰고, 이들 호에서 비롯되어 여동빈은 呂眞人, 呂純陽, 純陽眞人, 純陽帝君 등의 칭호로 불리기도 한다. 문헌에 따르면 여동빈은 唐末 礼部侍郎 呂渭의 손자로, 河中 지방 출신이며, 과거에 수차례 낙방하는 落第弟子였는데, 어느 날 과거 시험을 보러 長安으로 가던 중에 스승 鍾離權을 만나 도를 깨닫고 수련의 길로 접어들게 된다. 여동빈에 대한 기록은 北宋 때부터 전해져 내려오며, 宋代 이전의 문헌은 찾아보기 어렵다. 북송시기에, 이미 많은 문헌에서 여동빈을 신선으로 기술하고 있다. 예를 들어, 여동빈에 관한 이른 기록 가운데 하나인 北宋初 張齊賢(942~1014)의 『洛陽縉紳舊聞記』에는 "세상 사람들이 모두 여동빈을 신선으로 안다(時人皆知呂洞賓爲神仙)"라고 기술하고 있다. 동시기 楊億의 『楊文公談苑』에는 "여동빈은 인간 세상에서 자주 노닐며, 그를 본 사람이 아주 많다(呂洞賓者, 多遊人間, 頗有見之者)"라는 기록이 있다. 이를 통해 볼 때 북송시기에는 이미 신선 여동빈의 명성이 상당히 알려져 있었음을 알 수 있다.

3) 『도전』에는 이와 관련하여 다음과 같이 분명하게 언급되어 있다. "이제 불지형체佛之形體 선지조화仙之造化 유지범절儒之凡節의 삼도三道를 통일하느니라. 나의 도道는 사불비불似佛非佛이요, 사선비선似仙非仙이요, 사유비유似儒非儒니라. 내가 유불선 기운을 쏙 뽑아서 선仙에 붙여 놓았느니라."(『도전』 4:8:7~9) 그런데 증산은 실제 그의 언설에서 '도교'라는 용어를

누란의 위기를 구하기 위해 행한 천지공사에서도 살펴볼 수 있다. 증산은 광구천하匡救天下의 뜻을 정하고, 신축년(1901) 7월 대원사大院寺에서의 21일 간의 수도를 통해 무상의 대도로 천지대신문天地大神門을 열게 된다.[4] 또한 그해 겨울에 천지공사天地公事(1901~1909)를 시작하게 된다. 천지공사는 인간으로 강세한 증산의 일련의 종교행위를 일컫는 것으로, 천지공사에 사용된 여러 법방들과 교화에서 도교적 요소를 찾아볼 수 있다. 아울러 천지공사에 의해 '지상선경地上仙境'이 이루어질 것을 확언하고 있는 점과 '삶의 영원성'을 약속하는 것에서도 도교적 요소를 발견하게 된다.

이 글의 목적은 여동빈과 증산의 신선사상에 대한 각각의 해석을 통해 여동빈의 신선사상의 특징을 밝히고, 아울러 여동빈을 비롯한 도교 신선 관념과는 다른 증산만의 독창적인 신선관을 밝히는 데 있다. 이를 위해 먼저 여동빈의 신선사상을 살펴보고 이에 대비되는 증산의 신선이 의미하는 바가 무엇인지를 확인할 것이다. 즉 여동빈을 중심으로 하는 도교 신선과의 관련성을 통하여 접근하고자 한다. 이 과정에서 증산사상에 도교적 요소가 어떻게 습합되어 있는지를 『도전道典』을 통해 살펴볼 것이다. 그리고

한 번도 사용하지 않고 있다. 대신 선도仙道 또는 선仙을 사용했다. 그럼에도 도교적 요소로 볼 수 있는 다수의 용어를 사용하였고, 주문과 의례적인 측면에서도 도교적 요소를 수용하고 있다. 신선 또는 선술과 관련된 내용들을 교화의 수단으로 사용하였으며, 도교적 수련방법이라 할 수 있는 태좌법胎坐法이나 송주수련誦呪修鍊을 제자들에게 가르쳤다. 특히 증산이 제시한 수행법 중 중요한 위치를 차지하는 송주수련은 도교적 수행법과 유사점이 많으며, 송주수련시에 취한 태좌법胎坐法은 도교의 태식법에서 영향을 받은 것으로 보인다. 송주수련은 전통적으로 민간도교에서 흔히 사용된 방법인데, 운장주雲長呪, 포두주布斗呪, 칠성주七星呪 등은 도교의 경전 중 하나인 『道藏』에 실린 내용과 상당 부분 일치하는 것도 있다. 특이한 것은 다양한 주문이 있음에도 불구하고 증산은 특히 태을주太乙呪 수련을 강조하고 있다는 점이다. 이들과 관련된 내용은 다음의 논문들이 참고할 만하다. 김홍철, 「한국 신종교에 나타난 도교사상」, 『도교사상의 한국적 전개』, 서울: 아세아문화사, 1989. 김탁, 「증산교단사에 보이는 도교적 영향」, 『도교문화연구』 제24집, 2006. 김탁, 「한국종교사에서 도교와 증산교의 만남」, 『道教의 韓國的 受容과 轉移』, 서울: 아세아문화사, 1995. 김영주, 「대순사상의 지상신선 실현과 수행실천에 관한 연구」, 『도교학연구』 제21집, 2007.
4) 『도전』 2:11

증산이 신선을 어떻게 이해하고 있는가를 밝힘과 아울러 후천에서의 신선을 어떻게 해석하고 있는지를 설명할 것이다. 이를 바탕으로 여동빈의 도교 신선사상과 구분되는 증산 신선사상의 특징이 무엇인지를 제시하고자 한다.

2 여동빈과 증산의 신선에 대한 풀이

　신선사상은 대략 기원전 5세기경에 성립된 것으로 알려져 있으며, 신선술에는 의술醫術, 경방經方, 방중房中, 방기方伎의 4파가 포함되고 연금술이 합해지면서 신선사상을 형성하게 되었다. 『한서』 「예문지」에는 '신선神僊'[5]이란 성명性命의 참됨을 보존하고, 세상 밖에서 그것을 구하고자 유유자적하는 사람이라고 정의하며, 죽음과 삶을 동일시 여겼다.[6] 도교에서 추구하는 신선이란 어떠한 존재인가? 신선이란 우주의 원리, 도와 일체가 된 사람을 말한다. 그렇게 됨으로써 영원한 생명을 얻게 되는 것이다. 그것은 도를 배우고 단丹을 복용함으로써 이루어진다.

　신선사상을 논할 때, 중요하게 대두되는 문제가 신선사상의 연원문제이다. 특히 신선사상이 어디서 기원했는가의 문제는 그 핵심을 차지한다고 하여도 과언이 아닐 것이다. 그러나 여기에서는 기원 문제에 대한 논의가 중심이 아니라 여동빈과 증산 신선관[7]의 내용에 중심을 두고 있으므로 신

---

5) 신선은 일반적인 사람과 구별되는 것은 '선仙'이라는 글자에 있다. 선이란 한대 이전에는 선僊이라고 쓰였다. 이러한 사상을 가진 사람들은 세상 밖 깊은 산중에서 홀로 수명을 보존하고자 득선을 하고자 하였기에 '선'의 글자도 변화했을 것이다. 『설문해자』에서 僊의 본래 의미는 '춤 소매가 펄렁거리는 것(按僊僊, 舞袖飛揚之意)'이고, 한 대 말기의 곽희는 '늙어서도 죽지 않는 것을 仙이라고 한다(老而不死曰仙)' 하였다. 이러한 주대의 僊 의미 이후 한대에는 본격적으로 仙의 의미가 말해주듯이 산중에서 신선이 되고자 하였고, 신선은 불사의 존재이고 하늘을 가볍게 날아올라 떠돌아다닐 수 있는 능력을 가진 득선得仙 후 죽음을 초월한 불로장생하는 신인神人 또는 선인仙人을 의미한다. 정재서, 『신선설화의 의미공간』 중국소설논총 1, p.21.
6) 『漢書』 「藝文志」, 神僊者, 所以保性命之真, 而游求於其外者也. 聊以盪意平心, 同死生之域, 而無怵惕於胸中. 然而或者專以爲務, 則誕欺怪迂之文彌以益多, 非聖王之所以教也. 孔子曰 索隱行怪, 後世有述焉, 吾不爲之矣.
7) 이 글에서 살펴볼 증산의 신선관은 여동빈의 신선관과는 분명한 차이점을 보인다. 그런데 『太平經』에 보이는 선인관과 유사하고, 한말 도교의 저술인 『老子想爾注』의 내용과도 비슷하다. 그렇지만 두 저서와 상호 간에 차이점은 분명히 보인다. 어쨌거나 어떤 입장이든 간에 신

선에 대한 일반적인 관점에서 논의를 전개하고자 한다.

1) 여동빈의 신선관

먼저 여동빈의 신선관을 종합적으로 엿볼 수 있는 『종려전도집』(이하 『전도집』)을 살펴보자. 이 책은 여동빈의 물음에 종리권이 답하는 형식으로 이루어져 있다.[8] 『전도집』에서 여동빈의 첫 번째 질문은 어떻게 하면 사람이 병들지 않고 늙지 않으며 죽지 않을 수 있는가이다.[9] 이에 대해 종리권은 신선이 되어야 한다고 말한다.

이 육체를 가진 인간을 통해 이적과 교설을 전파하고 있다는 것을 부정할 수는 없다. 그런 점에서 『태평경』과 유사한 일종의 '通神의 仙人觀'이라 볼 수 있다. 이에 대한 좀 더 자세한 논의는 서대원, 「증산도의 신선 사상 고찰」, 『삼신·선·후천개벽』, 상생출판, 2021 참조. 서대원의 이 글에서는 『도전』에 언급된 신선의 능력과 공능에 대해서도 분석적으로 접근하고 있다. 이 글에서는 이와는 맥락을 좀 달리하여 신선 관념과 신선등급론 신선실재론을 위주로 신선관을 먼저 살펴보려고 한다.

8) 여동빈은 흔히 鐘離權의 제자로 알려져 있다. 이 둘을 합칭하여 '鐘呂'라고 하는데 이는 물론 종리권과 여동빈을 지칭한다. 종리권은 字가 雲房이며 正陽眞人이라 불린다. 道敎史에서는 일반적으로 이들을 종려학파, 이들의 학문을 鍾呂內丹學 혹은 鍾呂金丹道라 지칭한다. 여동빈이 실존했었다고 추정되는 唐末宋初 이후에도 여동빈을 만났다는 인물이 끊이질 않는다. 아마도 여동빈이 현재까지도 世間에 남아 중생을 구제하고 있다고 여기기 때문일 것이다. 그리고 그 결과로 송대 이후 중요한 도교인물 중 일부는 여동빈을 친견하여 祕傳을 받았고 그러므로 자기의 학설이 여동빈의 가르침 더 나가서는 바로 鍾呂學이라고 주장한다. 남북종의 두 개산비조들도 모두 여동빈을 친견한 적이 있다. 그런데 이런 주장은 종려학에 대한 객관적인 접근을 매우 어렵게 한다. 왜냐하면 서로 다른 여러 단학이론을 가진 학파에서 각기 자기의 학설이 여동빈의 親傳 학설이라 주장하기 때문이다. 본 글은 이러한 논란을 배제하기 위해 상대적으로 鍾呂時期에서 가까운 시기에 이루어진 신빙성 있는 문헌만을 논거로 할 것이며 이 문헌 이후 여동빈의 친전이라는 학설 및 그에 의거한 문헌에 대해서는 논외로 하겠다. 이와 같이 설정을 해도 鍾呂學에 대한 객관적 접근에는 여러 난점이 있다. 종리권과 여동빈의 이름으로 전해지는 저작은 많으나, 대부분 명청 시기의 위작으로 알려져 있다. 가장 믿을 만한 종려의 대표적인 작품으로는 『鍾呂傳道集』, 『祕傳正陽眞人靈寶畢法』(이하 『영보필법』), 『西山群仙會眞記』 삼부작이 있다. 이 글에서는 여동빈의 신선사상을 가장 체계적으로 엿볼 수 있는 『종려전도집』과 『영보필법』을 중심으로 연구를 진행할 것이다.

9) 『鍾呂傳道集』 「論眞仙」 呂曰: 人之生也, 安而不病, 壯而不老, 生而不死, 何道可致如此?

사람으로 태어나 윤회를 벗어나고자 하면, 다른 생명체의 몸에 들어가지 않도록 해야 한다. 그 몸이 병들지 않고 늙지 않으며 죽지도 고통스럽지도 않도록 해야 하는데, 이는 하늘을 이고 땅을 밟으며 음을 지고 양을 안는 사람이 되어야 한다. 사람이 되어서는 귀신이 되지 않도록 하고, 사람으로 살아가는 중에 수련하여 신선이 되고, 신선이 되어서는 선계에 올라 천선이 된다.[10]

그런데 이 신선에는 다섯 등급이 있으며, 그에 기반하여 신선이 되는 방법에는 구별이 있다고 한다. 신선의 다섯 등급이란 귀선鬼仙, 인선人仙, 지선地仙, 신선神仙, 천선天仙의 다섯이고, 그 방법은 소성小成, 중성中成, 대성大成의 세 가지이다.[11]

신선의 다섯 등급의 첫 번째 귀선이란 다섯 신선 가운데 가장 낮은 존재로서 수행하는 사람이 애초에 대도는 깨닫지는 못하면서 빨리 이루기만을 바라는 경우에 이에 머무르게 되는 것이다.

형체는 마른 고목같이 하고 마음은 죽은 재처럼 하여 정신은 내면을 지킬 줄만 알아 한뜻으로 흩어지지 않게 한다. 입정한 가운데 음신을 내니 이는 곧 청령한 귀신이지 순양의 신선이 아니다. 그 한뜻으로 음령을 흩어지지 않도록 하여 이렇게 된 것이기 때문에 귀선이라고 한다. 비록 신선이라고 하지만, 실제로는 귀신이다. 예나 지금이나 부처를 받드는 무리가 공부하여 여기에 이르고서는 도를 얻었다

---

10) 『鍾呂傳道集』 「論眞仙」 鍾曰: 人生欲免輪廻, 不入於異類軀殼. 嘗使其身無病老死苦, 頂天立地, 負陰抱陽而爲人也. 爲人勿使爲鬼, 人中修取仙, 仙中升取天.

11) 『鍾呂傳道集』 「論眞仙」 法有三成者, 小成中成, 大成之不同也. 仙有五等者, 鬼仙人仙, 地仙神仙, 天仙之不等, 皆是仙也. 鬼仙不離於鬼, 人仙不離於人, 地仙不離於地, 神仙不離於神, 天仙不離於天.

고 하니, 참으로 가소롭다.[12]

여기서 보면 일종의 좌선 참선과 같은 불교 수련의 결과를 놓고 귀선이
라 하여 칭하는 것으로 보인다. 여기에는 불교를 폄하하려는 의도가 있음
을 알 수 있다.[13]

두 번째로 참됨을 닦는 수도자가 대도를 깨닫지는 못하였지만 일정한
법술을 익혀 참된 마음으로 한결같은 믿으며 평생토록 열심히 노력하고
형질 또한 굳건하다면 여덟 가지 사악한 역기가 해칠 수 없으며 편안한 가
운데 병이 적은 '인선'이 될 수 있다.[14]

세 번째의 지선은 말 그대로 세상에 머물지만 죽지 않는 땅 위의 신선이
다.

천지에서 오르내리는 이치를 본받고, 일월에서 생성하는 수를 취한
다. 몸에서는 일 년과 한 달을 쓰고, 하루에서는 시와 각을 쓴다. 먼
저는 용호를 알아야 하고 다음에는 감리를 짝해야 한다. 수원의 맑
고 탁함을 구분하고 기후의 빠르고 늦음을 나눈다. 진일을 거두고
음양 이의를 살피며, 삼재를 나열하고 사상을 구분하며, 오운을 구
별하여 육기를 정하고, 칠보를 취하고 팔괘를 나열하며, 구주를 행한

---

12) 『鍾呂傳道集』「論眞仙」 形如搞木, 心若死灰, 神識内守, 一志不散. 定中以出陰神, 乃淸靈之鬼,
非純陽之仙. 以其一志陰靈不散, 故曰鬼仙. 雖曰仙, 其實鬼也. 古今崇釋之徒, 用功到此, 乃曰得道,
誠可笑也.
13) 여기서 불교의 수행법에 대한 도교의 관점을 알 수 있다. 도교의 이론에 의하면 불교적 수
행법은 陰神만을 단련할 수 있지 陽神을 수련할 수 없다. 왜냐하면 단지 정신수련만 있지 육
체수련이 없기 때문이다. 음양교구만이 진정한 수련 방법인데 불교에서는 이것을 모르고 육
체수련을 도외시하기 때문이다.
14) 『鍾呂傳道集』「論眞仙」, 人仙者, 五仙之下二也. 修眞之士, 不悟大道, 道中得一法, 法中得一
術, 信心苦志, 終世不移. 五行之氣, 惧交惧合, 形質且固, 八邪之疫不能爲害, 多安少病, 乃曰人仙.

다. 오행이 전도하여, 기는 자식과 어미의 관계로 전하고 액은 부부의 관계로 행한다. 삼단전을 반복하여 단약을 제련하여 이루고 영원히 하단전에 자리 잡으면, 육체를 단련해 세상에 머물면서 장생을 얻어 죽지 않아 땅 위의 신선을 이룬다. 그러므로 지선이라고 한다.[15]

네 번째 등급인 신선은 지선이 속세에 머무는 것을 싫어해 공부를 쉬지 않고 한 경우이다.

관절과 마디가 서로 통하게 하고 연홍을 추첨하여 금정이 정수리에서 단련시키고, 옥액환단하고, 연형하여 기를 이루고서는 오기조원하며, 삼양이 정수리에 모인다. 공이 가득하고 형체를 잊어 태선이 저절로 변화한다. 음이 다 소멸하여 순수한 양이 되어 몸밖에 몸이 있게 되니, 형질을 벗고 신선에 올라, 범인을 벗어나 성인이 된 자이다. 세속을 사양하고 이별하여 삼신산으로 되돌아가니 곧 신선이라고 한다.[16]

이쯤에 이르러 수련은 이미 완성된 것이나 다름없다. 그런데 도리어 신선으로 신선세계에 거처하는 것을 싫어해서 인간 세상에서 도를 전하다가 이 전하는 도에 공적이 있어 도교 최고의 신인 원시천존이 설한 책인 천서 天書를 받고 신선이 사는 곳으로 되돌아가게 되는 경우가 있는데 이것이

15) 『鍾呂傳道集』 「論眞仙」, 法天地升降之理, 取日月生成之數. 身中用年月, 日中用時刻. 先要識龍虎, 次要配坎離. 辨水源淸濁, 分氣候早晚. 收眞一, 察二儀, 列三才, 分四象, 別五運, 定六氣, 聚七寶, 序八卦, 行九洲. 五行顚倒, 氣傳子母, 而液行夫婦也. 三田反復, 燒成丹藥, 永鎭下田, 煉形住世, 而得長生不死, 以作陸地神仙. 故曰地仙.
16) 『鍾呂傳道集』 「論眞仙」, 關節相連, 抽鉛添汞, 而金精煉頂. 玉液還丹, 煉形成氣, 而五氣朝元, 三陽聚頂. 功滿忘形, 胎仙自化. 陰盡陽純, 身外有身, 脫質升仙, 超凡入聖. 謝絶塵俗, 以返三山, 乃曰神仙.

다섯 번째 등급인 천선이다.

신선으로 삼도(삼신산)에 거처하는 것을 싫어해 인간 세상에서 도를 전하면서, 도에 공적이 있고 인간 세상에도 행이 있어, 공과 행위가 가득 충족되어 천서를 받아 동천으로 되돌아가게 되는 경우가 있으니, 이를 천선이라고 한다.

이상의 다섯 등급의 선 가운데 "귀선은 본디 추구할 만한 대상이 되지 못하며, 천선 또한 감히 바랄 수 없다."[17] 오로지 인선, 지선, 신선만이 후천적 수련을 통하여 이룰 수 있다. 또 이 셋을 각각 소승 중승 대승으로 구분하는데 이러한 관념을 한당漢唐 이후의 신선학설과 비교해 볼 때 보다 정미하고 더욱 체계적이다.

2) 증산의 신선관

증산은 중국의 신선 가운데 여동빈을 직접적인 예로 들어 장생長生의 길이 바로 자신의 일임을 언급한 바가 있다.

또 나의 일은 여동빈呂洞賓의 일과 같으니 동빈이 사람들 중에서 인연 있는 자를 가려 장생술長生術을 전하려고 빗 장수로 변장하여 거리에서 외치기를 '이 빗으로 빗으면 흰머리가 검어지고, 빠진 이가 다시 나고, 굽은 허리가 펴지고, 쇠한 기력이 왕성하여지고 늙은 얼굴이 다시 젊어져 불로장생하나니 이 빗 값이 천 냥이오.' 하며 오랫동안 외쳐도 듣는 사람들이 모두 '미쳤다.'고 허탄하게 생각하여 믿지 아

---

17) 『鍾呂傳道集』 「論眞仙」, 鬼仙固不可求矣, 天仙亦未敢望矣.

니하더라. 이에 동빈이 그중 한 노파에게 시험하니 과연 흰머리가 검
어지고 빠진 이가 다시 나는지라 그제야 모든 사람이 다투어 사려고
모여드니 동빈이 그 때에 오색구름을 타고 홀연히 승천하였느니라.
간 뒤에 탄식한들 무슨 소용 있겠느냐![18]

  여동빈이 장생불사의 신선술을 전파하기 위해 노력하였지만 세상 사람
들이 허망하다고 믿으려 하지 않았다. 그런데 한 노구의 실험을 통하여
사실이 입증되자 사람들이 몰려왔지만 승천해버렸다. 결국 여동빈의 한
가지 고사에서 보여지는 것처럼 믿음을 가진 사람만이 장생불사하였다.
그렇듯이 증산이 의미하는 신선은 장생불사와 천상과 지상을 넘나드는
신선의 의미를 가지고 있으며, 또한 신선의 대한 믿음을 강조하고 있다.
  증산은 신선사상을 수용하고 재인식하는 과정에서 종래의 신선관과는
다른 면모를 보인다. 이에 대해 먼저 살펴볼 것은 비바람을 일으키는 능력
은 선천적으로 타고난 것이 아니며 무한한 공부를 통해 이루어진다는 것
이 북창 정렴의 예시이다.

  예로부터 생이지지生而知之를 말하나 이는 그릇된 말이라. 천지의 조
  화로도 풍우風雨를 지으려면 무한한 공부를 들이나니, 공부 않고 아
  는 법은 없느니라. 정북창鄭北窓 같은 재주로도 '입산 3일에 시지천하
  사始知天下事'라 하였느니라.[19]

  여기서는 북창을 폄하하는 듯하지만 어쨌든 그가 입산수도 사흘만에 천
하의 일을 모두 알기 시작했다는 예를 들어 공부를 독려하고 있다. 한편

---

18) 『도전』 7:84:3~10
19) 『도전』 2:33:3

증산은 자신이 하는 일을 탕자가 꿈속에서 하늘로 올라가 신선을 만나서 선학을 전파하는 일에 비유하였다.

> "나의 일은 어떤 부랑자의 일과 같으니, 옛적에 한 사람이 지조가 견실치 못하여 방탕히 지내다가하루는 홀로 생각하기를 '내 일생에 이룬 것이 없고 세월은 덧없이 흘러가서 이제 한갓 늙게 되었으니 어찌 한할 바 아니리오. 이제부터 마음을 고치고 선인仙人을 찾아서 선학仙學을 배우리라.' …… 별안간 하늘로부터 오색 구름이 찬란하고 선악仙樂 소리가 유량히 들리는 가운데 이윽고 그 신선이 내려와 일제히 선학을 가르쳐 주었느니라." 하시니라.[20]

증산은 자신이 살아생전에 하는 일은 지상에서의 선학 즉 신선이 되는 학문을 펼칠 도장을 건립하는 것에 비유한다. 지상에서 하는 일이 신선이 되는 학문[仙學]을 전파하기 위한 의미로 해석되고, 자신이 하는 일은 지상에 신선세계를 구현하기 위한 도를 펼쳐 도인들이 후천 선경에 이르도록 하는 데 있음이다.

한편 증산이 의미하는 신선술은 하늘로 신선이 되어 승선하는 방법이라는 것을 조금 구체적인 사례를 통하여 확인할 수 있다.

> '물로 뛰어내리면 선술을 통하게 되리라.' 하거늘 머슴이 그 말을 믿고 나뭇가지에 올라가 물로 뛰어내리니 미처 떨어지기 전에 뜻밖에도 오색 구름이 모여들고 선악 소리가 들리며, 찬란한 보련寶輦이 나타나서 그 몸을 태우고 천상으로 올라갔다 하였나니…'.[21]

----
20) 『도전』 8:105
21) 『도전』 8:106:5~7

아무리 미천한 머슴이라도 스승의 도를 믿고 따르면 하늘로 승선할 수 있다는 사례를 통해 믿음을 강조한 것이다. 증산은 여동빈의 빗장사 이야기 외에도 위와 같이 정북창이 입산 삼일에 천하사를 알게 된 이야기, 방탕자가 선학을 배운 이야기, 신선이 된 머슴 이야기 등을 교화의 수단으로 사용하고 있다.

그러나 증산은 신선을 수용하고 있음에도 신선의 실재와 관련해서는 독특한 관점을 견지하고 있다.

> "나의 얼굴을 잘 익혀 두라. 후일에 출세할 때에는 눈이 부시어 보기 어려우리라. 예로부터 신선이란 말은 전설로만 내려왔고 본 사람은 없었으나 오직 너희들은 신선을 보리라." 하시니라. 또 말씀하시기를 "내가 참으로 일하려고 들어앉으면 너희들이 아무리 나를 보려 하여도 못 볼 것이요, 내가 찾아야 보게 되리라." 하시니라.[22]

신선을 언급하면서도 선천의 신선실재에 회의적인 이중적 신선관은 단순히 도교에 대한 부정이 아니라 증산이 지녔던 선·후천의 세계 인식에서 기인한다. 선천을 상극지리相剋之理에 의해 진멸지경에 처한 세상으로 인식한 증산은 천지공사天地公事(1901~1909)를 통해 상생지리相生之理의 후천 선경後天仙境이 도래할 것임을 밝히고 있다. 그러므로 "신선을 말로만 전하고 본 사람이 없느니라."에서 보이는 신선실재에 대한 회의는 선천의 신선에 관한 것이며, "오직 너희들이 신선을 보리라."에서의 신선은 종도들에게 약속한 후천의 신선이 되는 것이다. 여기서 의미하는 바는 증산이 신선으로 다시 현세로 나타난다는 것이다. 그렇다면 어떠한 형상의 모습으로 나타나는가? 증산은 출세出世, 즉 세상에 다시 나타날 때 열석 자의 몸으로

---

22) 『도전』 7:89:8~10

눈이 부셔 바라보기 어려울 정도의 환한 광채를 내며 신선으로 나타난다고 하였다. 여기에서 증산이 사용한 신선의 의미는 사후에 때가 되면 지상으로 내려와 출세한다는 후천의 천상신선의 의미로 사용되었다는 것을 알 수 있다. 이같이 선·후천의 세계인식을 바탕으로 신선사상이 변용되고 있는 것이다. 이처럼 구분되어지는 '신선' 관념이 혼선을 빚게 되는 이유는, 기존 신선사상에서 등장하는 '불로불사, 무병장수, 수명이 길이 창성' 등의 용어를 원용함으로써 불사의 관념이 구분 없이 드러나기 때문이다. 사실 증산은 후천의 신선을 표현함에 있어 완성된 존재태로서 '인존' 또는 '도통군자道通君子'라는 또 다른 용어를 사용하고 있다.[23] 한편, 위에서 살펴보았듯이 여동빈이 신선을 5등급으로 나누었는데, 증산은 신선을 크게 상·중·하의 세 등급으로 구분 짓고 있다.

> 공자는 다만 72명만 도통시켰으므로 얻지 못한 자는 모두 원한을 품었느니라. 나는 누구나 그 닦은 바에 따라서 도통道通을 주리니 도통 씨를 뿌리는 날에는 상재上才는 7일이요, 중재中才는 14일이요, 하재下才는 21일 만이면 각기 도통하게 되느니라.[24]

> 상재上才는 만사를 심단心端으로 용사하고 중재中才는 언단言端으로 용사하고 하재下才는 알기는 하나 필단筆端으로 용사를 하리라.[25]

증산이 나눈 신선의 세 등급은 상재上才·중재中才·하재下才로써, 성도하는 데 걸리는 시간과 용사력의 차등에 따른 분류로 볼 수 있다. 인간에 국한

---

23) 증산의 언설에 등장하는 후천의 '신선'과 '도통군자' 그리고 '인존'은 해석상의 차이는 있을 수 있으나, 본질적인 측면에서 차이가 나타나는 것은 아니다.
24) 『도전』 2:141:1~3
25) 『도전』 6:134:2~4

시켜 인간의 재才를 기준으로 구분하고 있는 것이다. 이러한 증산의 분류법은 신선의 거주처와 득선방법에 따라 신선을 분류하고 있는 도교의 대표적인 신선삼품설[26]이나 여동빈의 신선 다섯 등급론과는 분류의 기준에 있어서 차이를 보인다.

증산은 후천의 세상을 '지상선경' 또는 '후천 선경'이라 명명했다. 신선은 '지상선경' 혹은 '후천 선경'의 세상에서 살아가는 존재임을 의미한다. 그러므로 신선은 '지상신선'[27]의 의미를 지닌다고도 할 수 있다. 그런데 '지상신선'을 '지상'이 지니는 공간적·지역적 범주로 인하여 도교의 신선삼품설이나 여동빈에게서 분류되어지는 '지선地仙'과 상응하는 것으로 해석하는 경우도 있다.[28] 증산이 명명하는 '지상선경'에서의 '지상'은 단순히 '땅 위'만을 한정 짓는 개념은 아니다.

하늘이 나직하여 오르내림을 뜻대로 하고, 지혜가 열려 과거 현재 미래와 시방세계十方世界의 모든 일에 통달하며 수화풍水火風 삼재三災가 없어지고 상서가 무르녹아 청화명려淸和明麗한 낙원의 선세계仙世界가

---

26) 갈홍은 『포박자·내편』 권2 「논선論仙」과 『포박자·내편』 권4 「금단金丹」에서 신선의 등급과 거주처에 따라 천선天仙-천관, 지선地仙-곤륜, 시해선尸解仙-지상의 관계로 나누고 있다.
27) 후천의 신선을 의미하는 '지상신선'이라는 용어는 증산에 의해 사용된 용어는 아니며, 증산의 사상을 계승하여 무극도를 창도한 정산(鼎山 趙哲濟, 1895~1958)에 의해 사용된 용어이다. 아래와 같은 종지와 신조 목적에 증산의 사상이 그대로 녹아있다.
종지宗旨 음양합덕·신인조화·해원상생·도통진경(陰陽合德 神人調化 解冤相生 道通眞境)
신조信條　사강령四綱領…안심安心·안신安身·경천敬天·수도修道
　　　　　삼요체三要諦…성誠·경敬·신信
목적目的　무자기無自欺 정신 개벽精神開闢
지상 신선 실현地上神仙實現 인간 개조人間改造
지상 천국 건설地上天國建設 세계 개벽世界開闢
28) 정재서는 동학에서의 지상천국을 이해하는 과정에서 '지상천국'을 '지상선계地上仙界라 하여 최종의 과업으로 삼았으며, 지선地仙에 상응하는 개념으로 지상신선地上神仙을 제시하였다.(정재서, 『한국 도교의 기원과 역사』, 이화여자대학교 출판부, 2006, p140.쪽.)

되리라.[29]

  이 말에서 볼 수 있듯이 '지상'이라는 개념은 천·지·인 삼계의 경계지음
이 사라진 '무경계'의 세상이다. 그러므로 천계와 지계를 구분 짓는 선천
의 세계관에 근거하여 단순히 지상신선이라는 용어적 해석을 근거로 도교
의 '지선'과 관련짓는 것은 다소의 무리가 있어 보인다. '후천 선경'에서는
인간 역할의 중요성이 강조된다. "선천에는 모사謀事는 재인在人이요 성사成
事는 재천在天이라 하였으나 이제는 모사는 재천이요 성사는 재인이니
라."[30]고 하여, 인간에 의해 일이 성사되는 구조를 통해 인간의 주체성을
강조하고 있다. 이것은 증산이 후천운행의 주체로서 인간을 평가하고 있
음을 의미하는 것이며, 신선실재에 대한 증산의 의지 표명이라 할 수 있는
것이다.

---

29) 『도전』 7:5:5~6
30) 『도전』 4:5:4~5

3 여동빈과 증산의 신선에 이르는 방법

1) 여동빈의 내단 수련론

앞서 살펴보았듯이 여동빈에게 있어서 신선의 최하위인 귀선은 말은 신선이지만 귀신과 마찬가지이다. 이것은 지향하지 말아야 한다. 또 천선의 경우는 선계에 오른 후의 일이므로 수련법에서 언급하지 않는다. 그러므로 신선이 되는 세 가지 법은 인선, 지선, 신선에 대한 것이다. 결국 소성법小成法은 인선이 되는 법이고, 중성법中成法은 지선이 되는 법이며, 대성법大成法은 신선이 되는 법이다.[31] 그런데 이 법은 실은 하나라고 한다.

이 세 가지 소성, 중성, 대성이라고 나누었지만 기실은 하나이다. 법을 사용해 도를 구하는데, 도는 본디 어려운 것이 아니다. 도로써 선仙이 되기를 구한다면, 신선이 되는 것도 매우 쉽다.[32]

즉 그 하나란 도이다. 여기서 도는 무엇인가? 대도大道는 형체도 없고 이름도 없으며, 물어볼 수도 없고 대답할 수도 없는 것이라 한다. 그렇다면 도는 사람과 멀리 떨어져 숨어 있는 것인가? 그것도 아니라고 한다. 도는 사람에게서 멀지 않으나 사람이 도에서 멀어졌을 뿐인데, 그 까닭은 천지의 기틀[천지지기天地之機]을 통달하지 못해서이다.[33] 결국 천지지기를 통달하게 되면 신선이 될 수가 있다는 것이다.

『전도집』에서 천지지기는 바로 천지의 음양이 승강하는 이치를 말한

---

31) 『鍾呂傳道集』「論眞仙」, 人仙不出小成法, 凡地仙不出中成法, 凡神仙不出大成法.
32) 『鍾呂傳道集』「論眞仙」, 是此三成之數, 其實一也. 用法求道, 道固不難. 以道求仙, 仙亦甚易.
33) 『鍾呂傳道集』「論大道」, 道不遠於人, 而人自遠於道耳. 所以遠於道者, 養命不知法, 所以不知法者, 下功不識時, 所以不識時者, 不達天地之機也.

다.[34] 이것은 『영보필법』 서문에서도 잘 드러나 있다.

> 나는 아침 일찍부터 저녁 늦게까지 널리 생각하고 깊게 성찰하였다.
> 이를 통해, 음陰 속에 양陽이 있고 양 속에 음이 있는 것은 천지가 승
> 강하는 마땅함과 일월이 교합하는 이치에 근본함을 깨달았고, 또한
> 기氣 가운데에서 수水가 생성되고 수 가운데에서 기가 생성되는 것은
> 심신이 교합하는 이치임을 깨달았다.[35]

여동빈의 이러한 말을 종합해 보면, 신선이 되는 법은 바로 천지의 음양
이 승강하는 이치와 일월日月이 교회交會하는 법도를 본받아 수련하는 것이
다. 천지의 음양이 승강하는 이치란 사계절의 변화를 말한다. 동지가 지나
면 땅속에서 양陽이 올라가고 하지가 지나면 하늘에서 음陰이 내려온다. 해
가 바뀌어 다시 동지가 되면 양이 올라 운행이 그치지 않는다. 사람이 이
법도를 취하여 수련하면 스스로 장생하여 죽지 않을 수 있다는 것이다. 일
월의 교합의 법도는 한 달 동안 달의 변화를 말한다. 달이 해의 혼魂을 받
을 때에는 양으로 음을 변화시켜서 음이 소진되고 양이 순수해진다. 이에
달이 빛나는 보름달이 되어 해처럼 빛나게 된다. 사람이 이것을 본받아 수
련하면 몸속의 음을 소진시키고 양이 순수해져서, 기氣로 신神을 이루고 신
선이 되어 순양의 체를 이룰 수 있다는 것이다.[36] 결국 수련이란 '음양상잡

---

34) 『鍾呂傳道集』 「論日月」, "天地之機, 在於陰陽之升降. 一升一降, 太極相生, 相生相成, 周而復
始, 不失於道, 而得長久."
35) 『靈寶畢法序』 "予宵衣旰食, 遠慮深省. 乃悟陰中有陽, 陽中有陰, 本天地升降之宜, 日月交合之
理, 氣中生水, 水中生氣, 亦心腎交合之理."
36) 『鍾呂傳道集』 「論日月」, 天地之機, 在於陰陽之升降. 一升一降, 太極相生, 相生相成, 周而復
始, 不失於道, 而得長久. 修持之士, 若以取法於天地, 自可長生而不死. 若比日月之躔度, 往來交合,
止於月受日魂, 以陽變陰, 陰盡陽純. 月華瑩淨, 消除暗魄, 如日之光輝, 照耀於下土. 當此時, 如人之
修煉, 以氣成神, 脫質升仙, 煉就純陽之體也.

陰陽相雜'의 상태에서 '순양무음純陽無陰'의 상태로 향해 가는 과정이라고 할 수 있다. 그렇다면 이것은 구체적으로 무엇을 의미하는가? 종려에 의하면 이것은 기본적으로 신腎·심心·기氣·액液의 운동변화를 의미한다. 종려에 의하면 인간의 생명이란 이 신·심·기·액의 활동이며 수련이란 이 신·심·기·액에 의도적인 활동을 하도록 하게 하는 것이다.[37]

이같이 음양승강과 일월교회의 법칙을 몸에 적용시키는 논리는 수련론 전체를 관통하고 있으며, 이는 여동빈 내단 수련론의 이론적 배경이라 할 수 있다. 물론 이것은 여동빈의 고유한 이론이 아니라, 노자와 참동계를 비롯한 여동빈 이전의 천인합일관 유비우주론 등의 사유를 이어받았다고 할 수 있다.[38] 그러나 여동빈은 진일보하게 천도의 법칙을 몸에 적용하면서 기존의 단법을 내단으로 해석해내고 있다.[39]

여동빈 수련론의 전개는 크게 세 부분으로 나누어 볼 수 있다. 앞서 언

---

37) 서대원, 「종려의 생명관 고찰」, 『선도문화』 제31권, 2021 참조.

38) 최근까지도 종려의 우주관에 대해 전문적으로 다룬 연구는 서대원의 논문이 유일하다. 이 논문은 종려 우주관을 종합적으로 살펴보는 데 매우 유용한 시각을 제공하고 있다. 그에 따르면, 종려의 우주관은 기본적으로 道論과 宇宙生成論 그리고 宇宙構造論으로 이루어져 있는데, 그것은 기본적으로 老子에 대한 독특한 해석에 기반하고 있다. 그리고 그 독특한 해석의 배경에는 周易과 參同契에 대한 나름의 이해가 작용을 하고 있다. 종려 우주관은 기본적인 뼈대는 크게 두 가지로 나누어 볼 수 있다. 우주 생성론의 입장에서 본다면, 老子의 "道生一, 一生二, 二生三, 三生萬物"에 대한 독자적인 해석이 그 근거가 되고 있으며, 우주 구성론의 입장에서 보자면, '負陰而抱陽'을 통해 천지음양승강을 설명하고 있다. (서대원, 「鐘呂의 宇宙觀 考察」, 『도교문화연구』 26, 2007 참조.)

39) 『鍾呂傳道集』「論抽添」, 眞仙上聖, 憫其如此輪回已而歸墮落, 深欲世人明悟大道. 比於天地日月之長久, 始也備說天地陰陽升降之理, 次以比喻日月精華往來之理. 彼以不達天機, 罔測玄妙. 以內藥比外藥, 以無情說有情. 無情者金石, 金石者外藥也. 有情者氣液, 氣液者內藥也.(진선과 상성은 이처럼 윤회하여 생을 마치고도 다시 타락함을 가엾게 여겨서 세상 사람들이 대도를 밝게 깨닫기를 깊이 바랬다. 이에 천지와 일월이 장구함에 비유하여, 처음에는 천지의 음양이 승강하는 이치를 갖추어 말하였고, 다음에는 일월의 정화가 왕래하는 이치를 비유하여 깨우쳤다. 그러나 저들은 천기를 통달하지 못해서 헛되이 현묘를 헤아렸다. 이에 내약으로 외약을 비유하였고, 무정으로 유정을 말하였다. 무정이란 금석이니, 금석이란 외약이다. 유정이란 기액이니, 기액은 내약이다.)

급한 바와 같이 소성, 중성, 대성의 순서로 수련이 전개되고 있다. 이것은
『영보필법』에서 소승小乘, 중승中乘, 대승大乘으로 표현되는데, 의미하는 바
는 같다.[40] 즉, 종려의 수련론은 소성 → 중성 → 대성의 점진적인 구조를
이루면서 전개되고 있다. 따라서 수련론에 대한 논의는 크게 소성, 중성,
대성의 세 부분으로 나누어 진행해야 할 것이다.[41] 그런데 『전도집』의 18
론과 『영보필법』의 10문을 일일이 열거하기에는 그 내용이 방대하므로,
여기서는 각 법이 가지는 함의에 따라 중점을 파악하여 18론을 중심으로
기술해보기로 한다.

먼저 천지의 운행이 위아래로 오가며 끊임없이 운행함으로써 장구한 시
간 동안 견고함을 유지함을 말한다. 그러므로 사람도 천지를 본받아야 함
을 강조한다.

> 나아가 청정한 뜻에 맡겨두면서 마땅히 그 근원을 저지하고 막아 원
> 양이 달아나지 않고 진기가 흩어지지 않게 하라. 그렇게 하면 기가
> 왕성해져 혼에도 음이 없게 되고, 양이 장성해져 백에도 기가 있게
> 될 것이다. 더불어 한번 오르고 한번 내려감에 취한 법이 천지의 운
> 행을 벗어나지 않게 되고, 한번 성하고 한번 쇠퇴함에 그 왕래 역시
> 일월의 운행과 같아질 것이다.[42]

----

40) 『전도집』은 모두 18論으로 되어 있으며, 論眞仙, 論大道, 論天地, 論日月, 論四時, 論五行,
論水火, 論龍虎, 論丹藥, 論鉛汞, 論抽添, 論河車, 論還丹, 論練形, 論朝元, 論內觀, 論魔難, 論證
驗의 순서이다. 『영보필법』은 10門으로 구성되어 있으며, 匹配陰陽, 聚散水火, 聚散水火, 燒煉
丹藥, 肘後飛金晶, 玉液還丹, 金液還丹, 朝元, 內觀, 超脫의 순서이다. 전도집은 앞부분은 전체
를 아우르는 논의로 진행되다가 중반부터 수련의 순서대로 전개되기는 하나, 소성, 중성, 대
성의 구분이 명확하지 않다. 이에 반해 영보필법은 수련의 순서대로 전개되고 있다. 따라서 구
성도 '小乘安樂延年法四門', '中乘長生不死法三門', '大乘超凡入聖法三門'의 3권으로 되어 있다.
41) 이에 대한 내용과 관련하여 최재호, 「鍾呂 內丹論의 전개」, 『도교문화연구』 제39집, 2013
참조.
42) 『鍾呂傳道集』 「論天地」, 委有淸净之志, 當且杜其根源, 無使走失元陽, 耗散眞氣. 氣盛而魂中

다음으로 연단하는 사람은 천기를 파악하여야 하고, 천기는 음양의 승강에 달려있다고 한다. 교대로 승강하면서 상생상성하며 순환반복하면서도 자신의 길을 벗어나지 않으므로 장구할 수 있다.

수행하는 선비가 만약 천지에서 법도를 취한다면 스스로 장생하여 죽지 않을 수 있다. 만약 일월이 일정한 궤도를 돌면서 왕래하며 교합하는 것에 비유하자면, 달이 해의 혼을 받을 때에 이르러 양으로써 음을 변화시키면 음이 소진되어 양이 순수해진다. 이에 달의 정화가 밝고 깨끗하여 어두운 백을 소멸시켜 마치 빛나는 해가 지구를 비추는 것과 같다. 이때에 해당하는 것을 사람의 수련에 비유할 것 같으면, 기로써 신을 성취시켜 형질을 벗어 신선이 되어 오르며, 순양의 체를 단련하여 성취하는 것과 같다.[43]

다섯 번째 장인 「논사시」에서 말하는 '사시'란 신중의 시, 연중의 시, 월중의 시, 일중의 시를 가리킨다. 만일 십이진을 하루라고 한다면 5일은 일후, 삼후는 일기, 삼기는 일절, 이절은 일시라고 하며 시에는 춘하추동이 있다. 이와 같은 것이 바로 년중의 시이다. 무릇 한달 30일, 360진을 월중의 시라고 부른다. 하루는 다시 십이진으로 나뉘는데 이것을 일중의 시라고 한다. 사시 가운데 또한 신중의 시는 얻기 어려우며 일중의 시는 아깝다.

도를 받드는 것은 소년 시절을 얻기가 어렵다. (하지만 소년시기에 도를 받든다면) 소년시기 수행은 근원이 견고하여 무슨 일이든지 쉽게 공효

無陰, 陽壯而魄中有氣. 一升一降, 取法無出乎天地, 一盛一衰, 其往來亦似乎日月.
43) 『鍾呂傳道集』 「論日月」, 修持之士, 若以取法於天地, 自可長生而不死. 若比日月之躔度, 往來交合, 止於月受日魂, 以陽變陰, 陰盡陽純. 月華瑩淨, 消除暗魄, 如日之光輝, 照耀於下土. 當此時, 如人之修煉, 以氣成神, 脫質升仙, 煉就純陽之體也.

를 볼 수 있어, 수행이 천일에 그치더라도 크게 이룰 수 있다. 또 도를 받드는 것은 중년 시절 역시 얻기가 어렵다. (하지만 중년시기에 도를 받든다면) 중년시기의 수행은 먼저 자신의 건강을 보하는 것을 온전히 갖추고 그 다음에 공부에 나아가는 것을 착수하니, 처음에는 노쇠함을 돌이켜 청춘을 회복하며 이후에 일반사람의 경지를 벗어나 성인의 경지에 들어간다. 도를 받드는 것을 소년 시절엔 깨닫지 못하고 중년 시기엔 살피지 못하지만, 때로는 재난으로 말미암아 마음을 청정에 머물게 하거나 때로는 질병으로 말미암아 뜻을 도에 두기도 한다.[44]

사람의 하루는 일월의 한달과 같으며 천지의 일년과 같아서 내단에서 중요하게 여기는 것이다. 하루 일각으로 일년 중 한달의 공효를 빼앗을 수 있으므로 마땅히 아낄만한 것이다.

대개 오장의 기는 한 달 동안 성쇠가 있고 하루 동안에는 진퇴가 있으며 한 시진 동안에는 교합이 있다. 운행은 5도에 의하고 기가 전해짐은 6후에 의한다. 금·목·수·화·토가 나뉘어 나열됨이 어긋나지 않고, 동·서·남·북·중이 생성됨에 규칙이 있게 된다. 정을 단련하여 진기를 생성하고, 기를 단련하여 양신에 합하며, 신을 단련하여 대도에 합한다.[45]

여섯 번째 「논오행」에서 말하는 오행은 사람에게 있어 신장은 수, 심장

---

44) 『鍾呂傳道集』「論四時」, 奉道者難得少年. 少年修持, 根元完固, 凡事易爲見功. 止於千日而可大成也. 奉道者又難得中年. 中年修持, 先補之完備, 次下手進功, 始也返老還童, 後卽入聖超凡也. 奉道者少年不悟, 中年不省, 或因災難而留心淸靜, 或因疾病而志在希夷.
45) 『鍾呂傳道集』「論日月」, 蓋以五臟之氣, 月上有盛衰, 日上有進退, 時上有交合. 運行五度而氣傳六候. 金木水火土分列無差, 東西南北中生成有數. 煉精生眞氣, 煉氣合陽神, 煉神合大道.

은 화 간장은 목, 폐장은 금, 비장은 토이다. 상생의 관계로서 말하면 신기가 간기를 생하고, 간기가 심기를 생하며, 심기가 비기를 생하고, 비기가 폐기를 생하며, 폐기가 신기를 생한다. 상극을 말하자면 신기가 심기를 극하고, 심기가 폐기를 극하며, 폐기가 간기를 극하며, 간기가 비기를 극하고, 비기가 신기를 극한다. 그리하여 "오행이 근원으로 돌아가면, 일기가 이끌어 원양이 위로 올라가 진수를 낳고, 진수가 조화 작용을 통해 진기를 낳으며, 진기가 조화 작용을 통해 양신을 낳는다."[46]

일곱 번째 「논수화」에서는 사람의 몸에는 수는 많고 화는 적다고 한다. 수로서 말하는 것으로는 사해四海, 오호五湖, 구강九江, 삼도三島, 화지華池, 요지瑤池 등이 있다. 이른바 사해는 심은 혈해 신은 기해 뇌는 수해 비위는 수곡지해이다. 오호는 즉 오장을 가리키며, 구강은 소장을 삼도는 삼단전을 말한다.

여덟 번째 「논용호」에서 신수가 기를 생성하게 되면 그 기속에 진일의 수가 있는데 이것을 음호라고 부른다. 심화가 액을 생성하게 되면 그 액속에 정양지기가 있는데 이것을 양용이라고 한다. 논용호에서는 이것을 다음과 같이 나타낸다.

신장의 기는 흩어지기가 쉬우니, 얻기 어려운 것은 진호이다. 심장의 액은 모으기가 어려우니, 쉬이 잃는 것은 진용이다. 만권의 단경은 의론이 음양을 벗어나지 않고, 음양 두 일은 정수가 용호 아님이 없다. 도를 받드는 선비 만 명 중에 이것을 아는 이는 한둘이라. 혹 많이 듣고 널리 기록하여 용호의 이치를 알더라도, 교합의 때를 알지 못하며, 채취하는 법을 알지 못한다. 고금의 통달한 선비가 백발

46) 『鍾呂傳道集』「論五行」, 五行歸原, 一氣接引, 元陽升擧而生眞水, 眞水造化而生眞氣, 眞氣造化而生陽神.

이 되도록 수행하여도 소성에 그쳐서 여러 대에 걸쳐 수명을 늘려도 초탈을 듣지 못하는 것은, 용호를 교구하고 황아를 채취하여 단약을 이루지 못했기 때문이다.[47]

아홉 번째 「논단약」에서 약을 두 등급으로 나눈다. 하나는 내단이라 하고 하나는 외단이라 한다. 외단은 팔석오금을 사용하고, 수많은 시간을 축적하여 삼품을 연성하는데 각 품마다 각기 다시 3등급이 있으므로 구품 대단이라 부른다. 이 약은 사용하지 않을 수 없으며, 자신의 심원을 맑게 하고 신근을 견고하게 만들어야만 비로소 복용하여 진기를 도울 수 있다.

열 번째 「논연홍」에서 연이란 신장 중의 원양의 기로서 그것은 부모의 진기에 뿌리를 두고 있는데 서로 합하여 하나가 되며 순수하여 분리되지 않는다. 홍이란 심액속의 정양의 기로서 그것은 신기에 뿌리를 두고 간기로 전해지며 간기는 심기로 전해진다. 심기에서 액체가 생겨나며, 그 액체 가운데서 정양의 기가 생겨난다.

열한 번째 「논추첨」에서는 단을 만들 경우의 불의 세기를 잘 팔펴 단련하되 절도 있게 운행하는 것을 말하고 있다.

열두 번째 「논하거」에서 사람의 몸안은 양이 적고 음이 많아서 수라고 말하는 곳이 매우 많다고 한다. 하는 곧 음이 많은 것에서 그 상을 주로 취한 것이고 거는 운반한다는 것에서 그 의미를 취한 것이다. 이른바 하거는 사실상 신장의 진기를 가리킨다. 그것이 운련되는 단계에서 일어나는 작용의 차이로 인해 소하거와 대하거 그리고 자하거로 나뉜다.

열세 번째 「논환단」에서는 그 시기의 차이로 인해 착수하는 곳이 다르

---

47)『鍾呂傳道集』「論龍虎」, 腎氣易爲耗散, 難得者眞虎. 心液易爲積聚, 易失者眞龍. 丹經萬卷, 議論不出陰陽, 陰陽兩事, 精粹無非龍虎. 奉道之士, 萬中識者一二. 或以多聞廣記, 雖知龍虎之理, 不識交合之時, 不知採取之法. 所以今古達士, 皓首修持, 止於小成, 累代延年, 不聞超脫, 蓋以不能交媾於龍虎, 採黃芽而成丹藥.

며, 소환단, 대환단, 칠반환단, 구전환단, 금액환단, 옥액환단이라는 구분이 있다는 것을 논한다.

열네 번째 「논연형」에서는 금액연형과 옥액연형의 이법을 말한다.

열다섯 번째 「논조원」에서 원은 상, 중, 하의 삼단전을 가리킨다. 단전에 기가 모이고 신이 잘 간직되는 것을 조원이라 한다. 일양이 막 생겨나기 시작할 때 오장의 기는 중원에 모인다. 일음이 막 생겨나기 시작할 때 오장의 액이 하원에 모인다.

열여섯 번째 「논내관」에서 내관은 양신을 모으는 것으로써 그것을 수련하는 것을 빠뜨려서도 안 되며 억지로 집착해서도 안된다고 한다.

열일곱 번째 「논마난」에서 마에는 10종류가 있고 난에는 9종류가 있다. 일반적으로 수련상의 장야와 공법수련상의 환상을 가리킨다. 그 가운데 의식衣食의 핍박, 손윗사람의 가로막음, 은애에 얽매임, 명리에 굽힘, 재난이 마구 생김, 맹목적인 스승의 구속, 의론의 차별 의지의 나태함, 세월을 놓침 등을 통틀어 구난이라고 말한다. "이 아홉 가지 어려움을 면해야만 바야흐로 도를 받들 수 있고, 아홉 가지 어려움 중에 한두 가지라도 있어서 수행할 수 없으면, 다만 헛수고이어서 성공할 수 없는 것이다."[48]

열여덟 번째 「논증험」에서는 수련의 방법이 12가지라고 한다. 첫째는 필배음양(음양을 짝지우는 것), 둘째는 취산수화(수화를 모으고 흩어지게 하는 것), 셋째는 교구용호(용호를 교합시키는 것), 넷째는 소련단약(단약을 소련하는 것), 다섯째는 주후비금정, 여섯째는 옥액환단, 일곱째는 옥액연형, 여덟째는 금액환단, 아홉째는 금액연형, 열째는 조원연기, 열한째는 내관교환, 열두째는 초탈분형이다. 시간과 방법에 따라 단계별로 수련해나가면 증험이 순서대로 나타나고 조금도 차이가 생기지 않는다고 한다. 이상과 같이 공법 수련

---

48) 『鍾呂傳道集』 「論魔難」, 蓋以五臟之氣, 月上有盛衰免此九難方可奉道, 九難之中或有一二不可行持, 但以徒勞而不能成功者也.

상의 다양한 증험과 특이한 공능은 수련정도의 깊이에 따라 나타나게 된다.

2) 증산의 인존도통론

앞서 말했듯이 증산은 후천의 신선을 표현함에 있어 후천 선경의 완성
된 존재인 '인존' 또는 '도통군자'라는 색다른 용어를 사용하고 있다. 증산
에게 있어 신선은 바로 도통군자로서 도통한 존재이며 신선실현은 도통의
경지를 일컫는다. 도통은 인간 본래의 청정한 본성으로 돌아가는 것을 의
미한다. 인간의 본성을 되찾기 위해서는 무자기無自欺를 근본으로 마음을
닦고 성품을 연마하고 자신의 기질을 단련하여야 한다. 또 음양합덕, 신인
조화, 해원상생, 도통진경의 진리를 힘써 닦고 온갖 정성을 다하여 도가
곧 나요 내가 곧 도라는 경지를 올바로 깨달아 환하게 도에 통하게 되면,
삼계를 꿰뚫어 볼 수 있게 되고, 삼라만상의 모든 이치를 깨달아 불가능
한 일이 없게 되는데, 이것이 영통이고 도통이며 인존에 도달한 것이다.

그러면 증산의 도통의 방법이 무엇인지 살펴보자. 도통의 방법은 곧 신
선이 되는 방법이기도 하다. 도통은 자신의 마음을 거울과 같이 닦아서 진
실하고 정직한 인간의 본질을 회복했을 때 이를 수 있는 경지이다. 도통은
수도를 통해 가능하다. 수도란 인륜을 바로 행하고 도덕을 밝혀 나가는
일이다. 바로 수도의 목적은 도통에 있다. 수도를 바르게 하지 못하면 도
통은 불가능하다. 도통은 자신의 수도 여하에 달려 있는 것이지 물품을
수수하듯이 서로 주고받는 것이 아니다. 도통은 선후의 차등은 있을 수
없다. 도통은 오직 각자의 수도 정도에 따라 유불선의 도통신들과 각 성姓
의 선령신들의 공평한 판단에 의하여 결정된다.

"도통줄은 대두목에게 주어 보내리라. 법방法方만 일러 주면 되나니 내
가 어찌 홀로 맡아 행하리오. 도통시킬 때에는 유불선 각 도통신道通神

들이 모여들어 각기 그 닦은 근기根機에 따라서 도를 통케 하리라."⁴⁹

각 성姓의 선령신先靈神 한 명씩 천상공정天上公庭에 참여하여 제 집안 자손 도통시킨다고 눈에 불을 켜고 앉았는데 이제 만일 한 사람에게 도통을 주면 모든 선령신들이 모여들어 내 집 자손은 어쩌느냐고 야단칠 참이니 그 일을 누가 감당하리오. 그러므로 나는 사정私情을 쓰지 못하노라. 이 뒤에 일제히 그 닦은 바를 따라서 도통이 한 번에 열리리라.⁵⁰

선천세계에서도 수도를 한 사람들이 그 수를 헤아릴 수가 없을 정도로 많았다. 그런데 도통을 했다는 사람을 찾기는 어렵다. 그 이유는 도통은 각자 수도 여하에 따라 누구나 공평하게 받아야 함에도 불구하고, 선천세계에서 유교와 불교는 아주 제한적으로 도통이 가능했고, 도교에서는 음해하는 자로 인하여 도통이 불가능한 경우가 있었기 때문이다. 이러한 연유로 도통을 받지 못한 수많은 사람들이 원한을 품게 되었다.

증산은 이러한 도통의 장애요인을 모두 없애고, 누구나 수도의 정도에 따라 공평하게 도통을 받을 수 있는 길을 열어놓았다. 도통은 신선이 되는 필수 조건이다. 증산의 신선은 속세를 떠나서 수행하거나 불로초와 같은 신약을 복용하여 달성할 수 있는 것이 아니라 증산의 도를 믿고 따름으로써 가능하다고 하였다. 이와 같은 논의는 증산의 심신 균형과 신인조화의 인존사상에서 심화되어 나타난다.

증산의 '신선실재'에서 보여지는 신선은 현실세계에서 사라지거나 은둔하는 신선이 아니라 현실에서 살아 움직이는 신선이다. 증산에 있어 '신선실재'의 문제는 인간에 대한 일반적 해석의 범주를 넘어 '후천의 바람직한 인간상'의 형성에 대한 문제로 이어진다. '후천의 바람직한 인간상'으로

---

49) 『도전』 6:129:3~5
50) 『도전』 6:135:3~6

제시되는 증산의 인간관이 바로 '인존'사상이다.[51] 결국 증산이 도달하고 자 하는 목표는 인존이다. 이를 이르기 위한 방법은 도통에 있고 이것을 인존도통론이라 할 수 있겠다.

증산은 한국인들이 가지는 전통적 세계관인 천·지·인의 위계질서를 부정하면서, 인간이 하늘보다 존귀한 존재임을 강조한다. 그러면서 앞으로 의 세상은 과거와는 달리 인간에 의해 일이 성사되는 '인존시대'라 규정하고 있다.

> 천존天尊과 지존地尊보다 인존人尊이 크니 이제는 인존시대人尊時代니라.
> 이제 인존시대를 당하여 사람이 천지대세를 바로잡느니라.[52]

증산의 인존사상은 천심즉인심天心卽人心, 인내천人乃天, 사인여천事人如天 등 에서 보이는 인간 지상주의적 관점[53]에서 더욱 발전하여 심·신의 균형과 신·인의 조화調化[54]를 통한 우주운행의 주체라는 의미를 지닌다. 여기에서 인간은 전체구조의 주체일 뿐만 아니라 우주의 존재가 곧 인간존재와 직결 하고 있음을 시사示唆하고 있다. 그리고 인간의 존재는 신의 표상인 동시에 만물을 조화調和하고 그들의 생존을 가능하게 할 수 있는 능력을 소유한 존

---

51) 후천 선경에서는 인간의 본향성과 존엄성이 완전히 실현되는 인존시대가 된다. 증산은 세 속적 지식과 재리에만 편향된 인간에서 탈피하여 천·지·인 삼계의 이법에 따라서 생을 영위하 는 인간상을 보여주고 있다. 그 인간상이 곧 도덕군자, 진인眞人, 신인神人이요 '하늘사람'이 라고 일컫는 인간상 이것이 '인존人尊'의 인간관념인 것이다.(윤재근, 『대순사상의 인간형성이 론』, 동국대학교 박사학위논문, 2001, p.52.)
52) 『도전』 2:22:1~2
53) 이원호, 「동학의 인간관과 현대교육적 의미」, 『한국교육사상연구』, 집문당, 1986, p.286~288.
54) 조화調化는 조화調和와 조화造化를 합한 신조어로써, 기존의 종교적 유산과 시대적 상황 이 만들어낸 새로운 종교사상적 개념이다. 여기서는 신과 인간이 조화調和를 이뤄 새로운 존 재로 변화한다造化는 의미로 쓰이고 있다.

재라는 것이 강조되고 있다.[55] 증산은 인존을 강조하면서 "인망人望을 얻어야 신망神望에 오르느니라."[56]고 하여 선천에서는 모든 권력이 하늘로부터 왔지만, 후천에서는 그러한 권력이 민중으로부터 나온다는 점을 지적함으로써 인존시대의 새로운 윤리를 제시한다. 이는 개개인이 지니는 존엄성에 대한 강조를 통해 자신에 대한 근본적인 변화를 이끌어 내고자 하는 것으로, 인존의 실현은 인간의 일상생활에 있어 별개의 생활형태가 아니라 궁극의 삶을 지향하는 일상의 삶 속에서 동시통합적으로 구현되는 것이며, 끊임없는 노력을 통하여 자신을 완성해 가는 것이다. 인존에 있어서 중요한 것은 마음이다. 인간의 마음은 스스로의 자각으로부터 비롯된다.

> 이제 모든 일에 성공이 없는 것은 일심一心 가진 자가 없는 연고라. 만일 일심만 가지면 못 될 일이 없나니 그러므로 무슨 일을 대하든지 일심 못함을 한할 것이요 못 되리라는 생각은 품지 말라.[57]

이처럼 인존이 되기 위한 노력은 자기 자신의 노력에 달려 있다. 즉 자기각성을 통한 수도에 달려 있는 것이다. 그러므로 증산은 "정심正心으로 잘 수련하라."[58]는 교화를 통하여 스스로의 진지한 노력을 바탕으로 성취되는 자기완성의 길이 인존임을 강조하고 있다. 이것이 곧 신선실현이다. 자각을 통한 신선실현은 외부의 요인에 의해 신선의 경지에 이르는 것이 아니라 자신의 인성을 스스로의 노력을 통해 완전히 실현함으로써 가능하다. 이처럼 내재된 인성의 완전한 실현을 통하여 자신이 지닌 한계를 뛰어넘어 완전한 인간인 인존으로 거듭나는 것, 그것이 바로 후천 선경에서의 신선의 실현인 것이다.

55) 윤재근, 위의 글, p.64
56) 『도전』 8:30:2
57) 『도전』 8:52:1~3
58) 『도전』 5:207:2

4 맺는 말

　지금까지 살펴본 바와 같이 여동빈의 신선에 대한 개념은 기존의 도교 신선 개념과는 사뭇 다르다. 즉 음을 지고 양을 껴안는 것은 사람이고, 순양純陽으로 음이 없는 것은 신선이라 하였고, 음양의 변화는 우주와 생명의 변화를 결정한다고 하였다. 음과 양은 바로 기氣의 두 가지 다른 성질로, 이 두 가지는 서로 모순되나, 음양의 운동이 우주와 만물을 생생불식生生不息하게 하고 천변만화千變萬化하게 하는 근본이 된다고 하였다. 당시에는 음양에 관한 내용이 매우 애매하였는데, 이들은 다시 정리하여 세 단계로 나누고, 효과가 있는 실제적인 수련방법을 통하여, 이전의 음양에 관한 내용을 체험을 통해 깨달을 수 있게 하였다. 사람들이 일단 음을 제거하고 양을 머물게 하여 마침내 순양에 이르게 되면 즉 도의 높은 단계에 이룰 수 있다고 하였다.

　여동빈의 신선 수련이론은 그 화제가 매우 광범위하고 내용이 지극히 풍부하여 이후에 펼쳐질 내단학설의 거의 모든 영역을 대부분 포괄하고 있다. 그것은 여동빈의 내단 이론이 이미 상당히 완비되고 성숙되었음을 반영해준다. 실로 여동빈의 내단 수련론이 나온 이후에야 도교 내단 수련의 학풍이 풍미하게 되었다. 수도를 실천하는 넓이와 깊이를 말할 것도 없이 모두 이전에는 없었던 일이었다. 여동빈은 사람들에게 제일 먼저 내단 이론에 관해 체계적으로 우주가 생성하는 이치와 음양이 연화演化하는 작용으로 내단을 설명하였고, 계속하여 비밀스런 수행에 효과가 있는 방법과 실질적 수련법을 지도하였다. 그들의 웅변으로 "조화공부造化功夫는 사람에게 있다."고 하였고, 사람이 수련하여 신선이 될 수 있다는 과제를 제시하였다.

여동빈은 학인學人이 밖으로 단약을 제조하여 복용해 신선이 될 수 있다는 것에 대해 반대하였다. 선단仙丹은 자기 몸에 있다고 하였고 또 대도성언大道聖言은 감히 자기 혼자만의 것으로 하지 않는 무사정신無私精神에 입각하여 뒷사람에게 전하고 아울러 후학에게 고하여 "도를 이루면 비밀로 하여서는 안 된다."는 메시지를 전달하였다.

한편 앞서 확인했듯이 증산의 신선사상에는 도교적 요소가 내재되어 있다. 그러나 여동빈의 도교의 신선사상과는 차별화되는 독창적인 부분이 있다. 증산은 도교의 '신선실재'에 대해 회의하며, '신선부재'의 이유를 상극지리의 선천 우주운행원리에 있다고 진단한다. 이러한 '신선실재'에 대한 회의는 '신선실현'에 대한 모색으로 이어져 우주적 차원에서의 새로운 운행원리를 통해 '신선실재'를 가능하게 하고자 하였다. 이를 '천지공사'라 명명하였는 바, 세계민생을 건지려는 목적의식과 해원이념을 내재하고 있는 천지공사는 후천 선경을 건설한다는 종교적 지향성이 내재되어 있다.

후천 선경에서의 신선은 현실세계에서 사라지거나 은둔하는 신선이 아니다. 증산의 신선은 현실에서 살아 움직이는 신선이다. 이를 증산은 '인존'의 인간관념으로 제시하였으며, 인존은 후천 선경의 세상에서 요구되는 '후천의 바람직한 인간상'을 의미하는 것이다. 인존은 자기각성을 통한 끊임없는 자기완성의 노력을 통하여 자신이 지닌 한계를 뛰어넘어 완전한 인간으로 거듭나는 것으로 신선실현의 다른 표현에 다름아니다. 이는 득도得道를 통한 한 개인의 완성의 차원을 넘어서 사회적 가치실현의 단계로 이어지는 데 그 특징이 있는 것이다.

오늘날 문명과 의료의 발달로 인간의 평균수명은 점차적으로 늘어나는 추세이다. 그러나 생명에 대한 경외심이 사라진 현 사회는 과도한 경쟁과 스트레스 등에 노출되며, 그로 인한 우울증·자존감 상실·자살·살인 그리고 의료기술의 남용으로 인한 낙태·안락사 등이 사회적 문제로 대두되고 있다. 이와 같이 생명존엄성과 자아정체성을 상실한 오늘날의 사회에 자유와 불멸을 추구한 여동빈과 증산의 신선사상은 우리에게 많은 시사점을 준다.

≡ 참고문헌 ≡

경전류

- 『洛陽縉紳舊聞記』
- 『老子想爾注』
- 『道典』
- 『祕傳正陽眞人靈寶畢法』
- 『西山群仙會眞記』
- 『楊文公談苑』
- 『列仙全傳』
- 『鍾呂傳道集』
- 『集仙傳』
- 『太平經』
- 『抱朴子』
- 『漢書』

단행본

- 도광순 편, 『신선사상과 도교』, 범우사, 1994.
- 정재서, 『한국 도교의 기원과 역사』, 이화여자대학교 출판부, 2006.
- G.J. 수다카르 외, 『삼신·선·후천개벽』, 상생출판, 2021.
- 中國古畫譜集成編輯委員會, 『中國古畫譜集成』1, 山東美術出版社, 2000.

논문류

- 김영주, 「대순사상의 지상신선실현과 수행실천에 관한 연구」, 『도교학연구』 제21집, 2007.
- 김탁, 「증산교단사에 보이는 도교적 영향」, 『도교문화연구』 제24집, 2006.
- 김탁, 「한국종교사에서 도교와 증산교의 만남」, 『道教의 韓國的 受容과 轉移』, 서울: 아세아문화사, 1995.

- 김홍철, 「한국 신종교에 나타난 도교사상」, 『도교사상의 한국적 전개』, 서울: 아세아문화사, 1989.
- 서대원, 「鐘呂의 宇宙觀 考察」, 『도교문화연구』 제26집, 2007.
- 서대원, 「종려의 생명관 고찰」, 『선도문화』 제31권, 2021.
- 이원호, 「동학의 인간관과 현대교육적 의미」, 『한국교육사상연구』, 집문당, 1986.
- 윤재근, 『대순사상의 인간형성이론』, 동국대학교 박사학위논문, 2001,
- 정재서, 『신선설화의 의미공간~종교·심리학적 층위를 중심으로』, 『중국소설논총』1, 1992.
- 최재호, 「鐘呂 內丹論의 전개」, 『도교문화연구』 제39집, 2013.

당대唐代『전기傳奇』에 나타난 도교 수행론 탐구

나우권

필자 약력

나우권

고려대 철학박사

고려대, 성균관대, 군산대 강사

도교문화학회 섭외이사

번역

『내단-심신수련의 역사』(1, 2)

『欽欽新書 剪跋蕪詞편-조선의 법과 정의-』역주

논문

「성현영의 노자의소 연구」

「남북조 말기의 도불논쟁과 그 영향-『笑道論』과『二敎論』을 중심으로」

「장융의 도불조화론 – 亦有亦無論을 중심으로」

「성현영『老子義疏』의 도론 – 반야학의 선택적 수용을 통한 도가류의 재창조를 중심으로」

「불교의 도교 비판과 도교의 응답-『소도론笑道論』과『노자의소老子義疏』에 나타난 老子觀을 중심으로-」

「孫盛의『老子』비판 연구」

「현학에서 중현학으로 가는 징검다리 -『老子』주석을 중심으로-」

「홍석주의『訂老』에 대한 새로운 연구(1)-오사카 부립 나카노시마 도서관 판본에 근거하여-」

「곽점 편장순으로 해석한 노자(1)-갑본 제1간~제10간의 視素保樸을 중심으로-」

1 들어가는 말[1]:
배형과 『전기』에 대한 새로운 이해

'기이한 이야기를 전하다'는 의미를 가진 '전기傳奇'는 당나라의 문학 양식 가운데 하나이다. 당나라 후기의 배형裵鉶이 그의 소설小說 모음을 『전기』라고 부르기 시작하면서 비로소 '전기'라는 명칭이 등장하였다.

'전기' 작품이 널리 퍼지게 된 배경으로, 온권溫卷 풍습이 거론된다. 온권은 과거 시험 전에 수험자가 박학다식하고 문재文才가 뛰어나다는 것을 과시하면서 추천을 기대하는 방편으로 사용되었다고 한다. 송대宋代 조언위趙彥衛의 『운록만초雲麓漫抄』에서 다음과 같이 말했다.

> 당나라의 과거 시험을 보는 사람들은 먼저 당시의 유명한 사람들을 통해서 자신의 이름을 시험관에게 알린 다음에, 자신이 지은 글을 바친다. 며칠이 지나서 또 글을 올린다. 이것을 온권이라고 한다. 『유괴록』과 『전기』 등이 모두 이와 같이 만들어진 것들이다. 이러한 글들은 여러 가지 체제를 구비하여, 그 속에서 역사에 대한 이해력, 시를 짓는 문장력, 논리적인 생각들을 알 수 있다.[2]

그런데 역대의 『전기』에 대한 평가는 그다지 긍정적이지 않다. 송대宋代

---

1) 본고는 한국도교문화학회의 '도교문학' 강독팀의 연구 성과를 기반으로 만들어졌다. 도교문학 팀은 2020년 9월에 철학, 중문학, 한의학 전공자들을 중심으로 비대면 강독을 시작하여, 현재 20회 이상 진행하였다. 아울러 논평을 맡아 좋은 관점을 전해준 김재숙 박사에게 감사드린다.
2) "唐之擧人, 先籍當世顯人, 以姓名達之主司, 然後以所業投獻. 逾數日又投, 謂之溫卷. 如『幽怪錄』, 『傳奇』等皆是也. 蓋此等文備衆體, 可見史才, 詩筆, 議論."

의 진진손陳振孫은 문이재도文以載道로 대표되는 전통적 유가 지식인의 사유를 담지 못한다고 비판하였다.

> 『전기』 6권은 당나라의 배형이 지었는데, 그는 고변高騈(821-884)의 종사從事였다. 윤사노尹師魯는 일찍이 범중엄(문정공)이 지은 「악양루기」를 보고 '전기체이다!'라고 하였다. 그러나 문체가 시대에 따라 변할지라도 핵심은 도리를 중시해야 하는 것이다. 문정공의 글을 어떻게 전기와 같은 수준에서 논의할 수 있겠는가? 아마도 『전기』는 어느 한 시절에 재미삼아 쓴 글일 따름일 것이다.[3]

그러나 이러한 비판은 유가 이외의 문학에 대한 이해가 부족한 데서 기인한다. 선진先秦의 『산해경山海經』을 필두로, 한대漢代에는 유향劉向의 『열선전列仙傳』 등으로 대표되는 신선설화가 존재했고, 위진남북조시기는 기이한 것을 '지괴志怪'류의 작품들이 널리 퍼졌고[4] 수당시대에는 '지괴' 전통위에 스토리텔링 요소가 강화된 '전기' 작품이 널리 전파되었다. 유가적 관점만이 올바른 글쓰기 형식이라는 점에 대해서는 재고를 요한다.

나아가 『전기』의 작자인 배형에 대해서도 부정적인 평가가 적지 않다. 송대의 조공무晁公武는 배형과 같은 무리들이 신선류의 괴력난신怪力亂神 등을 말함으로써 그가 모시던 고변을 미혹케 하였고, 결국 당나라가 망했다

----

3) 陳振孫, 『직재서록해제直齋書錄解題』, "『傳奇』六卷, 唐裴鉶撰, 高騈從事也. 尹師魯初見范文正「岳陽樓記」, 曰: '傳奇體耳!'. 然文體隨時, 要之理勝爲貴. 文正豈可與『傳奇』同日語哉? 蓋一時戱笑之談耳."
4) 루쉰魯迅이 1925년에 집록한 『고소설구침古小說鉤沈』은 《유명록幽明录》, 《명상기冥祥記》 등의 고대 작품 36종을 수록하였다. 일실逸失된 다수의 위진남북조 작품을 싣고 있는데 그 대부분이 지괴소설志怪小說에 속한다. 그 구성과 특징에 대해서는 유수민, 「《『古小說鉤沈』研究 : 魯迅의 輯佚 및 作品創作과 관련하여》」, 이화여자대학교 중문과 석사학위논문, 2008, pp.6-25.

고 비판한다. 조공무는 『소덕선생군재독서지昭德先生郡齋讀書志』 '전기傳奇' 조항에서 다음과 같이 말하였다.

> 『신당서』「예문지」에서는 배형을 고변 막하의 문객이라고 말하였는데, 그 책에 기록된 내용은 모두 신선과 허황된 일들에 관한 것들이다. 고변이 여용지에게 현혹된 것은 틀림없이 배형과 같은 무리들이 유혹하여 나타난 결과물이 아니라고 할 수 없다.[5]

쪼우릉가(周楞伽)는 배형이 고변 문하에 있을 때와 『전기』를 저술하던 시기가 다르다고 주장함으로써, 배형에 대한 부정적 입장에 반대한다.[6] 필자는 이 외에도 도교에 비판적인 유학자들의 치우친 관점이라는 측면을 고려해야 한다고 파악한다. 주지하다시피 당나라는 도교를 국교로 존숭하면서 삼교가 공존하던 시기였다. 그래서 당시의 귀족 가문들 사이에서는 유가적 친연성이 높은 인물과 더불어, 도교적 친연성이 높은 인물도 있기 마련이다. 고변이 바로 그런 인물이다.

고변(821~887)은 산동山東의 명문인 발해고씨渤海高氏 출신으로 당나라 후기의 3명장 가운데 하나로 일컬어진다. 의종懿宗 초년에는 서쪽 변경에서 일어난 당항강黨項羌의 난을 성공적으로 진압함으로써 진주자사秦州刺史가 되었다. 함통咸通 4년(863)에는 남쪽 변경의 안남도호총관경략초토사安南都護總管經略招土使로 부임하여, 질서를 바로잡고 수로를 뚫는 등의 선정을 펼

---

5) 晁公武, 『昭德先生郡齋讀書志』 '傳奇', "『唐志』稱鉶高駢客, 故其書所記皆神仙恢譎事. 駢之惑呂用之, 未必非裵鉶輩導誘所致." 루쉰 역시 이상의 관점을 계승하였다. 『中國小說史略』에서 "배형은 회남절도부사 고변의 종사로 있었는데, 고변은 뒤에 실의했을 때 더욱 신선을 좋아하다 결국에는 조정을 모반하여 죽였다. 이 책은 당시에 배형이 고변에게 고변에게 아첨하기 위해 지은 것일 뿐, 배형의 본심에서 나온 것은 아니었을 것이다."- 魯迅저, 조관희 역, 『中國小說史略』, 살림, 1998, p.210.
6) 배형 저, 정범진·김낙철 편역, 『신선과 도사 이야기-전기傳奇』, pp.250-259.

쳐 그 덕을 칭송하는 '천위경신착해파비天威徑新鑿海派碑'가 만들어졌다. 이후 내우외환의 위기에 빠진 당말 혼란기를 적극적으로 수습하면서, 동쪽 변경의 천평天平, 서천西川, 형남荊南, 진해鎭海, 회남淮南 등 5개 진의 절도사節度使를 역임하면서 여러차례 왕선지와 황소 봉기군을 진압하는 역할을 맡았다. 말년에 황소가 장안을 함락하도록 방기했다는 사실로 인해서 당을 멸망시킨 인물이라고 부정적으로 평가하는 것은 공정하지 못하다. 회남을 아우르는 강대한 세력을 갖출 정도로 뛰어난 군사적 정치적 역량을 갖고 당말의 혼란기를 수습하기 위해 노력한 일종의 구원투수와 같은 인물이라는 점을 공정하게 평가해야 한다.

절도사로 대표되는 지방 막부幕府를 원활하게 통치하기 위해서는 수많은 인재들이 모였을 것이고, 고변에게는 그의 기질상 도교적 지식인들이 많이 모였던 것으로 파악된다. 고변 막하에 도가도교에 친연성이 높은 배형과 최치원과 같은 인물이 모였다. 인재 우대(尙賢)는 결코 비난의 대상이 될 수 없다.

최치원과 관련하여, 그의 도가도교적 성향이 재해석되어야 한다. 이규보李奎報(1168~1241)는 "(최치원이) 고국 신라로 돌아오려 할 때 동갑내기 고운顧雲이 「유선가儒仙歌」를 지어 주었다"[7]고 하는데, '유선儒仙'이라는 호칭에서 최치원이 재당 시절 유가적 요소와 더불어 도가도교적 자질이 공존했음을 알 수 있다.

실제 최치원은 재당 시기에 도교 전적들을 열독했고 "선서仙書를 볼 때마다 장대한 포부가 더욱 돈독해진다"[8]고 하였다. 그밖에도 『계원필경』에는 최치원이 지은 재초문이 많이 실려있는데, 도교를 숭상한 고변을 대신해 지은 것이다. 그 가운데 한 구절은 다음과 같다.

----
7) 李奎報, 『東國李相國集』 「唐書不立崔致遠列傳議」, "及將還本國, 同年顧雲贈儒仙歌."
8) 崔致遠, 『桂苑筆耕』 『謝示延和閣記碑狀』, "每覯仙書, 更敦壯志."

'유선儒仙'이라는 호칭과 관련하여, 하동河東 운암영당雲岩影堂 최치원崔致遠 초상肖像
이 주목된다.

X-선 판독 이전   X-선 판독 이후

이 초상화는 2009년 진주박물관에서 전시회를 준비하면서, 새로운 점이 발견되
었다. 덧칠 흔적과 벗겨진 안료 밑면 일부에서 다른 형태의 그림 선을 육안으로 확
인하고는 X-선 투과 촬영조사 등 정밀조사를 실시한 결과, 이 그림이 건륭乾隆 58
년(1793)에 하동 쌍계사에서 제작됐음을 밝혀주는 화기畵記를 확인했다. 이는 현
존하는 최치원 초상화 중에서 제작 시기가 가장 이른 것으로 판단된다. 나아가 국
립중앙박물관 보존과학팀의 적외선 촬영에 의해, 문방구를 그려놓은 영정 밑바탕
에서 각각 동자童子로 추정되는 인물 그림이 그려져 있다는 사실도 밝혀냈다. 따라
서 현재 전해지는 최치원의 가장 이른 초상화는 원래 신선도神仙圖로 제작됐음을
추정할 수 있게 됐다. 원래는 신선도神仙圖의 일종인 최치원 초상이 지금처럼 문방
구를 갖춘 완연한 유학자 초상으로 바뀌게 된 것은 성리학이 확고한 지배 이데올
로기로 자리 잡음에 따라 불교나 도교적 흔적이 완연한 부분은 지우고 유학의 색
채가 나는 제재를 그려 넣었을 것으로 파악된다.

속안俗眼으로 신선의 자태 엿보기 어려워, 종일토록 『소산사小山詞』를 읊조렸네. 이 몸을 닭과 개처럼 의탁하니, 다음날 하늘에 오를 때 버리지 마소.[9]

"이 몸을 닭과 개처럼 의탁한다"는 것은, 회남왕淮南王 유안劉安이 단약을 먹고 승천할 때 그의 식솔 300여 명은 물론 그가 남긴 약그릇을 핥아먹은 닭과 개까지 다 하늘로 올랐다는 『신선전神仙傳』의 고사[10]를 염두에 둔 것이다. 이와 같은 도교적 지식인에 대해서 후대의 유학자들은 비판적으로 고찰한 것이다. 회남 지역은 황로학黃老學의 대표적 경전 가운데 하나인 『회남자淮南子』를 낳은 지역이다. 도가도교류의 정치모델을 구상했으리라 생각되는 고변 막하에 도가도교에 친연성이 높은 배형과 최치원과 같은 인재를 숭상하는 것은 결코 비난의 대상이 아니다.

아래에서는 『전기』에서 나타나는 도교적 수행론의 양상을 도사의 신물, 당대 초기의 도불교섭 사례, 당대 도교의 전형성이라는 관점에서 고찰하겠다. 당대 도교의 전형성은 다시 예교禮敎와 인간 중심주의로부터 벗어난 여성들과 성명쌍수性命雙修와 이타행利他行이라는 두 측면으로 나누어 고찰하겠다.

---

9) 崔致遠, 같은 책, 『陳情』, "俗眼難窺冰雪姿, 終朝共詠小山詞, 此身依托同雞伏, 他日昇天莫棄遺."
10) 葛洪, 『神仙傳』『淮南王』.

2 도사의 신물神物인 거울-「고경기古鏡記」

주인공 왕도王度는 혼란기인 수양제隋煬帝(605-616) 시기에 어사御史를 마치고 하동河東(산서성山西省 일대)으로 돌아왔다. 그곳에서 도교적 성향의 인물(奇人)인 후생侯生을 만나 스승으로 모셨다. 후생은 임종에 척사斥邪의 기능을 가진 오래된 거울(古鏡)을 주었는데, 그것은 황제黃帝가 만든 15개의 거울 가운데 8번째 거울이었다. 거울을 소지한 후 다양한 일들이 펼쳐진다. 대표적인 것은 다음과 같다.[11]

11) 아래에서 기술하는 내용들은 「고경기」의 순서와 달리, 내용적 연관성을 고려하여 재분류하였다.

백제의 근초고왕(346~375)이 칼(劍)과 거울(鏡)을 일본천황에게 주었다는 일본 『고사기古事記』의 기록이 있다. 한반도에서 발견된 거울 가운데 대표적인 것으로는 1971년 무령왕(501~523)의 능에서 출토된 청동신수경靑銅神獸鏡이 유명하다. 거울의 명문 구절[상방에서 만든 거울은 참으로 좋구나(尙方作竟眞大好), 상고시대의 선인은 노쇠할 줄 모르나니(上有仙人不知老), 선인은 목마를 때 옥천을 마시고, 배고플 때 대추를 먹네(渴飮玉泉飢食棗), 선인의 수명은 금과 쇠처럼 무한하네(壽如金石兮)]이 있는 것으로 보아, 거울은 도교의 신물 가운데 하나임을 알 수 있다. 이 외에 숭실대학교 박

무령왕릉의 청동신수경靑銅神獸鏡

고조선의 다뉴세문경多紐細紋鏡

첫째, 거울을 관리하는 방법에 관련된 마경磨鏡의 이야기이다. 대업 9년(613) 정월 초하룻날 외국 승려가 거울의 기운을 감지하고 와서 관람하기를 요청하였다. 거울에 금고金膏를 바르고 자분紫粉으로 닦은 다음 해(日)에 비추면 거울의 밝은 빛은 담벽 너머까지 투시할 수 있다고 하면서 그 방법을 가르쳐 주었다. 그리고 오장육부를 비출 수 있는 방법도 있지만 그 약을 갖고 있지 않다고 하면서 한숨을 쉬었다. 마경인磨鏡人과 관련하여, 『열선전』「부국선생전」에서 보랏빛 환약으로 병을 치료하고, 전염병도 물리쳤다는 구절이 있다. '거울' 메타포는 자신의 진면목을 관찰하고, 타인(=요괴)의 잘못을 드러내며, 병을 낫게 하는 기능을 가졌다고 파악된다.

둘째, 대업 9년(613) 겨울, 달빛을 머금은 거울(陰中陽)이 전염병을 다스렸다. 당시 하북사람 장용구張龍駒가 왕도의 예하에서 작은 벼슬을 하고 있었는데, 그 집안의 수십명이 감염되었다. 장용구에게 거울을 주면서 밤에

물관이 소장하는 다뉴세문경多紐細紋鏡(국보 141호, 기원전 3~2세기)도 널리 알려진 작품이다. '뉴'란 끈을 끼우는 고리이므로, '다뉴세문경'은 고리가 여러 개인 정교한 무늬로 만들어진 거울을 말한다. 다뉴세문경은 제천문화에 사용된 것으로 뉴에 끈을 끼워 지역의 통치자겸 제사장인 가슴에 착용하여 하늘(태양)의 대행자를 나타낸 도구였다. 햇빛을 뜻하는 빛살(빗살 /)과 하늘(원○), 땅(방□), 인간(각△)을 상징하는 문양이 나노기술에 해당한다는 평가를 받고 있다. 21cm 정도의 크기에 선의 수는 약 13,300개이기 때문이다. 마지막으로 거울이 도사들이 외단外丹을 만들 때도 벽사를 위해 거울과 칼을 비치하는 그림을 게시한다.

이 외에 도사들이 외단外丹을 만들 때도 벽사의 기능으로 부적과 더불어 칼과 거울을 걸어둔다. 오른쪽 그림은 조셉 니이담이 실제 모습에 가깝게 만든 도상이다.

비추라고 시켰다. 많은 환자들이 거울을 보고는 "장용구가 달을 가지고 와서 비추는데 달빛이 닿는 곳마다 마치 찬물이 몸에 끼얹어지듯 오장육부가 시원해졌다"라고 하였다. 그 즉시 열이 내리고 다음날 저녁에 모두 병이 나았다. 이는 고열로 고생하는 전염병 환자들에게 얼음 찜질 등으로 해열작용을 하는 것에 비유된다. 달빛의 음기를 활용하여 건강을 회복한 다는 것으로, 『본초강목本草綱目』과 『동의보감東醫寶鑑』에서 '고감古鑑'을 구워서 귀신을 물리친다는 내용과 연결해서 해석할 수 있을 듯하다.

셋째, 어떤 거짓도 용납하지 않고 순수한 광명의 세계(陽)를 지향한다. 대업大業 7년(611) 장안으로 돌아가 정옹程雄 집에 머무는데 앵무라는 아름다운 하녀가 있었다. 그런데 그 하녀는 거울 앞에서 천년 묵은 여우임을 숨길 수 없음을 알고 자백하였다. 천년 묵은 여우는 사람의 모습으로 변하여 다른 사람을 섬길 뿐 해치지는 않는다(變形事人, 非有害也). 그러나 여우 모습을 숨기고 환술로 사람 모습을 꾸며 혼란을 일으키는 일(惑)은 그 자체로 신선의 법에서 싫어하는 바(神道所惡)이므로, 죽음을 면할 수 없다. 왕도가 여우를 살려주려고 하였지만, 여우는 수치스럽게 원래의 여우로 돌아가는 것을 거부하고, 차라리 술 한잔 마시고 장쾌하게 죽는 길을 선택하였다.[12]

이곳에서의 여우는 사람을 잡아먹는 구미호가 아니다. 장수하면서 인간으로 변신하는 역량을 갖게 되지만, 탈태脫胎로 대표되는 완전한 변화를

---

12) "婢再拜自陳云:"某是華山府君廟前長松下千歲老狸, 大形變惑, 罪合至死。…… 不意遭逢天鏡, 隱形無路。" 度又謂曰:"汝本老狐, 變形為人, 豈不害人也?" 婢曰:"變形事人, 非有害也。但逃匿幻惑, 神道所惡, 自當至死耳。" 度又謂曰:"欲舍汝, 可乎?" 鸚鵡曰:"辱公厚賜, 豈敢忘德。然天鏡壹照, 不可逃形。但久爲人形, 羞復故體。願緘鏡於匣, 許盡醉而終。" 度又謂曰:"緘鏡於匣, 汝不逃乎?" 鸚鵡笑曰:"公適有美言, 尚許相舍。緘鏡而走, 豈不終恩?但天鏡壹臨, 竄跡無路。惟希數刻之命, 以盡壹生之歡耳。" 度登時爲匣鏡, 又爲致酒, 悉召雄家鄰裏, 與宴謔。婢頃大醉, 奮衣起舞而歌曰:"寶鏡寶鏡, 哀哉予命!自我離形, 而今幾姓?生雖可樂, 死必不傷。何爲眷戀, 守此壹方!" 歌訖, 再拜, 化爲老狸而死。壹座驚嘆。"

이루지 못한다. 여우라는 한계 속에서 인간과 공존하면서 사람인 척 할뿐이다. 사람에게 직접적인 위해를 가하지는 않지만, 위선僞善은 신선이 되고자 하는 진리의 세계(神道)에서는 용납될 수 없다. 거울(天鏡)은 투명하게 비추어 숨을 곳이 없게 하는 정화淨化의 대리물이기에, 한 점의 음기陰氣마저도 용납하지 않는다. 신선의 세계에서는 무구無垢의 순양지체純陽之體만이 존재한다. 이에 여우는 생명을 중시하는 도교적 모습을 보이지만, 구차하게 살기를 원하지 않았다. 죽음 역시 슬퍼할 것이 아니라는 『장자莊子』의 논의를 떠올리게 하면서 죽음을 수용한다.

	갑골문	금문	『설문해자』
鏡			
鑑			
監			

거울의 고문자(감鑒 혹은 감監)을 통해서 물을 담은 정鼎에 얼굴을 대고 숨김없이 자신을 관찰한다는 의미를 알 수 있다.

　벽사와 치병의 도구로 거울을 활용한 「고경기」는, 위진 시기 이래 도교의 전형적 모습 가운데 하나이다. 남북조를 거치면서 불교의 영향 아래, 도교는 다시 한번 변화된 모습을 보인다.

3 인도불교를 모방하느라 도교의 정체성을 찾지 못한 「두자춘전杜子春傳」[13]

「두자춘전」은 다음의 세 부분으로 구성된다. ①-a 두자춘은 북주北周에서 수隋나라 사이에 활동하던 사람으로, 이상만 크고 방탕하여 술과 노름에 빠져 가산을 탕진하였다. 어느 해 겨울, 한 노인이 나타나 배고픔과 추위에 떨던 두자춘에게 300만 냥을 아무런 대가도 없이 빌려주었다. 두자춘은 부유해졌지만, 사치를 일삼아 1~2년 사이에 알거지가 되고 말았다. 알거지가 된 두자춘에게 노인이 다시 나타나서 1,000만 냥을 빌려주었다. 이번에는 돈을 잘 사용하여 부자가 되리라고 다짐했지만, 역시 1~2년도 안되어 재산을 탕진하고 무일푼이 되었다.

노인이 두자춘에게 세 번째 도움의 손길을 펼쳐 3,000만 냥을 주었다. ①-b 두자춘이 감사하면서 다음과 같이 다짐하였다.

"일면식도 없는 저에게 세 번씩이나 도움을 주셨습니다. 저는 이 돈으로 인간 세상에 필요한 일을 하겠습니다. 고아와 과부들이 먹고 입을 수 있게 하고, 사회를 구성하는 제도와 문화 그리고 도덕(名教)을 일으키겠습니다. 이 일을 완수한 다음에는 오직 어르신이 시키는 일을 하겠습니다." 노인이 "그대는 원하는 일을 다 한 다음, 내년 중원절中元節(음력 7월 15일)에 노자의 쌍 회나무 아래로 오시게"라고 하였다. 두자춘은 저택을 사서 고아와 과

---

13) 「두자춘전」은 정환고鄭還古가 지은 '전기' 소설로 『속현괴록續玄怪錄』에 실려 있다. 배형의 『전기』에 수록된 것은 아니지만, 도불교섭의 초기 모습을 잘 보여주는 '전기' 사례이기에 논의의 소재로 삼았다. 두자춘은 서한말에서 동한 초에 활동한 하남河南 출신의 경학자經學者이다. 서한 말기 유흠劉歆에게서 『주례周禮』를 배워, 그의 학설이 동한 시기 정현鄭玄의 『삼례주해三禮註解』에 채택되었다. 그런데 두자춘이 야사에서 일화를 많이 남기고 훗날 소설 속 주인공으로 등장한다.

부들이 살 수 있는 공간을 마련하였고, 올바른 윤리를 실천하고 사회 정의를 이루기 위해 혼신의 노력을 다하였다.

② 계획한 일을 모두 마치고, 약속한 시간에 노인을 만나러 갔다. 노인을 따라 화산華山 운대봉雲臺峰에 올라갔다. 40여 리 쯤 가자 깨끗한 집이 나타났다. 그 집안에는 높이가 9척 정도 되는 단약丹藥을 만드는 화로火爐가 있었고, 주위는 좌청룡 우백호로 대표되는 빼어난 자연환경을 갖추었다. 노인은 속세의 옷을 벗고 황색관을 쓰고 도포를 입은 도사의 복장으로 갈아입었다. 노인은 두자춘에게 백석白石 3환과 술 한잔을 가져와 먹게하고는, "조심하면서 말을 하지 마시게. 비록 도교의 존신尊神들·악귀惡鬼·야차·맹수가 나타날지라도, 지옥도가 펼쳐질 지라도, 그리고 그대의 가족들이 고통스럽게 결박되거나 온갖 고난을 당하다라도 모두 진실眞實이 아닌 허환虛幻한 것일세. 단지 움직이지 않고 말하지 않는다는 사실만 염두에 두게. 마음을 편안히 하고 두려워하지 마시게나. 결국 아무런 고통이 없을 걸세. 오로지 내가 말한 것만 기억하게"라고 말하고는 가버렸다.[14]

③-a 두자춘이 노인과 약속을 지키기 위해 노력했던 과정이 나타난다. 첫째, 일단의 군인들이 나타나 자신을 죽였지만 아무런 응대를 하지 않았다. 둘째, 맹수와 독충들이 나타나 자신을 위협했지만, 흔들리지 않았다. 셋째, 폭우가 내리고 천둥이 치고 번개가 내리쳤지만, 미동도 하지 않았다. 넷째, 지옥의 악귀와 귀신들이 펄펄 끓는 가마솥에 자신을 던지려 했지만, 응대하지 않았다. 다섯째, 존귀尊鬼들이 아내를 잡아와 온갖 고문을 가했지만, 끝내 대꾸하지 않았다. 여섯째, 두자춘의 혼백에게 온갖 고문을 가하여도 신음소리조차 내지 않았다. 일곱째, 병약한 여자로 환생하여 온갖 고통을 겪어도 소리를 내지 않았다. 여덟째, 결혼하여 아이를 낳고 행

---

14) "戒曰, '愼勿語. 雖尊神·惡鬼·夜叉·猛獸·地獄, 及君之親屬, 爲所困縛萬苦, 皆非眞實. 但當不動不語. 宜安心莫懼, 終無所苦, 當一心念吾所言.' 言訖而去."

복한 가정을 꾸리면서도 아무런 말도 하지 않았다. 아홉째, 남편이 아내로
부터 무시당했다고 생각해서 아이를 내리쳐 죽였다. 아이의 머리가 깨지
면서 피가 튀는 것을 보고, 애착의 마음이 생겨서 '으악' 하고 소리를 지르
고 말았다. ③-b 그러자 모든 것이 사라지고 노인(=도사)이 수행하던 집 위
로 큰 화재가 일어나고 있었다. 도사는 탄식하면서, "그대는 칠정에 구애
되지 않는 경지에 올랐지만, 애착만은 끊지 못했네. 만약 그대가 소리만
지르지 않았다면, 나의 단약이 완성되고 그대도 하늘로 올라가 신선이 되
었을 것을. 아! 신선의 재목(仙才)을 얻기가 힘들구나."[15]라고 하였다. 도사
가 떠나고 두자춘은 탄식하면서 집으로 돌아왔다.

   이상의 내용으로 미루어보면, 「두자춘전」의 초반부는 방탕한 삶으로부
터 노인을 만나면서 개심改心을 하는 과정, 즉 속俗에서 성聖으로 전환하는
종교적 인간의 (재)탄생 모티프가 잘 나타나있다고 할 수 있다. 그리고 후
반부는 본격적인 구도 과정에서 경험하는 내적인 체험, 환상, 정신적 극복
그리고 실패의 요인까지 보여주는 것이라고 해석할 수도 있을 것이다. 그
러나 「두자춘전」은 현장玄奘(586~665)의 『대당서역기大唐西域記』에 수록된
'바라나시(婆羅疕斯國, Varbnasi, 오늘날의 베나레스Benares로 갠지즈강 서안에 있
다)의 녹야원鹿野苑 부근에 있는 구명救命 혹은 열사烈士'[16] 신화를 모방한 것

---

15) "吾子之心, 喜·怒·哀·懼·惡·慾皆忘矣, 所未臻者愛而已. 向使子無噫聲, 吾之藥成, 子亦上仙矣.
嗟乎! 仙才之難得也.'"
16) 『大唐西域記』7卷 '바라닐사국婆羅疕斯國', "施鹿林(시록림, 곧 鹿野苑을 말한다)東行二三
里, 至窣堵波(솔도파), 傍有涸池, 周八十餘步, 一名救命, 又謂烈士. 聞諸先志曰: 數百年前, 有
一隱士, 於此池側結廬屏迹, 博習伎術, 究極神理, 能使瓦礫為寶, 人畜易形, 但未能馭風雲, 陪仙
駕. 閱圖考古, 更求仙術. 其方曰:「夫神仙者, 長生之術也. 將欲求學, 先定其志, 築建壇場, 周一丈
餘. 命一烈士, 信勇昭著, 執長刀, 立壇隅, 屏息絕言, 自昏達旦; 求仙者中壇而坐, 手按長刀, 口誦
神呪, 收視反聽, 遲明登仙. 所執銛刀變為寶劍, 凌虛履空, 王諸仙侶, 執劍指麾, 所欲皆從, 無衰無
老, 不病不死.」是人既得仙方, 行訪烈士, 營求曠歲, 未諧心願. 後於城中遇見一人, 悲號逐路. 隱
士覩其相, 心甚慶悅, 即而慰問:「何至怨傷?」曰:「我以貧窶, 傭力自濟. 其主見知, 特深信用, 期
滿五歲, 當酬重賞. 於是忍勤苦, 忘艱辛. 五年將周, 一旦違失, 既蒙笞辱, 又無所得. 以此為心, 悲

에 다름 아니다.

그 내용 역시 세 부분으로 구성되었다.

① 이 연못에는 과거 장생불사를 추구하는 수행자가 제단을 쌓고 수행을 하는데, 그 제단 주위에서 긴 칼을 차고 저녁부터 다음날 아침까지 숨을 죽이고 말을 하지 않는 용감한 호위무사(烈士)가 필요하다. 용감한 호위무사를 발견하고 500금金에 해당하는 돈을 주면서 마음껏 사용하게 하고, 이후에도 더욱 많은 재물을 여러 차례 주었다. ② 그가 은혜를 갚고자 하니, 수행자는 하룻밤 동안 어떠한 말도 하지 않고 조용히 자신을 호위하기만을 요구하였다. ③ 호위무사는 수행자를 지키고 밤을 새고 있었는데, 새벽녘에 공중에서 불이 나고 연기와 불길이 구름처럼 솟구치는 것을 보고, 고함을 지르면서 수행자를 끌어당겨 못 속으로 피신시켰다.

왜 침묵하지 못했느냐는 수행자의 질문에 호위무사는 다음과 같이 대답하였다. 한밤중에 환상을 보았는데, 세가지 사건이 있었다. 첫째, 예전에 모시던 주인이 자기 잘못을 사과하고 심지어 나를 죽여도 나는 소리를 내지 않았다. 둘째, 남인도 바라문 집안에서 태어나 학업을 하고 결혼하고 부모의 상을 치르고, 자식을 낳는 온갖 일을 겪어도 소리 지르지 않았다. 그런데 셋째, 65세가 너머 아내가 나에게 목소리를 내보라고 하면서, 그러

悼誰恤?」隱士命與同遊, 來至草廬, 以術力故, 化具看饌, 已而令入池浴, 服以新衣, 又以五百金錢遺之, 曰:「盡當來求, 幸無外也。」自時厥後, 數加重賂, 潛行陰德, 感激其心。烈士屢求効命, 以報知己。隱士曰:「我求烈士, 彌歷歲時, 幸而會遇, 奇貌應圖, 非有他故, 願一夕不聲耳。」烈士曰:「死尚不辭, 豈徒屛息?」於是設壇場, 受仙法, 依方行事, 坐待日曖。曖暮之後, 各司其務, 隱士誦神呪, 烈士按銛刀。殆將曉矣, 忽發聲叫。是時空中火下, 煙焰雲蒸, 隱士疾引此人, 入池避難。已而問曰:「誠子無聲, 何以驚叫?」烈士曰:「受命後, 至夜分, 惛然若夢, 變異更起。見昔事主躬來慰謝, 感荷厚恩, 忍不報語; 彼人震怒, 遂見殺害。受中陰身, 顧屍歎惜, 猶願歷世不言, 以報厚德。遂見託生南印度大婆羅門家, 乃至受胎出胎, 備經苦厄, 荷恩荷德, 嘗不出聲。泊乎受業, 冠、婚、喪親、生子, 每念前恩, 忍而不語。宗親戚屬咸見怪異。年過六十有五, 我妻謂曰:『汝可言矣! 若不語者, 當殺汝子。』我時惟念, 已隔生世, 自顧衰老, 唯此稚子, 因止其妻, 令無殺害。遂發此聲耳。」隱士曰:「我之過也! 此魔嬈耳。」烈士感恩, 悲事不成, 憤恚而死。免火災難, 故曰救命; 感恩而死, 又謂烈士池。"

지 않으면 자식을 죽이겠다고 위협하였다. 이에 자식만을 살려야겠다는 생각으로 소리를 지르고 말았다. 호위무사는 약속을 지키지 못한 것을 미안해하고 슬퍼하면서 죽었다.

호위무사 설화는 일체개고一切皆苦를 겪으면서, 오욕칠정으로부터 벗어나 제행무상諸行無常과 제법무아諸法無我라는 불교적 진리를 깨달아야 하는데, 그렇지 못한 수행자의 이야기이다. 인도설화에 기반한 불교적 맥락에서는 매우 일상적인 이야기이다. 그런데 「두자춘전」에서는 몇가지 단점이 보인다. 첫째, 단약을 만드는 화로를 지키는 사람에 불과한 두자춘을 신선의 재목(仙才)이라고 지칭하는 것이 어색하다. 둘째, 도교에서 모시는 수많은 신들을 존신尊神이라고 하는데, 이를 악귀·야차·맹수·지옥 등과 연결하여 부정적으로 해석한 것이 부자연스럽다. 도교의 존신마저도 불교의 제천諸天 가운데 하나에 불과하다는 폄하의 의미로 사용한 듯하다.[17] 셋째, 애착에서 벗어나지 못한 것을 실패의 원인으로 지목하였지만, 아내와 자식의 죽음 앞에서 어떠한 감정의 동요도 일으키지 않는 것을 애착으로부터 벗어남이라고 할 수 있을까?

불교적 맥락에서 우리가 머무는 세상의 실상은 연기緣起라는 점에서 공空이다. 그러나 맹목적으로 공이라는 가치에 매몰되어 현실을 도외시하는 것에 대해서도 여전히 옳지 못하다고 비판한다. 『대지도론大智度論』의 공공空空은 頑空에 얽매이는 수행자들을 비판하기 위함이다. 당대唐代 초기初期 도사인 성현영成玄英은 공공 개념을 수용하여 유有로 대표되는 현실에 집착하지 않고, 무無로 대표되는 이상에 집착하지 말라는 의미에서 비유비무非有非無의 현玄을 말한다. 나아가 이 현으로부터도 걸림이 없는(無滯於玄) 중

---

17) 지옥에서 두자춘을 붙잡아 고문하는 자를 존귀尊鬼라고 하여, 존신과 비슷한 뉘앙스로 사용하였다. 이러한 점으로 미루어보아도, 도교의 신격神格인 존신을 비판적으로 사용하였음을 알 수 있다.

현重玄을 말하기에 이른다. 이와 같이 당대 중국도교는 불교를 수용하면서 도교의 입장에서 재해석한 중현학重玄學을 창조하였다.

남북조 시기의 도불논쟁에서 도사들은 불교를 비판하는 논점 중의 하나로, 가정윤리와 사회국가윤리를 고려하지 못한다는 점을 기억하자. 중현학에서는 충과 효자로 대표되는 가정 및 국가 윤리를 긍정하였다. 그런데 「두자춘전」은 집착을 버리는 것에 빠져, 부부夫婦와 부자父子로 대표되는 가정윤리를 도외시하였다. 가정윤리는 중국적 전통에서 무엇보다 중시된다. 증산도에서 이러한 점은 동일하게 나타난다.

"부부란 인도의 시작이요, 만복의 근원이니라"(9:123:1), "죄는 남의 천륜을 끊는 것보다 더 큰 것이 없느니라"(9:103:1). 그러므로 자식이 죽어가는 속에서도 침묵하기를 요구하는 「두자춘전」은 아직 인도 설화를 모방한 데서 벗어나지 못한 모습이라고 해석된다.

이러한 한계는 『전기』의 「위자동전韋自東傳」에서 해소된다. 그 내용 역시 세가지로 구성된다.

① 위자동은 씩씩하고 용감한 사람으로, 승려를 잡아먹는 야차를 때려잡는다. ② 그때 한 도사가 나타나 자신이 단약을 만들어 성공의 기미가 보일 때마다 요괴가 와서 화로를 부순다고 하면서 칼을 들고 와서 지켜주기를 요청하였다. ③ 세 가지 사건이 벌어진다. 첫째, 새벽녘에 살무사가 나왔고 물리쳤다. 둘째, 아름다운 여자가 나타났으나 물리쳤다. 셋째, 날이 밝아올 무렵 한 도사가 나타나 '이제 단약이 완성되었네'라고 하면서, 위자동의 공로를 치하하였다. 순간 자신이 지키던 도사의 스승이라고 생각하고는 (자만하고 방심하여), 칼을 풀고 인사를 하였다. 도사는 그 틈을 타서 단약을 만들던 도구를 부수었다. 위자동은 약속을 지키지 못한 것을 후회하면서 떠났다.

이와 같이 「위자동전」은 부부와 부모 자식간의 정리를 훼손하는 내용을 제거하고서도, 「두자춘전」이 전하고자 하는 메시지를 충분히 전달하였다. 수행의 과정에서 방심하지 말고 끝까지 최선을 다하는 노력이 절실히 필요하다고 역설하였다.[18]

다음은 당대 도교의 특징을 고찰하겠다.

---

18) 최진아는, "두자춘은 '자식에 대한 인간 본연의 모성을 억누르지 못함', 위자동은 '스승에게 예의를 다하고자 하는 마음이 앞섬' 때문에 '득선이라는 성스러운 과제'에 실패하였다"고 하였다. 그러나 필자는 「두자춘전」은 가정윤리의 가치를 간과함으로써 실패한 문학에 머물렀고, 「위자동전」에서는 사제간의 예 때문이 아니라 마지막 순간에 자만하고 방심했기 때문에 실패하였다고 파악하였다. 최진아, 같은 책, p.103.

4 당대 도교의 특징(1): 예교禮教를 벗어나 자연을 찾는 여성들

『전기』에는 남성(陽)으로 대표되는 전통적 지식인이 아니라, 여성 주인공(陰)이 등장하는 예들이 적지 않다. 「섭은랑전聶隱娘傳」과 「번부인전樊夫人傳」이 대표적이다.

「섭은랑전」은 남성 위주의 협객俠客에서 벗어나 여협女俠을 논의한다. 섭은랑은 정원貞元(785~805) 연간 위박절도사魏博節度使를 지낸 섭봉聶鋒의 딸로, 10살 무렵에 한 비구니에게 납치되어 무술을 연마하고 여러 악인들을 암살하였다. 5년 후 집으로 돌아와서, 어느 날 특별한 재주가 없는 마경인磨鏡人을 만나 결혼[19]하였다. 원화元和(806~820) 연간에 자신을 알아주는 진허陳許절도사 유창예劉昌裔를 호위하였다. 원화 8년(813) 유창예가 황상을 알현하기 위해 도성으로 돌아가자, 그를 떠나 산수山水를 찾아 늙지 않는 지인至人의 길에 들어섰다.[20] 이후 개성開成(836-840) 연간에 촉의 잔도에서 유창예의 아들 유종劉縱을 만나 화를 피할 수 있는 약을 전한다.

섭은랑은 10세 무렵에 스승에게 이끌려 전통시대 여성으로서의 사회화 과정을 겪지 않았다. 도가 도교 성향의 남편을 만나 결혼하였고, 협의俠義를 실천하였다. 만년에는 출세를 버리고 자연을 찾아 도의 세계를 탐구하였다. 즉 전통시대 속에서 예교에 걸림이 없었던 인물이다. 예교의 구속으로

---

19) 유병갑은 "고문귀족과의 혼인풍조에 대한 불만과 반발을 소설에 기탁해 의도적으로 표현한 것"이라고도 하지만, 필자는 앞선 마경인의 논의에서와 같이 도교적 풍모를 지닌 인물로 파악한다. 유병갑, 「배형〈섭은랑전〉 연구」, 『중국학논총』 33집, 2011, p.189.
20) 무용無用하고 마경磨鏡을 하는 도가도교적 성향의 남편이 있었기에, 섭은랑은 비참한 최후를 맞는 보통의 살수殺手들과 달리, 자연을 벗하고 도교 수행자로 살기를 염원하게 되었을 것으로 파악된다.

벗어난 여성 무사였지만, 결혼을 하고 의義를 실천하면서도 결국은 입신양명을 버리고 자연으로 회귀하는 도가도교적 삶을 추구하였다.

한편, 섭은랑은 부모자식간의 정을 끊으라는 스승과 달리 인정과 의리를 저버리지 않는 다정다감한 인물이었다. 살수였던 그의 스승은 부모자식간의 정에 연연하지 않았다. 그 감정을 없애버리라고 하였다. 섭은랑의 아버지가 딸을 제자로 주지 않으려 하자, 그의 스승은 "쇠로 만든 궤짝에 넣어두어도 저는 반드시 딸을 훔쳐 가겠다"[21]라고 하였고, 탐관오리가 어린 자식과 함께 있어서 섭은랑이 살인하기를 주저하자, "이후로는 이런 경우를 만나면 먼저 그가 아끼는 자식을 먼저 처단한 다음에 그를 죽여라"[22]라고 하였다. 칠정七情을 배제하고 가차없이(斷情) 살해 대상을 죽이라는 잔혹한 스승과 달리, 섭은랑은 부모자식간의 정을 고려하는 다정다감한 면모를 지니고 있었는데, 진허절도사 유창예를 만날 때도 인간적 면모가 드러났다. 위박절도사의 명령으로 유창예를 암살하러 갔지만, 그의 인품에 감동하여 오히려 그의 신변을 헌신적으로 호위하였다. 유창예가 사망하자 먼 길을 달려가 조문하고 서럽게 통곡하였고, 그의 아들의 안전을 위해 조언하기도 하였다.[23] 섭은랑은, 무정無情을 요구하는 「두자춘전」과 달리, 인정으로 가득한 무정茂情한 인물이었다. 무정無情에서 무정茂情으로의 변화는, 중국적 특색의 강화로 파악된다.

「손각전孫恪傳」은 과거에 낙방한 손각이 만난 아름답고 부유한 원씨 여인을 다룬 이야기이다. 손각과 "결혼을 한 뒤 두 아들을 낳아 길렀고, 집안을 아주 엄하게 다스려 흐트러지지 않도록 하였다"[24]는 데서, 전형적인 현모양처의 모습이 보인다. 그러나 다른 한편으로는 방을 빌리러 온 손각을

---

21) "任押衙鐵櫃中盛, 亦須偸去矣."
22) "尼叱曰: '已後遇此輩, 先斷其所愛, 然後決之.'"
23) 이상의 논의는 유병갑, 같은 논문, pp.190-193.
24) "後十餘年, 袁氏已鞠育二子, 治家甚嚴, 不喜參雜."

만나 주도적으로 대화를 이끄는 모습에서[25] 일반 부녀자에게서 보기 힘든 대담성과 강인함이 엿보인다.

　손각의 사촌형인 장한운張閒雲 처사處士는 탄식하면서 다음과 같이 말했다. "무릇 사람은 하늘에서 양정陽精을 품부받고, 요괴는 음기陰氣를 받는다네.[26] 혼이 위주가 되어(掩) 백이 없어지면 사람은 장생하게 되지만, 백이 위주가 되어 혼이 사라지면 사람은 곧 죽는다네. 그러므로 귀신과 요괴는 형체가 없이 오로지 음으로 이루어져 있고, 선인은 그림자가 없이 오로지 양으로 이루어져 있다네.[27] 음양이 성하고 쇠함, 혼백의 교전은 몸 안에서 조금이라도 제 자리를 잃게 되면, 기색으로 드러나지 않음이 없다네. 조금 전에 동생의 신색(神采)을 보니, 음이 양의 자리를 빼앗고 사악한 기운이 정상적인 오장육부를 가로막고 있으며, 진정眞精이 이미 줄어들었고 정신적 작용이 점점 무너져 가며, 진액도 모두 빠져나갔네. 뿌리와 꼭지(根蒂)

---

25) "女曰, '某之醜拙, 況不修容, 郎君久盼簾帷, 當盡所覩, 豈敢更廻避耶? 願郎君少佇內廳, 當暫飾裝而出."

26) 명나라 때의 '전기'인『전등신화』「모란등기牡丹燈記」와 조선의 김만중이 쓴『구운몽』「가춘운은 선녀가 되었다 귀신이 되었다 하고, 적경홍은 여자가 되었다 남자가 되었다 한다」에서도 사람은 양이고 귀신은 음이어서 귀신이 사람의 양기를 고갈시켜 죽음에 이르게 한다는 논의가 보인다. // 최진아는 이에 대해 "이러한 사유의 배경에는 인간은 남성(양)이고, 요괴는 여성(陰)이라는 생각이 깃들어 있다. 바꿔 말하면 여성이 지닌 음적인 속성은 남성에게 두려움과 매혹이라는 상반된 측면을 제시하고, 남성은 그것을 요괴라는 존재로 치환하는 것이다. …… 요괴 여성의 이미지는 현대문화 속에도 존재한다. 하지만 그것은 이제 원숭이, 호랑이, 여우 등이 둔갑한 요기 대신에 매력적이고도 유능한 악녀, 즉 팜므파탈의 모습으로 바뀌었다. …… 남자 주인공의 승리로 끝난 이 영화(원초적 본능과 위험한 정사)에서 모든 허물은 여자에게로 돌아간다. 그녀가 정상적인 인간이 아니라 남성과 사회에 해악을 끼치는 요괴였음이 확인되는 순간 남성의 질서는 더욱 공고해진다. 이것이 바로 요괴 여성과의 연애 이야기가 끊임없이 재생산되는 이유인 것이다". 최진아, 같은 책, pp.39-40.

27) 그림자가 없다는 또 다른 용례로, 『산해경』 '대황서경'은 "수마국이 있다. …… 수마는 똑바로 서면 그림자가 없고 크게 외쳐도 메아리가 없다"라고 하였다. 곽박은 수마가 이인異人이라고 주석하였다. 『회남자』 「지형훈」에서 "건목이 도광에 있는데 뭇 임금들이 오르내리던 나무로 한낮이면 그림자가 없고 불러도 소리가 없다. 아마 천지의 한가운데일 것이다"라고 하였다.

가 요동치고 뼈마저도 곧 흙으로 변하려 하며, 얼굴에는 혈색이 없으니, 필시 요괴에서 녹임을 당하고 있는 것이네."[28] 그리고 결국 검을 원씨 옆에 두어 죽이라고 권유하였다.

원씨는 이 음모를 바로 알아차리고 "장한운, 이 보잘 것 없는 놈이 제 동생을 도의道義로 가르치지 못하고 이런 흉악한 짓을 시키다니 다시 오면 단단히 모욕을 주겠어요."[29]라고 비판하면서 칼을 부수고 복수를 다짐한다. 바로 이 부분에서 「손각전」에서 반전이 일어난다. 손각이 초췌해진 것은 음주등의 방탕함에 기인하였을 뿐, 원씨 때문이 아니었다.

남편의 잘못에 대해서는 잘못을 용서하면서 원만한 해결을 유도하는 현명한 모습을 보인다. "하지만 당신의 마음은 확실히 사촌형과 달리 그리 모질지 않군요. 제가 당신의 배필이 된 지 이미 여러 해가 지났는데 당신은 무엇을 두려워하십니까?'라고 하였다. 아내의 달래는 소리에 손각은 비로소 마음이 조금 편안해졌다."[30] 순종을 미덕으로 여기는 전형적 인물이면서도 상황에 따라 엄정한 도리로 남편을 질책하고 손쉽게 검을 부러뜨려 자신을 능력을 과시하기도 하며, 남편과 원만한 해결책을 모색하기도 하는 행동으로 보아, 원씨는 "단선적인 평면인물이 아니라 감정을 그대로 지닌 입체인물"[31]이라고 평가받는다. 이후 원씨는 가정을 원만히 관리하였고, 손각으로 하여금 남강南康의 경략판관經略判官을 맡게 하여 출세시키는

---

28) "張生又曰。"夫人禀陽精, 妖受陰氣, 魂掩魄盡, 人則長生; 魄掩魂消, 人則立死。故鬼怪無形而全陰也, 仙人無影而全陽也。陰陽之盛衰, 魂魄之交戰, 在體而微有失位, 莫不表白于氣色。向觀弟神采, 陰奪陽位, 邪干正腑, 真精已耗, 識用漸隳, 津液傾輪15, 根蒂蕩動, 骨將化土, 顏非渥丹, 必為怪異所鑠"

29) "袁氏俄覺, 大怒而責恪曰, '子之窮愁, 我使暢泰. 不顧恩義, 遂興非爲, 如此用心, 犬彘不食其餘, 豈能立節行于人世也!' …… 袁氏遂搜得其劍, 寸折之, 若斷輕藕耳. 恪愈懼, 似欲奔迸. 袁氏乃笑曰, '張生一小子, 不能以道義誨其表弟, 使行其兇險, 來當辱之."

30) "然觀子之心, 的應不如是, 然吾匹君已數歲也, 子何慮哉?', 恪方稍安."

31) 유병갑, 「배형〈손각〉연구」, 『중국문학연구』 제46집, 2012, p.65.

현모양처의 면모를 갖추었다.

이와 달리, 원씨부인은 출세한 남편을 두고, 나무를 타고 자유롭게 노니는 원숭이들을 보면서 인간세상을 벗어나 숲으로 회귀한다. 출세한 남편에 머무는 대신, 산림과 자연의 아름다움을 선택한 것이다. 이렇게 옛 장소나 동료를 만나 본래의 자신으로 돌아가는 모습은 『삼국유사』에 수록된 「신도징申圖澄」에서도 볼 수 있다. 호랑이가 아름다운 여인으로 변해 자식들을 잘 키우다가, 결국 자식과 남편을 버리고 호피虎皮를 걸치고 본래의 모습으로 변해 산으로 들어가는 모습에서 유사성이 발견된다. 이와 달리, 인간을 위해 제 목숨을 희생하는 상반된 논의도 등장한다. 『삼국유사』「김현감호金現感虎」는 신라 원성왕 때 호랑이가 인간과 혼인하고 세 마리의 오빠 호랑이의 잘못을 대신 지고 김현의 칼에 스스로 목을 찔러 죽음으로써 인간을 위해 목숨을 바치는 이야기이다.

「김현감호」와 「신도징」에 대해서 각각을 "희생이라는 가치의 실현을 통해 인간보다도 더 인간다운 호랑이, 호랑이의 모습을 한 진정한 인간을 형상화" 하였다거나 "신도징과의 사랑을 갈망하지만, 끝내 호랑이의 본성을 이기지 못하고 산속으로 들어가 버리고 만다는 비극"[32]이라는 평가는 『삼국유사』를 편집한 일연의 관점과 맞닿아 있다. 그러나 여성주의적 시각에서 「김현감호」를 "가문과 가장이라는 이름으로 여성의 삶을 포획하는 남성/가장 중심주의"[33]라고 평가하기도 한다. 나아가 유가의 인간중심으로부터 벗어나, 사물 각각이 우열이 없다는 도가도교의 제물론적 인식에 근거하여 자연성을 회복하고자 하는 것으로 해석 가능하다.

---

32) 류준경, 「〈김현감호金現感虎〉를 통해 본 전기소설의 형성과정과 그 특징」, 『고소설연구』 30권, 2010, pp.143-45.
33) 정출헌, 「삼국의 여성을 읽던 一然의 한 시각 ; 〈金現感虎〉의 경우」, 『문학과경계』 2004년 여름호(통권13호), p.283.

5 당대 도교의 특징(2): 성명쌍수와 무위의 실천

도교의 수행과 관련해서는 「요곤전姚坤傳」, 「소광전蕭曠傳」, 「강수전江叟傳」, 「번부인전樊夫人傳」을 중심으로 고찰하겠다.

「손각전」에서 무해한 원숭이가 등장한 것처럼, 「요곤전姚坤傳」에서는 은혜를 갚는 여우가 나타난다. 모두 인간에게 해를 끼치는 존재가 아니다. 요곤은 도가적 인물로 출세에 대한 욕망이 없이 물고기나 낚으면서 유유자적하는 인물이었다. 이웃에 사냥꾼이 살면서 토끼와 여우를 잡아서 생활하였다. 요곤은 사로잡힌 동물들을 불쌍히 여겨 돈을 주고 사서는 풀어주곤 하였는데, 이렇게 살아난 동물들이 수 백마리나 되었다.

숭산의 보리사 승려인 혜소惠沼가 매우 깊이 우물을 파고 신선의 약초라는 황정黃精 수백 근을 넣어둔 다음, 요곤에게 술을 먹여 빠뜨리고는 우물을 막아버렸다. 황정의 효과를 시험하기 위해서였다. 요곤은 탈출할 방법이 없었고, 배가고플 때면, 황정을 먹을 뿐이었다. 며칠이 지나자, 누군가가 나타나 다음과 같이 말했다. "저는 여우입니다. 당신께서 제 자손들을 적지 않게 살려주신 은혜에 감동하여 당신에게 도를 깨치는 요결을 알려주려고 왔습니다. 저는 천년을 묵어 하늘의 이치에 통한 천호가 되었습니다. …… 마침내 정신을 모으고 집중하자 문득 저도 모르는 사이에 날아올라 동굴을 빠져나오게 되었고, 허공을 밟으며 구름을 타고 하늘에 올라 신선들을 만나고 인사를 드렸지요. 당신께서도 단지 정신을 맑게 하고 사려를 없애며 현허玄虛한 도에 집중하십시오. 이렇게 정확히 하면 한달이 못되어 날아서 나오게 될 것입니다" 그렇게 말하는 근거가 무엇이냐는 요곤의 물음에 여우는 "당신은 『서승경西昇經』에서 '정신작용이 육체를 날게 하고, 또 산을 옮긴다'는 말을 듣지 못하였습니까? 노력하십시오"라고 말하고 떠났다.[34] 요곤이 여우의 말대로 수행하자, 약 한달이 지나자 막힌 우물로부터 탈출할 수 있었다.

여우가 언급한 『서승경』은 위진의 육체 수련에 전념하는 도교를 비판하고 등장한 것으로, 남북조시대를 대표하는 도교 저작 가운데 하나이다. 이 책은 본문에서 언급한 바와 같이 정신 수련의 중요성을 강조하고 있다. 인용한 구절은 『서승경』의 「사정장邪正章」으로, 다음의 내용을 담고 있다. "…… 도는 여기에서 나뉘어지는데 참된 도와 거짓된 도이다. 거짓된 도는 육체를 기르고 참된 도는 정신을 기른다. 참된 정신은 도에 통하여 나타나고 사라짐에 자유롭다. 참된 정신은 육체를 날아오르게 할 수도 있고, 산을 옮길 수도 있다. 육체는 썩은 흙으로 돌아가니, 어떻게 도를 알 수 있겠는가?"[35]

그렇다면 요곤이 우물에서 날아오를 수 있었던 것은 황정이라는 외단 약물을 섭취함으로써 육체 수련을 하고, 여기에 정신을 집중하는 정신 수련을 더한 성명쌍수性命雙修를 했기 때문이다. 그리고 이러한 수련 이전에 죽어가는 불쌍한 생명을 살리는 덕행을 쌓았기 때문이다. 다시 말해서, 요곤은 적덕積德, 육체수련, 정신수련의 3요소를 모두 갖추어 득도했다.

요곤이 승려를 만나자, 승려는 크게 놀라면서 어찌된 일인지 물었다. 요곤은 우물 속에서 황정을 한달 동안 먹기만 했더니, 몸이 가벼워지면서 스스로 날아올랐다고 말했다. 이에 승려는 자신도 도를 깨치리라고 생각하

---

34) "如此數日夜, 忽有人於井口召坤姓名, 謂坤曰: '我狐也, 感君活我子孫不少, 故來教君。我狐之通天者, …… 遂凝眄注想. 忽然不覺飛出, 躡虛駕雲, 登九漢, 見仙官而禮之. 君但能澄神泯慮, 注眄玄虛. 如此精確, 不三旬而自飛出. 雖窈之至微, 無所礙矣.' 坤曰: '汝何據耶?' 狐曰: '君不聞《西昇經》云: 「神能飛形, 亦能移山.」君其努力.' 言訖而去."
35) 『西昇經』邪正章第七, "…… 道別于是, 言有僞眞, 僞道養形, 眞道養神. 眞神通道, 能存能亡, 神能飛形, 幷能移山. 形爲灰土, 其何識焉?"

면서 우물 속에 들어갔지만, 시체로 발견될 뿐이었다. 이것은 정신 수련이
빠진 상태에서 외단을 복용하는 육체 수련만으로는 도에 이를 수 없고,
남을 궁지에 몰아넣는 나쁜 행실로는 결코 도에 이르는 인연을 만날 수
없다는 점을 명확히 보여준다. 증산도에서 진리의식으로 충만한 참마음을
중시하여, "나는 '眞心堅守福先來'라 하노라"(9:4:2)라고 한 것과 같은 맥락
으로 파악된다.

「소광전蕭曠傳」은 소광이 용왕의 딸인 직초낭자織綃娘子를 만나 나누는 대
화를 나누는데, 그 속에 용의 수행과 관련된 이야기가 담겨 있다. 소광이
용이 좋아하는 바에 대해 묻자, 직초낭자는 "용은 잠자는 것을 좋아합니
다. 길게는 천년을 자고, 짧아도 수백년보다 적지 않습니다. 동혈에서 엎
드리거나 바로 뒤척이면서 잠잘 때(偃仰) 비늘 사이에 먼지가 쌓입니다. 때
로는 새가 나무의 씨를 물고 와서 그 위에 버리는 탓에 비늘 틈으로 나무
가 자라고, 한아름 되는 나무가 될 때 즈음해서야 바야흐로 용이 깨어납니
다"라고 하였다.[36]

용이 잠들고 비늘 틈으로 먼지가 쌓이고 나무가 한 아름이 될 때까지 쌓
인다는 상징은 무엇을 의미할까? 우리는 일상에서 수없이 많은 피로를 갖
고 살아간다. 그리고 주말과 휴가를 통해서 그 피로를 일부분이나마 해소
한다. 수행의 초기에 자신도 모르는 사이에 깊은 잠에 빠지거나 자신이 가
진 트라우마를 벗어나는 여러 행동들을 하는 것을 종종 볼 수 있다. 그래
서 용의 깊은 잠은 누적된 피로를 씻고 묵은 습관을 벗어남으로써 수행자
로서의 기초를 갖춘 무위의 실천으로 이해할 수 있겠다.

깊은 잠을 자고 난 뒤, 용은 마침내 떨치고 일어나(振迅) 수행에 접어든

---

36) "曠又曰。"龍何好?"曰。"好睡, 大即千年, 小不下數百歲。偃仰于洞穴, 鱗甲間聚其沙麈。或有
鳥銜木實, 遺棄其上。乃甲拆生樹, 至于合抱, 龍方覺悟。"- '용이 좋아하는 바'에 대한 질문은, 북
송초에 '안연顏淵이 좋은 바'가 무엇인지를 탐구함으로써 불교를 극복하는 새로운 학문을
만들었던 것이 연상된다.

다. "자신의 허물을 벗고 허무에 들어가니 그의 정신은 맑아서 적멸의 단계에 접어들었습니다."[37] 허무와 적멸의 단계는 모든 잡념과 번뇌가 사라진 정신 수련, 즉 성性 공부라고 하겠다. 이윽고 "저절로 형체가 기와 더불어 그 변화를 따라 움직이게 되었다. 온 몸의 세포 하나하나까지 얽힘이 풀려서 진공眞空의 단계에 들어갔습니다"라고 하여 육체 수련, 즉 명命공부로 접어든다.[38]

육체와 정신을 모두 닦는 성명쌍수性命雙修를 통해 진공에 접어든 그 상태에 대해 다음과 표현하였다. "마치 배태되지도 못하고 응결되지도 못한 듯하였으니, 그것은 마치 『노자』25장과 21장에서 말한 '어떤 사물이 있는 듯 없는 듯 알 수가 없습니다'라고 한 느낌이었다. 그것은 참된 정수로 기이한 것이었지만, 어둑어둑 보이지 않는 것이었습니다. 이 때에 용의 거대한 몸 전체가 온전히 겨자씨 속으로 들어갈 수 있었고, 그가 움직여 가지 못하는 곳이 없었습니다"[39]라고 하였다. 이상의 상태를 '근본에 돌아가는 도술을 터득하여 조화옹과 공을 다툰다'[40]라고 하였다.

소광은 용에게서 발견되는 이상의 수행이 어떤 것이냐고 재차 질문한다. 이에 대해 직초낭자는 높은 선인들이 수행하는 것과 다르지 않다고 말하면서,[41] 상중하 3등급의 수행 단계를 구체적으로 논술하기에 이른다. "상급의 수행자는 형과 신이 모두 통달하는 것이고(곧 성명쌍수), 중급의 수행자는 신은 뛰어넘으나 형은 가라앉으며, 하급의 수행자는 형과 신이 모두 추락합니다."[42] 즉 낮은 단계의 수행자는 정신과 육체 모두에서 수행이

---

37) "遂振迅修行, 脫其體而入虛無, 澄其神而歸寂滅."
38) "自然形之與氣, 隨其化用, 散入眞空."
39) "若未胚腪, 若未凝結. 如'物有恍惚', 精·奇·杳·冥. 當此之時, 雖百骸五體, 盡可入于芥子之內, 隨擧止, 無所不之."
40) "自得還元返本之術, 與造化爭功矣."
41) "曠又曰, '龍之修行, 向何門而得?'. 女曰, '高眞所修之術何異?'"
42) "上士修之, 形神俱達; 中士修之, 神超形沉; 下士修之, 形神俱墮."

이루어지지 못하고, 중간 등급의 수행자는 정신 수련의 성과를 달성하기는 하지만 육체 수련에서 미진한 점을 보이는 것이며, 높은 단계의 수행자는 정신과 육체 모두에서 완벽한 모습을 보이는 성명이 쌍수된 모습[43]이라고 주장하는 것이다. 성명쌍수와 관련하여, 증산도에서는 정기축장이라는 개념이 등장한다. "도를 잘 닦는 자는 그 정혼이 굳게 뭉쳐서 죽어서 천상에 올라가 영원히 흩어지지 아니한다"(9:76:1)라고 하였는데, 이러한 언급이 성명쌍수를 일컫는 것으로 파악된다.

「강수전江叟傳」은 용으로부터 여의주를 얻어 수선이 되는 이야기를 전한다. 용을 만나는 계기로, 잡귀를 쫓는 회화나무 신령이 등장한다. 강수가 술에 취해 회화나무 아래에서 자는데, 두 회화나무 신령이 대화를 한다. 동생 회화나무 신령은 삼갑자나 될 정도로 삶에 집착[貪生]하면서 물러설 줄 모르는 형님 회화나무를 비난하면서 작별을 고하였다. 날이 밝은 뒤 강수는 그칠 줄을 알아야 한다[知止]는 동생 회화나무 신령을 찾아가 도를 배울 스승을 소개해주기를 요청한다. 이에 형산衡山의 포선사鮑仙師를 찾아가게 되었다.

형산의 포선사는 누구인가? 포선사는 진晉나라의 남해南海 태수를 지낸 포정鮑靚을 가리킨다. 포정은 좌원방左元放을 스승으로 모시고, 『삼황경三皇經』을 배워 귀신을 부리고 봉해서 마귀를 제압하는 방사였다. 허밀許謐과 교류하였고, 제자로는 『포박자抱朴子』를 지은 갈홍葛洪이 있다. 포선사는 강수에게 피리를 불게 하면서 "그 뜻은 현으로 대표되는 도이다"[44]라고 가르쳤다. 포정의 제자인 갈홍은 『포박자抱朴子』에서 도道를 현玄 혹은 현도玄道로 표현하였다. 즉 피리 연주는 도를 향한 수행을 가리키는 것으로 보아야 할 것이다.

----
43) "且當修之時, 氣爽而神凝."
44) "感召之有能變耳, 義出於玄."

평소 피리에 조예가 있었던 강수는 포선사로부터 옥피리를 받아 삼년을 열심히 연주하여, 용으로부터 여의주를 얻게 되었다. 이는 수도의 초중기에 진행하는 무화武火의 수행을 의미하는 것으로 파악된다. 이후 강수는 제호醍醐로 여의주를 사흘 간 달여, 작은 용(小龍)들이 가진 화수단化水丹고 바꾸어 선계를 두루 체험하였다고 한다. 이것은 수행의 후기에 섬세하게 진행되어야 하는 문화文火의 수행으로 내단을 성취한 것으로 이해된다. 강수의 수행은 현세의 삶에 집착하지 않음과 생명을 주는 피리를 연주함으로 통해서 구체화된다. 특히 피리 연주에서 무화와 문화의 단계가 제대로 이루어질 때, 내단이 완성되어 현(=도)을 터득한다는 주장한다.

마지막 「번부인전樊夫人傳」에서도 도교 수행법에 대한 논의가 보인다. 「번부인전」은 두 개의 내용으로 구분된다. 전반부에서는 남편보다 뛰어난 역량을 가진 번부인에 주목한다. 번부인은 삼국시대 오吳나라의 상우上虞[45] 현령을 지낸 유강劉綱[46]의 아내이다. 유강과 번부인이 도술에 뛰어났지만 몰래 수련했기 때문에 사람들은 그들이 도교 인물인 것을 알지 못했다. 한가할 때 유강과 번부인이 도술 시합을 할 때면, 번부인은 언제나 유강보다 뛰어났다.[47] 이 부분과 관련하여 증산도의 "치마 밑에서 大道通 난다"는 구절이 연상된다.

후반부는 당나라 정원貞元(785~805) 연간에 상노파(湘嫗)로 변신하여 살아가는 이야기로 구성된다. 먼저 자신을 알아본 스승과 부모의 강요 사이에서 자발적으로 운명을 결정하는 소요逍遙[48]가 등장한다. 소박하게 살면

---

45) 『참동계參同契』를 지었다고 전해지는 위백양魏伯陽 도인이 살던 곳이다.
46) 유강은 상우현을 청정간이淸靜簡易하게 다스려서, 마을 사람들은 전염병과 홍수 가뭄 맹수 등의 피해를 입지 않고 매년 풍작을 거두었다고 말한다. 곧 무위지치無爲之治를 말한다.
47) 이상의 내용은 『신선전』에 나타난다.
48) 소요逍遙는 『장자』 「소요유」에서 비롯된 이름이다. 부모를 떠나 수도의 길을 걷는 것이 북쪽 바다에서 남쪽 바다로 날아가는 대붕大鵬의 이야기와 닮아있다.

서 부적으로 마을 사람들의 병을 고쳐주는 상노파는, 어느날 소요라는 여아女兒를 보고 제자로 삼았다. 그 부모가 쫓아와서 몽둥이로 때리고 꾸짖으면서 딸을 데리고 갔지만, 소요는 동아줄로 목을 매면서까지 저항하면서 수행자의 길을 가고자 했다. 결국 그의 뜻대로 상노파에게 돌아와 수행을 하였다. 이것은 당나라의 도교가 부모와 남편으로 대표되는 가부장적 질서를 벗어나는 완충적 역할을 한 현실을 반영한다. 스승에게 강제로 납치되다시피 끌려가서 살수 수업을 받았던 '섭은랑'과 달리, 스승과 부모 사이에서 자발적으로 자신의 운명을 개척하는 '소요'는 현실성이 높다.

부모를 설득하는데 성공한 소요는 상노파를 찾아오지만, 상노파는 그에게 다만 먼지를 쓸고 물을 긷고 향을 태우고 도교경전을 읽게 할 뿐이었다. 소요가 간절기 희구했던 구체적이고 고급의 어떠한 수행도 가르치지 않았다.49 몇 달 후, 상노파는 나부산羅浮山에 간다고 하면서 문을 절대 열지 말라고 하였다. 소요는 먼저 떠나 보냈다고 말하였다. 그러나 사실은 소요에게 폐관 수행을 하도록 여건을 만들어 준 것이다. 3년후 상노파가 돌아와, 자물쇠를 열면서 "내가 돌아왔으니, 너는 깨어나라"라고 하였고, 소요는 잠에서 깨어난 사람과 같았다고 한다.50

소요의 수련은 크게 세가지로 나뉜다. 첫째, 자발적 의지로 수행을 하겠다는 마음을 가지고 부모를 설득하는 초발심初發心의 단계이다. 둘째, 마당 쓸고 물 긷는 평범한 일상생활과 향을 피우고 도교경전을 읽는 수행자로서의 생활이다. 이것은 기존의 습관을 바꾸고 마음을 다스리면서 소박한 무위의 삶51으로 나아가는 기초 단계, 즉 연기축기煉己築基이다. 셋째, 도와

---

49) "但箒塵·易水·焚香·讀道經而已."
50) "如是三稔, 人但於戶外窺見。小松迸笋而叢生堦砌。及媼歸, 召鄉人同開鎖, 見逍遙憺坐於室, 貌若平日, 唯蒲履為竹稍串於棟宇間。媼遂以杖叩地曰 : '吾至, 汝可覺' 逍遙如寐醒."
51) 상노파는 주위에서 칭찬하고 좋은 집을 마련해주어도, 그것에 연연하지 않고 소박한 무위의 삶을 이어나간다. "鄉人敬之。為結搆華屋數間而奉媼。媼曰 '不然, 但土木其宇, 是所願也'.

합일하는 본격적인 수련 단계로 3년의 폐관閉關 공부이다. 3년의 타좌打坐 공부가 무르익었다는 증거로, 무지無知한 모양(몽懵)과 마치 잠에서 막 깬 것같은 모습(如寐醒) 등이 제시되었다.

이야기는 여기서 멈추지 않는다. 다시 또 다른 단계가 더 제시되어 있다. 그것은 상노파가 동정호洞庭湖 가운데의 군산도君山島에 배가 좌초되어 위기에 처한 백여명의 사람들을 도술로 구제한 것이다. 이와 같이 민중의 어려움 앞에 구세救世의 노력이 추가되고서야, 비로소 상노파와 소요는 한날 한시에 진리의 세계, 곧 신선이 되어 떠난다. 이상과 같은 자리自利(자기 수행)와 이타利他(대중 구제)의 결합이 당대도교 특징 가운데 하나이다.

6 맺는 말

본고를 통해서 『전기』의 다양한 측면을 고찰하였다. 기존의 논의에서 논의되지 않는 필자의 독창적인 주장은 다음과 같다.

1장에서는 유가 지식인의 관점에서 도가도교적 지식인을 부정적으로 묘사한 것에 대한 편견을 지적하였다. 고변은 당대 후기의 3명장 가운데 한 사람으로 긍정과 부정적 면모를 함께 지닌 인물이므로 그를 객관적으로 조명할 필요가 있다는 점을 밝혔다. 아울러 그 문하에 고형과 더불어 최치원이 있었다는 점을 언급하였다.

2장의 「고경기」에서는 초기 도교에서부터 중시된 도사들의 신물인 거울을 논의하였다. 거울은 척사와 더불어 이류의 거짓된 면모를 밝히는 역할을 하였다. 정체가 드러난 여우 역시 인간에게 해악을 끼치는 요괴가 아니라, 인간과 공존하는 또 다른 존재(異類)를 통해서 상극相克을 벗어난 상생相生으로의 전환이 발견된다.

3장의 「두자춘전」은 현장 『대당서역기』의 호위무사 신화를 모방하면서 아직 중국적 모델로 승화되지 못한 북주에서 당에 이르는 사이에 만들어진 작품이다. 남북조에서 당대에 이르는 시기의 도가도교 진영은 가정윤리와 사회국가윤리를 고려하지 못하는 불교를 지속적으로 비판하였다. 그런데 「두자춘전」은 집착을 버린다는 미명하에 부부夫婦와 부자父子로 대표되는 가정윤리를 도외시하였다. 이러한 한계는 『전기』의 「위자동전」에서 해소되는데, 이 작품에서는 부부와 부자간의 정리情理 문제를 제거하고 방심하지 말고 끝까지 최선을 다하는 수행의 노력이 절실히 필요하다는 것으로 바꾸었다.

4장과 5장은 당대 도교의 전형적 모습을 고찰하였다. 4장은 예교와 인간중심으로부터 벗어난 여성들에 대한 이야기들이다. 「섭은랑전」은 잔인하게 사람을 살육하는 일반적인 무사들과 달리, 인간적인 면모가 물씬 나는 여자 주인공이 등장하여, 무정無情에서 무정茂情으로의 변화가 보인다. 「손각전」의 손각은 현모양처이면서도, 인간과 요괴라는 이분법에 빠진 수준 낮은 도사를 의라는 관점으로 비판하고, 인간과 이류가 공존할 수 있다는 관점을 제시한 입체적 인물이었다. 나아가 이 두 주인공들은 모두 인간세계의 출세를 버리고 자연으로 회귀함으로써, 예교로 대표되는 인간중심주의로부터 벗어나는 면모를 보인다.

5장은 성명쌍수와 무위로 대표되는 도교 수행법에 관한 이야기이다. 「요곤전姚坤傳」에서는 적덕積德, 육체수련, 정신수련의 3요소를 갖추어 득도할 수 있다고 주자얐따. 위진의 육체 수련에 전념하는 도교를 비판하면서 등장한 『서승경』을 등장시킴으로, 정신수련을 강조한 것은 남조시대 도교를 대표하는 특징 중 하나이다. 이러한 점이 당대 도교에서 성명쌍수를 주장하게 된 계기로 작용한다. 「소광전」 역시 성명쌍수를 주장하는데, 잠을 좋아하는 용으로부터 논의를 시작하였다.

「강수전」은 그칠 줄을 알아야 하고[知止], 옥피리 연주를 통해서 무화武火와 문화文火의 수행을 엿볼 수 있었다. 포선사를 스승으로 모신다는 논의를 통해서, 포정과 갈홍 계통의 논의와 연결됨을 파악할 수 있었다. 마지막 「번부인전」은 자발적 의지로 수행을 하겠다는 마음을 가지고 부모를 설득하는 초발심初發心의 단계, 마당 쓸고 물 긷는 평범한 일상생활과 향을 피우고 도교경전을 읽는 연기축기煉己築基 단계, 도와 합일하는 본격적인 폐관閉關 단계, 그리고 마지막으로 민중의 어려움을 제거하는 구세救世의 노력을 주장하였다.

≡ 참고문헌 ≡

- 周楞伽 集註, 『裵鉶傳奇』, 上海古籍出版社, 1980. [배형, 정범진·김낙철 편역, 『신선과 도사 이야기-전기傳奇』, 까치, 1999으로 번역되었다].
- 최진아, 『전기傳奇-초월과 환상, 서른한 편의 기이한 이야기』, 푸른숲, 2006.
- 이방 외 엮음, 김장환/이민숙 외 옮김, 『태평광기』, 학고방, 2000.
- 李奎報, 『東國李相國集』.
- 崔致遠, 『桂苑筆耕』.
- (宋)沈括, 『夢溪筆談』, 台北: 商務印書館, 民國45[1956].
- (宋)晁公武, 『昭德先生郡齋讀書志』, 台北: 商務印書館, 民國67(1978).
- (宋)趙彦衛 撰, 『雲麓漫鈔』, 台北: 藝文印書館, 民國55[1966].
- (宋)陳振孫撰, 徐小蛮/顧美華點校, 『直齋書錄解題』, 上海古籍出版社, 2015.
- 魯迅 輯錄, 『魯迅輯錄古籍叢編-古小說鉤沈』, 北京: 人民文學出版社, 1999.
- 魯迅, 조관희 역, 『中國小說史略』, 살림, 1998.
- 유수민, 「《古小說鉤沈》硏究: 魯迅의 輯佚 및 作品創作과 관련하여」, 이화여자 대학교 중문과 석사학위논문, 2008.
- 김낙철, 「배형《전기》에 나타난 용과 배의 관계성 고찰」, 『중어중문학』 67, 2017.
- 김낙철, 「唐傳奇에 나타난 도사의 역할과 의미 고찰」, 『중국소설논총』 제62집, 2020.
- 김성환, 「최치원의 가야산 은둔, 그리고 昇仙 설화」, 해인사 개산 1218주년 기념 학술세미나 발표원고, 2020.
- 류준경, 「〈김현감호(金現感虎)〉를 통해 본 전기소설의 형성과정과 그 특징」, 『고소설연구』 30권, 2010.
- 유병갑, 「배형〈섭은랑전〉연구」, 『중국학논총』 33집, 2011.
- 유병갑, 「배형〈손각〉연구」, 『중국문학연구』 46집, 2012.
- 정재서, 「거울의 巫俗上 기능 및 그 문학적 수용」, 『중국어문학』 5집, 1982.
- 정출헌, 「삼국의 여성을 읽던 一然의 한 시각; 〈金現感虎〉의 경우」, 『문학과경계』 2004년 여름호(통권13호).

- 최진아, 「중심서사를 구성하는 주변 서사의 힘-배형의 『전기』 「최위」와 베트남의 설화 〈월정전(越井傳)〉 비교-」, 『고소설연구』 21, 한국고소설학회, 2006.
- 1923년 京津신문 기사, 타찌바나 사라키(橘樸)의 〈노신과의 대화〉.
- [그 대체적인 내용을 〈鲁迅与橘朴关于山东扶乩的谈话〉에서 확인할 수 있다.
- https://sjb.qlwb.com.cn/qlwb/content/20210114/ArticelA10002FM.html

두광정의 수도론

김태용

필자 약력

김태용

약력

한양대학교 철학과 및 동대학원 졸업(문학사 및 문학석사)

국립타이완대학 철학연구소 졸업(문학석사)

베이징대학 철학과 졸업(철학박사)

한양대학교, 광운대학교, 중앙대학교 시간강사 역임.

한양대학교 수행인문학연구소 전임연구원 역임.

(현)한양대학교 철학과 교수.

논저

『杜光庭《道德眞經廣聖義》的道教哲學硏究』, 『포박자연구』(공저), 『맹자』·『대학』·『중용』(공역), 「진경원의 도교노학 연구」, 「백옥섬의 도교노학 연구」, 「청세조 『도덕경』어주의 '무위'관념 연구」, 「『해로』·『유로』의 한비자 법치사상 연구」, 「19세기 한국유학자 홍석주의 노자관 연구」 등.

1 들어가는 말

두광정의 자는 빈성賓聖, 도호道號는 동영자東瀛子이다. 당선종唐宣宗 대중大中 3년(850)에 처주處州에서 태어나 후당명종後唐明宗 장흥長興 4년(933)에 청성산淸城山 백운계白雲溪에서 세상을 떠났다. 그는 당의종唐懿宗(재위 859~873) 때 관리가 되기 위해 과거를 치렀으나 낙방하고 말았다. 이에 발분하여 천태산의 도사 응이절應夷節(810~894)의 제자가 되어 처음으로 도술을 배웠다. 도교 상청파 모산종 제12대 종사인 사마승정司馬承禎(647~735)의 5전 제자인 셈이다.

두광정은 입산수도할 때부터 도교 경전의 정리 사업에 참여하였다. 당말·오대 시기에는 거듭된 전란으로 산일된 도경을 수집하여 도장道藏을 중건하려는 작업이 진행되었는데, 두광정은 당시 이를 주도했던 학자 가운데 핵심 인물로 거론될 정도로 두각을 드러냈다. 당희종唐僖宗(재위 873~888)은 두광정이 의례서를 정리했다는 것을 알게 되자 그를 불러서 자의상간紫衣象簡을 하사하고 인덕전문장응제麟德殿文章應制라는 관직을 주어 도교의 영수로 삼았기 때문에 당시의 사람들은 모두 그를 숭앙하고 도교를 다시 일으켜 세운 것은 천하에 그 하나뿐이라고 칭송하였다.

두광정은 입궁한 후부터는 장안과 낙양의 궁궐과 관서에 소장된 전적들을 이용하여 도경을 정리하는 작업에 치력하였다. 두광정은 희종이 촉蜀 지방으로 황소의 난을 피하러 가자 그를 따라갔다. 피난시절에도 두광정은 도경을 정리하는 작업을 계속하였고, 이때 그가 수집했던 3천 여 권의 신구경고新舊經誥는 훗날 도장을 편찬하는데 기초가 되었다고 평가된다. 두광정은 희종이 환궁할 때 따라가지 않고 성도成都의 청성산 백운계에 은거했다. 왕건王建이 전촉前蜀을 세웠을 때 그를 불러 황태자의 스승으로 삼았다. 그때 왕건은 한대漢代에는 사호四皓가 있었지만 자신은 두광정선생 하나면 충분하다고 하면서 좋아했다고 한다. 아울러 그에게 광성廣成선생이라는 호를 하사하고 간의대부諫議大夫 채국공蔡國公에 봉했다. 그러나 그는 얼마 지나지 않아 다시 청성산으로 돌아가 도경 정리에 진력하다가 933년 84세의 일기로 세상을 떠났다.

두광정의 도교 저작은 매우 많이 전해져 내려오고 있는데 『도장道藏』에 수록된 저작만도 27종에 이른다. 대표작으로는 『역대숭도기歷代崇道記』, 『도교영험기道教靈驗記』, 『신선감우전神仙感遇傳』, 『도문과범대전집道門科範大全集』, 『태상황록재의太上黃錄齋儀』, 『도덕진경광성의道德眞經廣聖義』, 『태상노군설상청정경주太上老君說常清靜經注』 등이 있다.

두광정은 도교사가들에 의해 승선계후承先啓後적 인물로 평가받는다. 그의 학술활동은 기존 도교 사유체계에 대한 반성과 분석을 통해 당시 도교계의 요구에 부합하는 이론 체계를 정립하는데 집중되었다. 특히 그의 수도론은 이러한 사상적 특징을 잘 나타내준다.

도교의 양생론은 크게 세 단계의 변화과정을 거친다. 첫 번째는 '형신쌍수形神雙修'의 단계로 동한 말엽부터 위진시기 까지를 말한다. '형신'이란 인간의 정신과 육체를 의미한다. 도교가 희구하는 신선은 기타 종교에서 추구하는 영적 존재가 아니다. 신선은 정신과 육체 즉 자연생명을 갖는 존재이다. 따라서 인간이 신선이라는 목표에 도달하기 위해서는 육체와 정신이 모두 건강하고 왕성한 생명력을 가져야하기 때문에 '형'과 '신'을 함께 수련해야 한다. 두 번째는 '양성養性'의 단계로 육조에서 수당시기 까지를 말한다. 도교에서 '성'은 '도'가 인간의 몸 안에서 체현된 것을 말한다. 따라서 인간이 본성을 잃지 않고 보존한다면 '도'와 합일하여 신선이 되는 것이다. 세 번째는 '성명쌍수性命雙修'의 단계로 당말 이후의 도교의 수련방법을 말한다. '성명'은 본성과 생명 혹은 정신과 육체를 의미한다. 즉 인간

은 '도'로부터 본성과 생명을 품수하여 현세에 그 모습을 드러내기 때문에
두 가지 요소 가운데 어느 하나라도 소홀함이 없이 양육해야 한다는 것이
다.

두광정의 수도론은 '양성'에서 '성명쌍수'로 이동하는 전환기의 도교양
생론을 대표한다. 그의 수도론에는 '형신쌍수'와 '양성'이라는 두 이론이
병립해 있다. '형신쌍수'와 '양성'의 병립은 당말 이후 도교양생론을 대표
하는 '성명쌍수'의 사상적 토대가 된다.

2 '형신쌍수'

두광정은 인간의 태어남이란 '도'에 인因하여 '신神'을 품수하고 그 '형形'을 생성하는 것이라고 말한다.[1] 즉 인간은 '도'에서 생명을 얻는데 이 생명은 육체와 정신 즉, '형'과 '신'의 조화로 이루어진다. 따라서 그는 '형신쌍수'의 양생을 강조한다.

> "세상 사람들이 수도함에 마땅히 밖으로는 그 형을 공고히 함으로 유를 보배같이 귀히 여기고, 안으로는 그 신을 보존함으로 무를 조상같이 근본으로 여겨야 한다. [이와 같이 하면] 점진적으로 묘무에 계합하고 도와 합일하여 장생할 수 있다."[2]

두광정에 따르면, '형'과 '신'의 통일체인 인간의 자연생명에 대한 수련은 '수형修形'과 '수신修神'을 병행해야 한다. '수형'을 통해 '유', 즉 육체가 손상되지 않도록 하여야 하고 '수신'을 통해 '무' 즉 정신을 보존하여야 한다. 만약 '수형'과 '수신' 가운데 어느 한 측면이라도 제대로 수련되지 않으면 장생의 목적에 도달할 수 없다. 왜냐하면 '형'과 '신'은 각기 독립적으로 존재하는 것이 아니라 상자相資해야만 존재할 수 있기 때문이다. 인간이 양생에서 '신'을 수련하여 '형'을 보존하면 그 '형'을 오래도록 유지할 수 있다. 그러나 '형'을 수고롭게 하여 '신'을 부린다면 '신'을 지키지 못한다. 왜냐하면 '형'은 '신'에 인하여 생성하고 '신'은 '도'로부터 품수하기

---

1) 杜光庭, 『道德眞經廣聖義』卷46: "身之生也, 因道稟神而生其形."
2) 杜光庭, 『道德眞經廣聖義』卷11: "世人修道, 當外固其形而實其有, 內存其神而宗其無, 漸契妙無, 然合於道, 可以長生爾."

때문에 '신'과 '형'이 함께 보전되어야만 인간은 '도'와 합일할 수 있다.[3] 이처럼 두광정은 '형'과 '신'의 상생상성相生相成을 강조하여 '형'과 '신'의 상자적 수련을 통해 '도'와 합일하는 경계에 이르기를 희구한다.

당말오대에 내단內丹사상이 중흥하기 이전에 도교 양생가들은 외단外丹을 양생의 주요 방법으로 사용하였다. 도사들이 처음에 복식한 것은 선약仙藥이라는 것으로 주로 초목이나 균과에 속하는 식물로 만들어진 것이다. 이러한 선약은 복용 후에 병을 치료하고 몸을 보호하는 효과를 나타내었다. 그런데 식물을 이용한 양생은 치병治病과 보신保身의 효과는 있었지만 도교가 목표로 하는 장생불사의 효과는 없었다. 따라서 이들은 금속류의 약물에 주의를 기울이기 시작한다. 그러나 납이나 수은 성분이 포함된 단약丹藥은 오히려 인간의 생명을 단축시키는 결과를 초래하였다. 도사들이 금석류의 단약의 독성을 없애기 위해서 광천수나 해독성식물을 이용해 중화시키는 방법을 사용하였으나 별 효과를 보지 못하고 여전히 단약을 복식한 후에 사망하는 사람이 적지 않았다. 특히 당대의 왕족들은 도교의 장생술과 복단술服丹術을 지나치게 미신하여 중독사한 사람이 매우 많았다. 두광정은 이러한 형신수련의 전통적 양생방법인 외단술에 대해 "만약 양생을 너무 지나치게 하거나 혹은 금석류의 단약을 복용하여 중독되면 도리어 죽음에 이르게 된다"[4]고 말하여 복단을 통해 신선을 희구하는 방법의 허구성을 지적하며 양기술養氣術을 주장한다. 그가 말하는 양기술의 근거는 도와 인간을 관통하는 생성론적 공통본질인 '도기道氣'에 있다.

두광정에 있어 '도'는 '허무虛無'를 '체體'로 하고 '통생通生'을 '용用'으로 하여 천지만물의 근원이 된다. 그런데 순수한 '허무'는 만물을 생성할 수

---

3) 杜光庭, 『道德眞經廣聖義』卷32: "理身, 養神而存形, 形可長久, 勞形而役神, 神將不守, 神(形)因形(神)而生, 神從道而稟, 神形俱全, 可以得道."
4) 杜光庭, 『道德眞經廣聖義』卷48: "若厚於奉養, 力以求生, 或餌金石以毒其中……反之於死."

없다. 두광정이 말하기를 "허무는 만물을 생성할 수 없다. 만물은 '허무미묘지기虛無微妙之氣'를 얻어야만 자생할 수 있다"[5]고 한다. 즉 만물은 순수한 공무空無에서는 생성될 수 없고, '허무'와 '미묘'를 존재적 특성으로 물질적 근원 즉 '원기元氣'를 품수해야만 생성될 수 있다. 이러한 의미에서 두광정은 '도'를 '허무지기虛無之氣'라고 말한다.

> "도는 허무지기다. 혼돈과 건곤의 근원이며 유가 될 수도 있고 무가
> 될 수도 있어 천지를 포괄한다. 도는 본래 무형이고 이름을 붙일 수
> 없다. 무형지형은 진형이라 부르고 무상지상은 진상이라 부른다."[6]

여기서 '허무지기'는 '허무'를 존재적 특성으로 하는 '원기'를 말한다. 두광정에 있어 '도'는 '허무지기'이고 '무형지형無形之形'이며 '무상지상無象之象'이다. 노자의 '도'는 인간의 감각기관이나 사유기관으로 파악할 수 없다는 의미에서 '무'라고 말할 수 있지만, 천지만물의 생성 근원으로서 '도'는 공무나 영零과 같은 것일 수는 없다는 의미에서 '도'는 '유'이다. 그러나 이러한 '유'는 구체적 사물처럼 형체를 가지고 특정한 공간을 차지하고 있는 것이 아니다. 따라서 '도'는 '모습 없는 모습', '형상 없는 형상'이라는 것이다. 두광정은 이러한 '도'를 '허무지기'라고 말한다. 즉 인간의 감각기관과 사유기관으로 파악할 수 없다는 의미에서 '도'는 '허무'이지만 천지만물의 생성 근원으로서 '도'는 '원기'라는 것이다. 그러나 이 '원기'는 일정한 형체를 갖추거나 특정한 공간을 차지하고 있지 않기 때문에 '허무지기'라고 말한다.

---

5) 杜光庭, 『道德眞經廣聖義』卷4: "虛無不能生物. 明物得虛無微妙之氣, 以能自生."
6) 杜光庭, 『太上老君說常淸靜經注』, "道者, 虛無之氣也. 混沌之宗, 乾坤之祖, 能有能無, 包羅天地. 道本無形, 莫之能名, 無形之形, 是謂眞形, 無象之象, 是謂眞象, 先天地而不爲長, 後天地而不爲老, 無形而自彰, 無象而自立, 無爲而自化, 故曰大道."

그리고 두광정에 있어 이러한 '허무지기'는 바로 '도기道氣'이다.

"하늘의 높음은 도기가 덮어주고, 땅의 두터움은 도기가 실어주고,
만물의 많음은 도기가 두루 미쳐준다. 대도가 기를 운용하지 않으면
누가 그 높고 넓음, 두텁고 큼, 많음의 공적을 이룰 수 있겠는가?"[7]
"아주 작은 사물이나 매우 많은 종류의 사물들 모두 도기에 의거한
다. [도기에] 힘을 빌은 연후에 생성할 수 있다."[8]

도교에서 '도기'는 '선천기先天氣' 또는 '조기祖氣'를 의미하는 것으로 만물
의 생성과 변화의 근본을 말한다. 『노자상이주老子想爾注』에서 말하기를 "도
기는 항상 위 아래로 움직이며 천지의 안과 밖에서 두루 선회한다. 따라서
보려 해도 볼 수 없다. 왜냐하면 아주 맑고 작기 때문이다."[9] "천지 사이에
도기는 충만하다. 아주 맑고 작아 볼 수 없다. 혈육이 있고 생명이 있는 생
물은 [도기를] 흠모하지 않고 의지하지 않는 것이 없다"[10]고 한다. 또 『승현
경昇玄經』에서 말하기를 "도기가 인간의 몸 안에 있지 않으면, 인간의 몸은
텅 빈 것이다. 인간의 몸이 이미 텅 비어 있는데 어떻게 장수할 수 있겠는
가?"[11]라고 한다. '도기'는 우주에 건곤乾坤이나 음양陰陽이 분화되기 이전에
혼돈混沌의 상태에 있는 '기氣'를 말한다. '도기'는 천지 만물의 '정기精氣'이
며, 이것의 흩어짐[散]과 모임[聚]에 따라 천지 만물의 생성 변화가 일어난
다. 따라서 '도기'란 물질적 근원을 의미하며, '도기'의 보존 여부는 생명의

---

7) 杜光庭, 『道德眞經廣聖義』卷28: "天之高也, 道氣盖之, 地之厚也, 道氣載之, 萬物之繁也, 道氣
徧之. 非大道運氣, 孰能治其高廣, 厚大, 繁多之功兮."
8) 杜光庭, 『道德眞經廣聖義』卷43: "秋毫之微, 庶類之衆, 皆資道氣, 假借而後, 能生能成."
9) 『老子想爾注』14장: "道氣常上下, 經營天地內外, 所以不見, 淸微故也."
10) 『老子想爾注』5장: "道氣在間, 淸微不見, 含血之類, 莫不欽仰."
11) 『昇玄經』, "道氣不居人身, 人身則空, 人身旣空, 何得久生."

생사 여부와 직접적 연관성을 가진다. 두광정은 이러한 '도기' 관념에 대해 자신의 견해를 다음과 같이 밝힌다.

"도는 통(두루 통달함)이다. 두루 통달하여 기로 만물을 생성 변화한다. 만물을 생성하기 때문에 만물의 어머니라고 부른다."[12]

여기서 '통通'은 '허무'를 '체'로, '통생'을 '용'으로 하는 '도'의 보편적 본원성을 말한다. 그리고 '기氣'는 '원기'이다. 이 '원기'는 '도'와 분리되어 존재하는 것이 아니라 '도' 안에 본래 내재되어 있는 우주생성의 물질적 근원이다. 이 '원기'가 분화하여 이의二儀, 삼재三才, 오행五行, 만물이 생성된다.[13] 이처럼 '도기'는 '원기'를 본래 내포한 '도', 즉 '무'이면서 '유'인 천지만물의 근원을 말한다.[14] 따라서 천지의 높음과 두터움, 헤아릴 수 없이 많은 종류의 사물, 인간의 감각기관으로는 파악할 수 없는 아주 작은 사물 등 천지만물은 모두 '도기'를 생성 근원이며 변화발전의 동인動因으로 한다. 그러므로 두광정은 "물은 대략 볼 수 있는 형질이 있는 것을 말한다. 동은 비늘이나 껍데기가 있는 것, 깃이나 털이 있는 것, 사람, 날거나 달리는 것 등의 부류를 말한다. 식은 산천이나 초목 등의 부류를 말한다. 유정

---

12) 杜光庭, 『道德眞經廣聖義』卷4: "道, 通也, 通以一氣生化萬物, 以生物故, 故謂萬物之母."
13) 杜光庭, 『太上老君說常淸靜經注』: "道本抱於元氣, 元氣分爲二儀, 二儀分爲三才, 三才分爲五行, 五行化爲萬物."
14) 리다화는 두광정의 '도기'가 물질과 정신이 결합된 이원체라고 해설하기를 "이도통기는 '통'과 '생' 두 가지 성질의 결합이다. '도-기'는 직접적 무차별적 동일에 도달한 것이다. 실제로 이러한 결합과 동일은 인위적 주관적 결합이며 동일일 뿐이다. 두광정은 이러한 결합과 동일을 해석할 때 기를 사물의 운동으로 도를 운동의 규율로 간주한다. 운동과 규율은 당연히 분리될 수 없는 것이고 객관적으로 동일한 것이다. 그러나 두광정을 포함하여 대부분의 도교 이론 가운데 도는 규율일 뿐만 아니라 정신실체이고, 기는 운동일 뿐만 아니라 물질실체이다. 따라서 두광정이 말하는 '도기'는 물질과 정신이 결합한 이원체이다."라고 한다. (李大華, 『隋唐道家與道敎』下冊, 廣州: 廣東人民出版社, 2003, pp.546~548)

은 형체가 있고 감정과 의식이 있는 것을 말한다. 무정은 형체는 있으나 감정과 의식이 없는 것을 말한다. 이러한 사물의 많음은 수 억조의 종류에 이르지만 충화도기의 작용을 얻지 못한다면 생성할 수 없다"[15]라고 한다. 즉 '도'는 우주 조화造化의 근본이고 동물과 식물, 유정有情과 무정無情은 모두 충화도기沖和道氣의 산물이다.

두광정은 인간이 '도기'에 의해 육체와 정신 즉 '형'과 '신'이 형성되기 때문에 양생에서 '기'수련을 중시한다.

> "생명을 받는 처음에 도는 기를 부여하고, 천은 신을 부여하고, 땅은 정을 부여한다. 세 가지가 상합하여 형을 생성함으로 인간은 애정, 양기, 존신을 하면 장생을 할 수 있다. 만약 하나라도 산란하면 착란하여 질병이 생기며 다 소모되어 죽음에 이른다. 이 세 가지를 아끼지 않는 것은 흐트러지고 버리는 것이다. 기가 흐트러지고 신이 떠나버리면 인간은 죽는다."[16]

> "무릇 현은 천이며 인간에서 코가 된다. 빈은 땅이며 인간에서 입이 된다. 광화의 기와 혜조의 신은 인간의 신체 중에 코와 입으로 출입하며 호흡이 상응하여 신체를 양육한다. 그러므로 곡신이라고 한다. 또한 천의 오기는 코로 들어온다. 그 신을 혼이라 하는데 위로 하늘과 통한다. [반면] 땅의 오미는 입으로 들어온다. 그 신을 백이라 하는데 아래로 땅과 통한다. 인간이 식기하면 하늘과 한 무리가 되어

---

15) 杜光庭, 『道德眞經廣聖義』卷32, "物者, 有質可見總謂之物, 該約也. 動者, 謂鱗甲羽毛果蟲飛走之屬也. 識者, 謂山川草木之屬. 有情者, 謂有形而有情識者也. 無情者, 謂有其形而無情識者也. 此物之衆, 拘於億兆之類, 然不得沖和道氣所運, 則不能生, 不能成矣."
16) 杜光庭, 『道德眞經廣聖義』卷46: "受生之始, 道付之以氣, 天付之以神, 地付之以精. 三者相合而生其形, 人當愛精養氣存神則能長生, 若一者散越則錯亂而成疾, 耗竭而致亡, 不愛此三者是散而棄之也. 氣散神往, 身其死矣."

오래도록 지속한다면 장생할 수 있다. 양이 음을 이기는 것이다. [반면] 식미하면 땅과 한 무리가 되어 오래도록 지속한다면 병이 생겨 죽음에 이를 것이다. 음이 양을 이기는 것이다. 노군은 사람들로 하여금 신을 기르고 형을 보배같이 여기게 한다. 절곡과 식기는 불사의 도이다."[17]

  인간의 생명은 '정精', '기氣', '신神' 등 세 가지 요소에 의해 이루어진다. 생명의 기초인 '정'(생명력)이 '기'(물질적 기초)의 매개 작용을 통해 인체의 생명활동을 주관하는 '신'(정신활동)으로 전환되는 일련의 과정이 인간의 생명 활동의 본질이다. 그러므로 인간이 죽음에 이르지 않고 장생하기 위해서는 이 세 가지 요소들을 반드시 보존해야 한다. 그런데 '정', '기', '신'이란 '기'('도기')가 응변應變한 것이다. 그러므로 인간이 장생하기 위해서는 '기'수련이 반드시 필요하다. 두광정은 '기'수련 방법으로 절곡식기법絶穀食氣法을 제시한다. 그가 볼 때, 하늘은 장생의 무리인 반면 땅은 죽음의 무리이다. 만약 인간이 하늘의 기 먹기를 오래한다면 하늘과 한 무리가 되어 장생할 수 있지만, 반대로 땅의 곡식 먹기를 오래한다면 땅과 한 무리가 되어 병을 얻어 죽게 된다. 그러므로 그는 '식기'와 '절곡'을 불사의 길이라고 말한다.

---

17) 杜光庭, 『道德眞經廣聖義』 卷9: "夫玄, 天也, 於人爲鼻. 牝, 地也, 於人爲口. 光和之氣, 慧照之神, 在人身中, 出入鼻口, 呼吸相應, 以養於身, 故云谷神也. 又天地五氣, 從鼻而入, 其神曰魂, 上於天通. 地之五味, 從口而入, 其神曰魄, 下於地通. 言人食氣則與天爲徒, 久而不已, 可以長生, 陽煉陰也. 食味則與地爲徒, 久而不已, 生疾致死, 陰煉陽也. 老君令人養神寶形, 絶穀食氣, 爲不死之道."

3 '양성'

'도'는 시공을 초월하며 만물보다 선재한 존재이다. 따라서 절대적이며 독립적인 '무대無待'이다. 이러한 관점에서 하상공河上公은 "도의 본성은 자연이기 때문에 본받을 바가 없다"[18]는 '도성자연道性自然' 관념을 제출한다. 주지하는 바와 같이 문자 혹은 문장구조에서 보면 '도법자연道法自然'은 "도는 자연을 본받는다"라고 해석되어진다. 이는 '도법자연'의 앞 구절 즉 '인법지人法地, 지법천地法天, 천법도天法道' 가운데의 '법' 자가 모두 '본받다'로 해석되기 때문이다. 당대 초엽의 불교사상가들은 이 해석방법을 견지하여 '도'를 핵심으로 전개되어지는 도교 교리와 교의의 이론체계의 허구성을 공격하였다.[19] 문제는 이러한 불교계의 비판이 일부 도교사상가에 의해 수용되어졌다는 것이다. 예컨대 성현영은 "도는 적이고, 자연은 본이다. 본으로 적을 거두어들인다. 따라서 법(본받다)이라고 말한다"[20]고 해설하고, 『서승경』은 "허무가 자연을 생성하고, 자연은 도를 생성한다"[21]고 주장한다. 그런데 이것은 단지 '도법자연'이라는 한 구절에 대한 해석상 방법의 차이만을 의미하지 않는다. 『노자』라는 도교의 최고경전에서 '도'가 차지하는 지위 및 나아가서 '도'를 최고의 범주로 상정하고 전개되는 도교의 교리와 교의에 대한 근본적 회의를 의미한다. 만일 '도법자연'을 "도는 자연을 본받는다"라고 해석한다면, 도의 존재성은 자연에 의거하게 된다. 즉 도는 무대가 아니라 유대有待이다. 따라서 '도성'을 근본으로 하는 인간

---

18) 『老子道德經河上公章句』: "道性自然, 無所法也."
19) '도법자연'의 해석에 관한 도불논쟁에 대해 루궈룽盧國龍의 『중국중현학中國重玄學』(北京:人民中國出版社, 1993, pp.187~216)을 참조.
20) 『老子義疏』: "道是迹. 自然是本, 以本收迹, 故義言法也."
21) 『西昇經』, "虛無生自然, 自然生道".

의 수도실천은 그 형이상학적 기반을 상실하게 되는 것이다. 이에 두광정은 "도가 자연을 본받는다"는 해석방법을 비판하고 '도'의 본성이 자연임을 천명한다.

"만약 자연이 도의 위에 거한다면 우주 사이에는 자연을 포함하여 다섯 가지 큰 것이 있다. 또한 도는 자연과 무위의 자손이 된다. 이 모두는 망령된 견해이다. …… 대도는 허무를 체로, 자연을 성으로, 도(통생)를 묘용으로 삼는다. 나눠서 말하면 하나가 셋이 되는 것이고, 합쳐서 말하면 셋이 융합하여 하나가 된다. 이를 통칭해서 허무자연대도라고 한다. 하나의 체로 돌아가니, 서로 생성하고 본받는 이치나 서로 선후와 우열의 차별이 없다. 자연이 아니면 도의 본성을 밝힐 수 없고, 허무가 아니면 도의 체를 밝힐 수 없고, 통생이 아니면 도의 용을 밝힐 수 없다."[22]

두광정의 비판은 두 가지 관점에서 이루어진다. 하나는 만약 노자가 자연을 하나의 실체로 간주했다면 "우주 사이에 네 가지 큰 것이 있다"고 말하지 않고 "우주 사이에 다섯 가지 큰 것이 있다"고 말했어야 한다. 이러한 관점에서 보면 자연은 하나의 실체가 아니라 도의 운용법칙을 의미할 뿐이다. 다른 하나는 허무, 도(통생) 및 자연은 대도의 체, 용 및 성(본성)의 속성일 뿐이지, 그들 사이에 생성이나 본받음의 관계, 또는 선후, 우열의 차별이 없다. 이러한 관점에서 보면 노자는 '자연' 관념을 이용해 도의 본성을 설명할 뿐이다. 따라서 '도법자연'은 도가 자신의 자연본성에 따라 운

---

22) 杜光庭, 『道德眞經廣聖義』卷21: "若有自然居於道之上, 則是域中兼自然有五大也. 又以道爲自然之子無爲之孫, 皆爲妄見.……大道以虛無爲體, 自然以性, 道爲妙用, 散而言之, 卽一爲三, 合而言之, 混三爲一, 通謂之虛無自然大道. 歸一體耳, 非是相生法之理, 互有先後, 優劣之殊也. 非自然無以明道之性, 非虛無無以明道之體, 非通生無以明道之用".

행함을 의미한다.

두광정은 '도'의 자연본성은 영원히 그 청정성을 잃지 않는다고 말한다.

"도성은 본래 청정함을 구하며 자연히 사물에 응한다. [도가] 세간에
서 항상 작용함에 [세간에] 물듦도 없으며 [세간의 사물이] 달라붙음도
없고, [세간의 사물에 의해] 때가 끼지도 않고 먼지가 묻지도 않는다.
[청정한 본성을 유지하며] 계기에 따라 변화한다."[23]

두광정에 따르면, '도'의 생성작용은 도체道體와 도용道用의 상호작용을
통해 발휘된다. '적연부동寂然不動'적 도체는 '무위無爲'이고 '감이수통感而遂
通'적 도용은 '무불위無不爲'이다. 말하자면 도체는 '무위'하지만 사물에 감
응하여 그 잠재적 운동성을 드러내고, 그 작용에 의해 모든 만물이 생성
변화한다. 그런데 만물의 생성은 '도'의 체와 용 즉 '무위'와 '무불위'가 상
자하여 그 작용을 밖으로 드러냈을 때 가능하다. 만약 '도'가 '무위'의 상
태, 즉 도체에 머무르며 작용을 밖으로 드러내지 않는다면 만물의 생성은
이루어지지 않는다. '도'의 잠재적 운동성이 현실화 되었을 때 즉 도체가
도용으로 전화되었을 때에 우리는 비로소 생성을 말할 수 있다.[24] '도'의
본성은 본래 청정하다. '적연부동'한 도체만이 청정한 것이 아니라, '감이
수통'한 도용도 세간의 사물에 의해 염오染汚되지 않고 청정함을 유지한
다. 따라서 청정을 본성으로 하는 '도'가 계기에 따라 작용을 일으켜도 그
본성은 영원히 본구本具적 청정성을 잃지 않는다.

두광정은 이러한 청정한 자연본성이 단지 '도'의 본성일 뿐만 아니라, 우

---

23) 杜光庭, 『太上老君說常淸靜經注』: "道性本求淸靜, 自然應物, 常用於世, 無染無著, 無垢無塵,
隨機而化."
24) 杜光庭, 『道德眞經廣聖義』卷29: "寂然不動, 無爲也, 感而遂通, 無不爲也. 無爲者, 妙本之體
也. 無不爲者, 妙本之用也. 體用相資, 而萬化生矣. 若扣之不通, 感之不應, 寂然無象, 不能生成."

주만물의 보편적 본성임을 주장한다.

> "도는 본래 자연을 본성으로 함으로 들어가지 못하는 것이 없고, 우
> 주에 도가 미치지 않는 곳이 없다. 따라서 하늘 아래에 모든 것은 도
> 의 조화에 의해 이루어진다. 준동함생은 모두 도성이 있다. 만약 이
> 것을 분명히 이해한다면 득도라고 말할 수 있다."[25]

　여기서 '준동함생蠢動含生, 개유도성皆有道性'은 불교의 '준동함령蠢動含靈,
개유불성皆有佛性', 즉 '살아 움직이는 모든 것은 영을 가졌으니 모두 불성
이 있다'는 말을 차용한 것이다. 말하자면 살아 움직이는 모든 것은 생명
을 가졌으니 모두 도성을 가지고 태어난다는 것이다. 인간 또한 예외가 아
니다. 인간은 '도'의 산물이고 생명을 가지고 있기 때문에 '도성'을 가지고
태어난다.[26]

　두광정에 따르면, 이러한 인간의 본성 즉 '도성'은 본래 청정淸靜하고 무
잡무진無雜無塵하다.[27] 따라서 인간이 본성 즉 '도성'의 청정함을 따르면 자
연히 '도'와 합일한다.[28] 그런데 인간은 세상에 태어난 이후에 염욕染欲이

---

25) 杜光庭, 『太上老君說常淸靜經注』: "道本自然, 無所不入, 十方諸天, 莫不皆弘至道. 普天之內,
皆爲造化. 蠢動含生(靈), 皆有道性. 若能明解, 卽名爲得道者也."
26) 杜光庭, 『道德眞經廣聖義』卷23: "元本淸靜, 旣生之後, 有諸染欲, 瀆難其眞, 故去道遠矣."
27) 杜光庭, 『道德眞經廣聖義』卷15: "稟道爲性, 本來淸靜."
28) 도교학자로서 두광정은 기본적으로 '도'를 하나의 '기'로 규정한다. 이는 다른 중현학자
들이 '도'를 하나의 '리'로 규정하여 본체론의 관점에서 심성 수양을 강조하는 점과 차이가 난
다. 남조유송말년에 고환顧歡의 『이하론夷夏論』에 의해 촉발되어 당대 초기까지 이어진 여러
차례의 도불道佛논쟁에서 불교사상가들은 '도기'관념의 모순성을 지적하여 이것으로써 도교
를 폄하하였다. 그 핵심 내용은 도교가 형이하적 '기'를 형이상적 '도'와 동일시하고 숭배하며
종교적 실천의 근거로 여기는데 이는 이론상 모순될 뿐만 아니라, 형이하적 사물을 최고범주
로 하기 때문에 저급한 종교라는 것이다. 이러한 불교의 비판은 당시 도교의 약점과 도교신
선이론기초의 불완전성을 지적한 것이다. 이는 도교의 자아반성과 불교사상의 흡수를 촉발
시켜 '리理'로써 '도'를 해석하는 방법이 유행하기 시작하였다. 예컨대 당대의 저명한 도사인

생기어 그 참됨을 더럽히고 어지럽혀 '도'와 멀어진다. 두광정은 이러한 인간 본성의 천이遷移를 '정情' 관념을 이용해 설명하고, 섭정반성攝情返性을 강조한다.

"도에서 품수 받은 것을 성이라 부르고, 성이 옮겨진 것을 정이라 부른다. 인간이 정을 거두고 념을 끊어서 본성을 회복하여 근원으로 돌아가면 지극한 덕의 선비가 된다. 지극한 덕의 근본은 바로 묘도이다. 따라서 성을 닦고 덕으로 돌아감을 유에서 무로 돌아간다고 말한다. 정으로 옮겨진 것은 유이고, 정을 거두어 근본으로 돌아가는 것은 무이다. 망령된 정을 이미 끊었으면 바른 본성으로 돌아간다."[29]

"념을 좇아 사악함이 생기는 것이 도를 잃는 것이다. 묘도를 얻고자 한다면 오히려 자신으로 돌아가 부드럽고 고요한 품행과 돈후하고 조화로운 품성을 지켜서 정을 제어해야 한다. 정은 말이고 성은 본이다. 성으로부터 정이 생긴다는 것은 경을 좇아 욕심이 생기는 것이고, 정으로부터 성을 양육한다는 것은 념을 끊고 원으로 돌아가는

성현영은 "도는 허통지묘리이고 만물의 바른 본성이다"라 하고, 이영은 "도는 허극지리이다. 무릇 허극지리는 무이거나 유일 수 없다"라고 한다. 그런데 두광정은 "만물의 심묘한 리와 생명이 품수 받은 성을 극진히 한다. 만물의 리와 생명의 성을 극진히 함으로 일(도)에 이른다"고 한다. 여기서 '리'와 그것을 품수한 '성'은 도와 만물을 관통하는 중개자다. '도'의 생성작용과 만물의 성장변화는 '도'와 만물을 관통하는 '리'에 따라 이루어지며, 이 '리'와 이것이 만물에서 체현된 '성'을 궁구함으로써 '도'와 합일을 이룰 수 있다. 이처럼 두광정에 있어 우주만물의 근원인 '도'는 '도기'이면서 또한 '리'이다. 여기서 '도기'는 물질성적 원시재료로서 우주만물의 생명근원을 의미하고, '리'는 '도'와 만물 즉 도물합일의 형이상학적 근거로서 두 세계를 관통하는 우주본체를 의미한다. 따라서 '도기'는 '양기'설을 실천방법으로 하는 '형신쌍수'이론의 우주론적 기초가 되고, '리'는 '섭정반성'을 실천방법으로 하는 '양성'이론의 본체론적 기초가 된다.

29) 杜光庭, 『道德眞經廣聖義』卷19: "自道所稟謂之性, 性之所遷謂之情. 人能攝情斷念, 返性歸元, 卽爲至德之士矣. 至德之本, 卽妙道也. 故言修性返德, 自有歸無. 情之所遷者有也, 攝情歸本者無也. 旣能斷彼妄情, 反於正性."

것이다. 원으로 돌아가면 오욕이 생기지 않고 육근이 움직이지 않으니 …… 묘본의 도는 자연히 자신에 이른다."[30]

이처럼 '성'이란 '도'로부터 품수 받은 것이고, '정'이란 '성'이 천이한 것이다. 즉 인간이 '도'와 합일할 수 있는 근거가 '성'에 있고, 인간이 본성과 '도'를 잃는 원인이 '정'에 있다. 따라서 인간은 '정념情念'을 끊어 버리고 본성을 회복한 이후에야 비로소 '도'로 회귀할 수 있다. 그런데 '정'은 독립된 실체가 아니라 '성'이 천이해서 생성되는 존재이다. 반면 '성'은 '정'으로부터 양육되어진다. 이러한 의미에서 '성'은 '본本'이고 '정'은 '말末'이다. '정'을 거둬들여 '성'을 회복하면 즉 '말'에서 '본', '유'에서 '무'로 회귀하면 '도'와 자연스럽게 합일하게 된다. 이처럼 인간이 '도'를 깨닫게 되는 근거는 인간 밖에 있는 것이 아니다. '도'와 인간을 관통하는 공통본질인 '도성'에 있다. 따라서 성선成仙이란 외재적 '도'를 획득함으로써 이루어지는 것이 아니라, 세속적 욕망에 의해 가리어진 내재적 '도성'을 체득함으로써 가능하다.

---

30) 杜光庭, 『道德眞經廣聖義』卷15: "隨念生死, 旣云失道, 欲其妙道, 却復於身者, 當須守雌柔貞靜之行, 篤厚恬和之性, 以制其情. 情者末也, 性者本也. 自性而生情, 則隨境爲欲, 自情而養性, 則息念歸元. 歸元則五欲不生, 六根不動,……則妙本之道, 自致於身矣."

4 '수심'

두광정에 있어 인간은 득도성선得道成仙하기 위해서 '형신쌍수'와 '양성'
이라는 두 방면의 양생이 병행되어야 한다. 그런데 두광정의 이 두 가지
양생은 최종적으로는 '수심修心', 즉 마음 수련으로 귀결된다. 두광정이 형
신관계에서 '신'의 작용을 강조해 말하기를 "인간의 생성은 모두 신으로부
터 말미암는다. 신이 오래 지속되면 사는 것이고 신이 단절되면 죽는 것이
다"[31], "인간의 몸이 이미 생성되었으면 신기에 의해 운동한다. 신기가 온
전하면 살 수 있고 신기가 없어지면 죽는다"[32], "수신의 도는 모두 양신에
있다"[33]고 한다. 이처럼 두광정이 형신이론에서 '신'을 강조하는 것은 그가
말하는 성선이라는 것이 '유형有形'에서 '무형無形'으로의 복귀를 의미하기
때문이다.

"도는 묘무로써 만물을 생성하는 것을 자연이라 부른다. 물이 물을
생성하고 형이 형을 생성하는 것을 인연이라 부른다. 물의 형체는 큰
것은 천지와 같고 작은 것은 곤충과 같다. 모두 자연묘도의 기화에
의해 이루어진 후에 형과 류에 인연하여 상생상성하는 것이다. 수도
자가 마음을 허정하게 하고 일(도)을 안고 원으로 복귀하면 장존할
수 있고 유형에서 장생불사의 경계에 이를 수 있다. 형이 도와 합하
여 무형으로 돌아가 변화는 그 시기에 맞고 생사가 괴롭힐 수 없으면
유에서 무로 돌아갔다고 말할 수 있다"[34]

----
31) 杜光庭, 『墉城集仙錄』: "人之生也, 皆由於神. 神鎭則生, 神斷則死."
32) 杜光庭, 『道德眞經廣聖義』卷46: "人身旣生, 假神而運, 因氣而屈伸, 神氣全則生, 神氣亡則死."
33) 杜光庭, 『太上老君說常淸靜經注』: "長生之道, 全在養神."
34) 杜光庭, 『道德眞經廣聖義』卷32: "道以妙無生成萬物, 謂之自然. 物之生物, 形之生形, 謂之因

무형인 '도'가 유형인 만물을 생성하고 유형인 인간 또한 무형인 '도'로 부터 생성된다. 따라서 '도'와 합일을 최종목표로 하는 수도실천은 유형에서 무형으로 돌아감으로써 완성된다. 즉 무형으로 돌아간 이후에야 비로소 유형에서 비롯된 생사의 국한을 넘어설 수 있다. 그런데 이러한 목표를 달성하는 방법은 '수형修形'을 통해서는 불가능하다. '수형'은 인간의 신체를 보존하고자하기 때문에 유형의 굴레에서 벗어날 수 없다. 따라서 무형적 도와 합일을 이루기 위해서는 '수신修神'을 통해서 그 유형적 굴레를 벗어나야 한다. 실제로 두광정은 '수형'을 중시하지만 인간의 수명은 43,200일, 즉 120년 정도뿐임을 인정하고[35] 육체생명의 불멸불사를 추구하는 것은 아니다. 따라서 이러한 유한성을 극복하고 불생불멸적 '도'로 복귀하기 위해서는 '형'과 '신' 가운데 '신'이 중심이 된다. 그런데 두광정은 "심의 소이는 신을 한데 모으는 것이다"[36]라고 말한다. 즉 형신쌍수의 근본적 방법은 바로 '수심修心'이다.

　두광정은 양생의 제왕帝王이 '심'이며 '장부藏府'가 제후諸侯일 뿐이라고 말한다. 만약 '심왕心王'을 청정하게 하여 '도'와 합일한다면 천지원정天地元精의 '기'가 저절로 몸 안으로 들어와 옥장감로玉漿甘露가 되어 삼일三一의 '신'과 자아가 그것을 함께 마시면서 상수相守하고 상응하게 된다. 말하자면 토납吐納 등 기타 도교의 전통적 양생방법을 사용하는 번거로움이 없이도 '수심'을 통해 우주의 '기'와 '신'이 자연스럽게 인간의 신체와 소통하고 화해하여 수도의 목적에 이를 수 있다.[37] 이처럼 '형신쌍수'는 '수심'으

緣. 言物之形兆, 大若天地, 微若昆蟲, 皆資自然妙道氣化而成, 然而因形緣類, 更相生, 更相成. 修道者, 縱心虛漠, 抱一復元則能存, 已有之形致無涯之壽. 形與道合, 反於無形, 變化適其宜, 死生不能累, 則可謂自有而歸無也."
35) 杜光庭, 『道德眞經廣聖義』卷27: "人之生也, 天與之算, 四萬三千二百算主日也, 與之紀, 一百二心紀主年也."
36) 杜光庭, 『道德眞經廣聖義』卷20: "心之所以綜神也."
37) 杜光庭, 『道德眞經廣聖義』卷27: "理身者以心爲帝王, 藏府爲諸侯, 若安靜心王, 抱守眞道, 則

로 귀결된다.

또한 두광정은 '양성'에 대해 다음과 같이 말한다.

"모든 중생이 참 도를 얻지 못한다는 것은 모두 감정과 의식에 의해 염오되고 망동됨이 있기 때문이다. 망령됨에 생각하는 것이 있고 생각함에 응감하는 것이 있다. 감이란 감정에 응하여 느껴 의식에 망동함이 있고, 생각에 의식의 움직임이 있어 마음에 망령됨이 생기는 것이다. 인간은 만약 망령된 마음이 생기지 않으면 자연히 청정하다. 또한 말하기를 '망동은 잃음이다'라고 한다. 모두 도성을 잃어버리는 것이다. 따라서 경을 쫓아 감정이 망동하면 그 마음은 이로 인해 참 도를 얻지 못한다."[38]

두광정에 따르면, 인간은 감정의 망동妄動함을 제거하면 자연청정의 도성으로 회귀할 수 있다. 그런데 인간에 있어 감정을 일으키는 것은 바로 '심'이다. 불변적 '도성'이 그 내재적 본질을 상실하기 때문에 '도'와 합일할 수 없는 것이 아니라, 가변적 인심人心에 의해 감정이 생기고 이에 의해 본성이 가려지기 때문에 '도'와 멀어진다. 따라서 두광정이 '심'이 영험하면 '도'가 강림하고, '도'가 강림하면 '신'이 영험하고, '신'이 영험하면 성인[39]이라고 말한다. 결국 '양성' 또한 '수심'으로 귀결되어진다.

이처럼 두광정의 수도론에서 자연생명 중 육체보다 정신이 더 중요하기

天地元精之氣, 納化身中, 爲玉漿甘露, 三一之神, 與己飮之, 混合相守, 內外均和, 不煩吐納, 各修各處.'
38) 杜光庭, 『太上老君說常淸靜經注』: "一切衆生, 不得眞道者, 皆爲情染意動, 妄有所思, 思有所感. 感者, 感其情而妄動於意, 意動於思而妄生於心. 人若妄心不生, 自然淸靜. 又云, '妄動者, 亡也'. 皆亡失其道性. 故逐境而感情妄動, 其心故不得眞道."
39) 杜光庭, 『太上老君說常淸靜經注』: "心靈則道降, 道降則神靈, 神靈則聖也."

때문에 '형신쌍수'에서 '수형'보다 '수신'이 더 중요하고, '수신'의 근본적 방법은 '수심'이다. 또한 도성을 가지고 있는 인간이 '도'와 멀어지는 것은 '성'이 '정'으로 천이하기 때문이고, 그 천이는 바로 '심'으로 말미암는 것이다. 그러므로 '형신쌍수'와 '양성', 즉 양생의 도는 무엇보다 먼저 그 '심'을 다스리는데 있으며, '도과道果'를 얻는 것은 모두 '심'의 수련으로부터 이루어진다. 그러므로 두광정은 "몸을 다스리는 도는 먼저 심을 다스리는 데 있다"[40]라고 한다. 말하자면 '수도'란 바로 '수심'이다.[41]

두광정에 따르면 '심'은 일단 제어해야 할 대상이다. 인간의 망상과 전도된 생각은 모두 심에서 일어난다.[42] 그런데 '심'은 쉽게 움직이기 때문에 안정시키기 어렵다.[43] 즉 '심'은 그 작용을 제어하기가 쉽지 않다. '심'은 청색도 아니고 적색도 아니고 백색도 아니고 황색도 아니며 길지도 않고 짧지도 않고 둥글지도 않고 모나지도 않다. 큼으로 말하면 천지를 포괄하고 세밀함으로 말하면 호망毫芒에 들어갈 수 있다. 인간이 이러한 '심'을 제어하여 청정상태를 유지하면 '도'를 얻어 장생할 수 있지만, 반대로 '심'을 제어하지 않고 제 멋대로 작용해 발광하게 하면 죽게 된다.[44] 말하자면 '수심'은 득도의 지름길이지만 '심'은 일정한 실체도 없고 그 작용 또한 일정한 법칙이 없기 때문에 마음을 수련한다는 것은 말처럼 쉽지 않다.

두광정은 '수심'의 방법으로 '심적경망心寂境忘'의 명제를 제시한다.

"성을 수양하여 회복하나 법에 머무르지 않고 행상의 가운데에 또한

----
40) 杜光庭, 『道德眞經廣聖義』卷19: "理身之道, 先理其心."
41) 杜光庭, 『太上老君說常淸靜經注』: "修道卽修心."
42) 杜光庭, 『道德眞經廣聖義』卷13: "妄想顚倒, 皆從心起."
43) 杜光庭, 『道德眞經廣聖義』卷29: "心難靜而易動."
44) 杜光庭, 『道德眞經廣聖義』卷8: "心者, 非靑非赤非白非黃非長非短非圓非方, 大包天地, 細入毫芒, 制之則止, 放之則狂, 淸靜則生, 濁躁則亡."

집착하지 않는다. 다음 오는 것을 닦고, 다음 닦는 것을 멸한다. 공을 멸하고 유를 떠나니 청정함과 같다. 따라서 심적을 볼 수 없다. 안에서 말하면 심이며 심이 이미 고요하다. 밖에서 말하면 경이며 경 역시 잊었다. 따라서 심이 고요하며 경을 잊었으니 두 길에 집착하지 않는다. 심에서 깨달으니 멀리서 구할 필요가 없다."[45]

'심'은 '혜조慧照', 즉 인식주체이고 '경'은 '심'의 인식대상이다. '심'이 능동적 주체이기는 하지만 '경'이 없으면 하나의 '지식[知]'도 형성할 수 없다. 즉 지식의 측면에서 보면 '심'과 '경'은 둘이면서 하나이다. '경'이 올바르면 '심'도 올바르고, '경'이 올바르지 않으면 '심'도 올바르지 않다. 또한 인생의 '고락생사苦樂生死'와 '길흉화복吉凶禍福'도 결국 인식주체인 심이 어떤 외부대상 즉 '경'을 좇는가에 따라 결정된다. 그러므로 두광정은 "심의 혜조는 무와 유를 두루 관통하고 천지에 두루 미치지 않는 곳이 없다. 계기에 인因하여 움직이고 경에 따라 질주한다. 청정으로 제어하지 못하면 염욕으로 빠져든다. 이미 염욕에 빠져 들었으니 온갖 악이 생겨난다. 온갖 악이 생겨나면 과실이 발생한다. 노군은 이를 경계하여 명命하기를 세척洗滌하고 제리除理하여 욕심을 제거하라고 하니 심의 혜조가 청정하면 병이 없다"[46]라고 말한다. 즉 인간이 도성을 깨닫지 못하는 것은 '심'이 '경'을 제어하지 못하고 끌려 다니기 때문이니, '경'을 잊고 '심'을 청정하게 해야 한다. 이것이 곧 '심적경망心寂境忘'이다.[47]

---

45) 杜光庭, 『道德眞經廣聖義』 卷23: "修復其性, 於法不住, 行相之中, 亦不滯着, 次來者修, 次修者滅, 滅空離有, 等一淸靜, 故無心迹可得而見. 於內曰心, 心旣迹矣. 於外曰境, 境亦忘之. 所以心寂境忘, 兩途不滯. 旣於心而悟, 非假遠求."
46) 杜光庭, 『道德眞經廣聖義』 卷11: "心之照也. 通貫有無, 周徧天地, 因機卽運, 隨境卽馳, 不以澄靜制之, 則動淪染欲, 旣滯染欲則萬惡生焉. 萬惡生則疵病作焉. 老君戒令洗滌除理, 剪去欲心, 心照淸靜則無疵病"
47) 이석명은 '심적경망'에 대한 해석이 다음 두 가지가 가능하다고 말한다. 하나는 '심적'과

그런데 두광정은 "심이 고요하며 경을 잊었으니 두 길에 집착하지 않아야 한다"고 말했다. 즉 '심적'하고 '경망'하려는 것 또한 하나의 집착이기 때문에 '심적경망'에 집착해서는 안 된다는 것이다. 두광정에 따르면, '심적'과 '경망' 두 길에 집착하지 않을 때만이 자신에게 본래 '도'가 있다는 것을 깨달을 수 있다. 이러한 깨달음의 경지는 다름 아닌 '중현重玄'이다. '중현'은 『도덕경』제1장에 나오는 '현지우현玄之又玄'을 간략히 한 개념이다. '중현'은 세계의 진정한 모습을 체득하는 방식으로서 '이중부정二重否定'의 인식방법이다. 『본제경本際經』에서 '중현'에 대해 "올바로 볼 수 있는 사람은 먼저 모든 유[諸有]를 공空이라고 하여 유에 집착하지 않는다. 그런 다음에는 공空을 부정하니, 공하려는 마음 또한 맑아진다. 이것을 겸망兼忘이라고 한다. 그런데 유를 부정하고 공까지도 부정했지만 마음은 아직 가장 순수한 맑음의 단계에 이르지 못한다. 공과 유有를 대비시켜 다루는 것이 있기 때문이다. 이른바 현玄이라는 것은 사방 어디에도 집착함이 없는 것을 말한다. 이것이 현의 의미를 다한 것이다. 예를 들어 수행자가 공이나 유 모두에 집착함이 없는 것이 현이다. 그리고 이 현마저도 부정해서 아무 것도 얻는 바가 없게 된다. 그래서 '중현중묘지문重玄衆妙之門'이라고 한 것이다"[48]라고 설명하였다. '현지우현'의 첫 번째 '현'은 '유'라는 현상

'경망'을 병렬 관계로 보는 것이다. 이 경우 '심을 고요히 함'과 '경을 잊음'은 서로 다른 개별적 사건이 된다. 즉 전자의 수행을 마치고, 다시 후자의 수행을 완결하는 것이다. 다른 하나는 '심적'과 '경망'을 순접 관계로 보는 관점이다. 이 경우 '심적'의 과정을 수행하면 그 결과물로 '경망'의 상태가 자연스럽게 따라오는 것이 된다. 이석명은 일반적인 중현학의 사유에서는 전자와 같이 해석하는 게 타당하지만, 두광정의 경우는 후자의 경우로 해석해야 한다며 "왜냐하면 이것은 인식이나 사유의 문제가 아니라 전적으로 수심의 문제이기 때문이다. 중현학의 일반적 방법론은 이것과 저것을 모두 부정함으로써 양도 어느 한쪽에도 집착하는 바가 없는 경지를 추구하지만, 두광정은 전적으로 심의 수양을 통해서 이것과 저것 모두에서 벗어나는 또 다른 방법을 택하였다"고 주장한다.(이석명, 「두광정의 '심적망경'의 수양론- 『도덕진경광성의』를 중심으로」, 한국중국학회, 『중국학보』 제76집, 2016, p.485)
48) 『本際經』: "正視之人, 前空諸有, 於有無著, 次遣於空, 空心亦淨, 乃曰兼忘, 而有旣遣, 遣空有

계의 모든 것이 '공'이라는 것을 깨닫고, 다시 이러한 '공'도 부정하여 '공'이라고 생각하는 마음도 맑게 한다. 즉 '유'와 '공' 모두에 집착하지 않는다. 두 번째 '현'은 첫 번째 '현'이 비록 '유'와 '공'에 집착하지 않는 것이지만, 이러한 집착하지 않으려는 것 또한 하나의 집착이기 때문에 이에 집착하지 않는 것을 통해 가장 순수한 맑음에 이른다. 즉 집착하지 않으려는 것에 다시 집착하지 않는다. 그러므로 '중현'을 '쌍견雙遣'이나 '불체에 대한 불체[不滯於不滯]'라고 한다.

두광정은 '중현'에 대해 다음과 같이 정의한다.

> "무릇 적을 다스리고 이름을 잊으면 이미 그 묘를 체득한 것이지만, 묘에 집착할까 두려워 다시 그것을 잊으라고 한다. 본과 적을 모두 잊고 또 잊으라는 것은 도와 합일한 것을 잊으라는 것이다. 유욕을 이미 제거하고 다시 무욕을 잊으니 유와 무에 집착하지 않고 다시 중도에 집착하지 않는다. 그러므로 이는 도와 서로 꼭 맞으면서도 그것을 잊는 것이다."[49]

두광정에 따르면 '일현-玄'은 '적迹', 즉 현상을 잊고 '묘妙', 즉 근본을 체득한 자가 근본에 집착하는 것을 경계하여 그 근본마저도 잊으라는 것이다. 그리고 '우현又玄'은 현상과 근본을 모두 잊고 '도'와 합일한 자가 '도'에 집착하는 것을 경계하여 그 '도'와 합일한 것조차도 잊으라는 것이다. 말하자면, '일현'은 무욕한 자가 세상에 존재하는 만물의 실상이 '중도中道', 즉 '비유비무非有非無'임을 깨닫는 것이고, '우현'은 '무욕'을 통해 깨달

故, 心未純淨, 有對治故. 所言玄者, 四方無著, 乃盡玄義, 如是行者, 於空於有, 無所滯著, 名之爲玄, 乃遣此玄, 都無所得, 故名重玄衆妙之門."

49) 杜光庭, 『道德眞經廣聖義』卷6: "夫攝迹忘名, 以得其妙, 於妙恐滯, 故復忘之. 是本迹俱忘又忘, 此忘吻合乎道. 有欲旣遣, 無欲亦忘, 不滯有無, 不執中道, 是契道忘之者爾."

은 자가 다시 무욕마저도 잊음으로써 '중도'에 집착하지 않는 것이다.

현상을 잊음으로써 우리는 본체를 파악한다. 그러나 이러한 본체에 집착한다면 '도'와 합일할 수 없다. 현상을 잊고 다시 본체를 잊음으로써 이 경계에 도달할 수 있다. 그런데 이것으로도 불충분하다. 현상과 본체를 잊었다는 사실도 다시 잊어야만 완전히 '도'와 하나가 되는 경지에 도달할 수 있다. 이처럼 중현의 경계란 끊임없는 잊음의 연속적 과정을 통해 도달하는 하나의 종교적 경계이다. 이는 '유', 즉 현상계 혹은 '경' 즉 객관대상에 대한 잊음일 뿐만 아니라 나아가서 '무', 즉 본체계 혹은 '심', 즉 주체자아에 대한 잊음을 의미한다. 두광정은 이러한 철저한 내외적 사물에 대한 잊음을 통해 육체적 정신적 속박으로부터 초탈함으로써 '도'와 합일하는 경계에 도달하고자 한다. 이처럼 그는 '중현'을 양생의 최고단계이면서 최고경지로 이해한다.

"수도의 단계는 점진적으로 그 근본에 이르는 것이다……이미 수도의 초문을 얻었으면 부지런히 지속적으로 닦는데 힘써야 한다. 부지런히 지속적으로 닦을 수 있다면 그 선공을 쌓을 수 있을 것이다. 선공을 이미 쌓았으면 그 공을 과신하거나 사람들에게 자랑해서는 안 된다. 공을 쌓아도 자신의 것이라 여기지 않고, 세우자마자 곧 잊는다. 공을 바로 잊고 마음이 한 곳에 머물지 않은 후에야 쌍견 겸망의 지극함이라 부른다."[50]

두광정은 기본적으로 '도'를 수양하면 곧바로 득도성선할 수 있는 것이

---

50) 杜光庭, 『道德眞經廣聖義』卷36: "修道之階, 漸臻其妙……旣得其門, 務在勤久, 勤而能久, 可以積其善功矣. 善功旣積, 不得自恃, 其功矜伐於衆. 爲而不有, 旋入旋忘, 功旣旋忘, 心不滯然後, 謂之雙遣兼忘之至爾."

아니라, 단계를 밟아 점진적으로 수양을 해나가야만 최고의 경지에 도달하게 된다고 생각한다. 그에 있어 수도의 '초문初門'은 증닉拯溺, 부위扶危, 제생濟生, 도사度死 등 타자를 이롭게 하는 것, 그리고 내시內視, 양신養神, 토납吐納, 연장鍊藏, 도인導引, 원경猿經, 조신鳥伸, 유리遺利, 망명忘名, 퇴신退身, 양물讓物 등 자신을 수련 혹은 수양하는 것이다. 이러한 초문을 부지런히 계속해 수행한다면 '선공善功'을 얻을 수 있다. 그런데 '선공'을 쌓았다고 해서 근본에 이른 것은 아니다. 근본에 이르기 위해서는 또 다른 수련방법이 필요하다. 그것이 바로 '중현'이다. 선공을 쌓자마자 그것을 잊고 그것을 잊었다는 것에 마음이 머물지 않아야 비로소 근본에 이를 수 있다. 이 근본에 이른 것이 바로 쌍견雙遣, 겸망兼忘 즉 중현의 지극한 경지인 것이다. 말하자면, '형신쌍수'(양기)—'양성'(섭정반성)—'수심'(심적경망)으로 이어지는 도교수련의 단계를 점진적으로 실천한 후, 마지막으로 '중현'의 수련을 통해 득도성선의 경지에 도달하게 된다.

5 맺는 말

도교의 기본교지는 장생구시長生久視와 득도성선이다. 성립시기 도교 양생론의 복약服藥, 연형練形, 연단煉丹 등 불로장생술에 편중되었다. 남북조 이후 도교는 불교의 자극과 전통적 불로장생술에 대한 반성을 통해 '심성' 의 문제를 점차 주목하기 시작하였다. 당대에 이르러서는 도교학자들 특히 중현학자들이 '마음'수련을 통한 '득도'를 중시하였다.

당대의 도교학자들은 대부분 '도성'을 수도론의 형상기초로 삼았다. 그들이 말하는 '득도'란 정신적 초탈, 즉 '중현'적 경지에 도달하는 것이다. 따라서 기론을 기반으로 하는 전통적 양생술과 이를 통한 육체적 장생의 추구에 대해 비판적 혹은 비관적 태도를 견지한다. 비록 그들이 추구하는 것이 노장사상에서 말하는 정신적 자유와 초탈의 경계에 가깝다고 하지만, 장생구시를 추구하는 도교의 근본정신과는 차이가 있다. 오히려 그들이 추구하는 것은 불교의 정신해탈경지와 유사하다.

두광정은 이러한 당대 도교사상과 도교중심사상의 간극 그리고 도교의 불교화에 주목한 것으로 필자는 생각한다. 두광정은 '도성' 뿐만 아니라 '도기'를 형상기초로 하는 생명도 인간이 반드시 지키고 수련해야 하는 중요한 대상으로 여긴다. 이를 근거로 두광정은 '중현'과 전통적 양생술, 정신적 초탈과 육체적 장생을 본말本末적 관계가 아닌 상보관계로 간주하고, '심성'수련을 중심으로 하는 당대 도교사상과 '생명'수련을 중심으로 하는 전통도교사상을 분리적 관점이 아니라 융합적 관점에서 이해한다. 말하자면, 그의 양생론은 당대 도교사상을 계승하고 동시에 도교의 전통적 양생이론을 부활시킴으로써, 정신적 초탈을 중시하는 시대적 요구와 육체적 장생을 추구하는 근본적 이념을 하나의 이론체계로 종합하려는 것에 목적이 있다.

　이러한 그의 수도론은 성(도성)과 명(생명)을 동시에 닦는다는 수도론을 정립하여, 북송 이후 본격적으로 등장한 '성명쌍수'적 양생론 즉 내단 심성학의 이론기초를 제공한 것이라고 말할 수 있다.

≡ 참고문헌 ≡

- 『老子』,『莊子』,『老子想爾注』,『老子道德經河上公章句』,『老子義疏』,『昇玄經』,
  『本際經』
- 杜光庭,『道德眞經廣聖義』(道藏)
- 杜光庭,『太上老君說常淸靜經注』(道藏)
- 杜光庭,『墉城集仙錄』(道藏)
- 李大華,『隋唐道家與道敎』下冊, 廣州: 廣東人民出版社, 2003.
- 盧國龍,『中國重玄學』, 北京:人民中國出版社, 1993.
- 金兌勇,『杜光庭《道德眞經廣聖義》的道敎哲學硏究』, 成都: 巴蜀書社, 2005.
- 김태용, 「두광정의 수도론」, 한국도교문화학회, 『도교문화』 제23집, 2005.
- 김태용, 「'도'에 대한 두광정의 체용·무유적 해석」, 한국동양철학회, 『동양철
  학』 제24집, 2005.
- 김태용, 「試探杜光庭的《太上老君說常淸靜經注》」, 한국도교문화학회, 『도교문화』
  제27집, 2007.
- 김태용, 「도교의 '신국동치'적 정치사상-두광정의 '경국리신'론을 중심으로」,
  한국동양철학회, 『동양철학』 제29집, 2008.
- 김태용, 「두광정의 도교노학 연구」, 중국학연구회, 『중국학연구』 제67집, 2014.
- 김상범, 「기적의 서사: 두광정 『도교영험기』의 서사적 특징과 종교사적 의의」,
  역사학회, 『역사학보』 제248집, 2020.
- 이석명, 「두광정의 '심적망경'의 수양론-『도덕진경광성의』를 중심으로」, 한국
  중국학회, 『중국학보』 제76집, 2016.

전진교의 신선관
-초기 전진교 문헌을 중심으로

최수빈

필자 약력

최수빈

　서강대학교 종교학 박사(도교전공)
　와세다 대학교 외국인 연구원
　서강대 대우교수, 서울대, 가톨릭대 강사
　현) 서강대학교 종교연구소 책임연구원

1 들어가는 말

 본 논문은 금원시대를 중심으로 활동한 초기 전진교의 신선사상을 중심으로 근세 이후 도교 신선사상의 변화와 그 특성을 고찰하는 것을 목적으로 한다.

 창시자인 王重陽과 七眞, 곧 그의 7제자들을 비롯한 초기 全眞敎 도사들의 문헌에서 말하는 신선, 그리고 成仙의 의미는 복합적이고 종합적이다. 어떤 경우에는 생물학적 죽음을 昇仙의 관문으로 표현하기도 하고 또 다른 경우에는 질병을 예방하여 건강한 신체를 유지하는 것이 성선을 위해 중요함을 강조하기도 한다. 심지어 온전하고 질병 없는 심신의 회복을 위해 과도하게 보일 만큼 금욕적 수행을 일삼기도 한다.

 이렇듯 매우 복합적이고 다양한 의미적 맥락을 내포하고 있는 전진교의 신선관은 기존의 사상이나 수행법을 종합적으로 수용하고 정리한 결과물이라고도 말할 수 있다. 요컨대, 唐代에 정착된 重玄學적 논의, 內丹사상과 氣 수련법, 전통적으로 이어져온 도교의 생리학적 이론, 불교의 윤회와 업 관념에 기초한 불교적 생사관과 명심견성을 지향하는 선불교의 명상법, 『포박자』를 필두로 하여 그 이후로 계속 진화해 온 可學論的 신선관과 外丹的 상징체계, 그리고 上淸派 등에 의해 발전된 내면적 명상법(存思와 體內神 관념 등)과 초월자로서의 신선개념 등을 종합적으로 아울러 체계화한 것이라고 할 수 있다.

 요컨대 초기 전진교 문헌에 나타난 신선관은 다음과 같은 특성들로 요약할 수 있다고 생각한다.

 1. 신선의 의미와 조건에 대한 재해석 및 의미의 심화

2. 신선가학론의 발전에 기반을 둔 득선의 보편화
3. 得仙과정의 내면화와 자기주체화
4. 신선의 대중화와 일상화

이상과 같은 특성들은 전진교의 교의와 수행법의 체계적인 수립에 의해 구현된 것이다. 주지하는 바와 같이 전진교 교의의 핵심은 '性命雙修'와 '功行雙修'로 정리된다. 초기 전진교 도사들은 成仙을 위해 이상의 두 가지 수행의 원칙을 제시하고 있다. 성명쌍수는 도사 개인의 수행, 곧 '眞功'을 위한 몸[命]과 마음[性]의 균형 있는 연마를 말하는 것이며 공행쌍수는 수행자 개인의 수행인 진공, 그리고 타인과 사회를 위한 이타적 노력, 곧 '眞行', 양자의 균형 있는 실천을 지칭하는 것이다. 전진교 도사들은 수행자 자신의 득도를 위한 심신수행, 곧 自利的 수행, 그리고 사회참여를 통한 대중구제의 利他的 수행, 양자의 균형 있는 병행이야말로 가장 이상적인 求道와 成仙의 길로 생각했다. 진공과 진행은 '內日用'과 '外日用'이라고도 표현하는데 '내일용'은 참되고 깨끗하게 심성을 다스리는 공부로서 성선을 위한 초세간적이며 금욕적인 범주의 자기수행을 지칭한다. 한편, 외일용은 자신을 희생하여 타인에게 도움을 주고 자기보다 타인을 중요시하는 이타적인 행위의 실천을 말하며 그 안에는 소극적으로 개인을 돕는 것뿐 아니라 때로는 사회개혁이나 정의의 회복을 위한 적극적인 참여까지도 내포한다. 진행, 혹은 외일용은 이타적 행위나 사회개혁적 행위 외에도 전 우주의 모든 생명에 대한 사랑을 실천하는 것, 곧 우주적 윤리(생태윤리)의 실천까지도 내포한다.

전진교를 창설한 王重陽(1112-1170)으로부터 전진교는 이상의 이중적인 수행양식을 동시에 고수했다. 즉 출가제도를 공식적으로 표방하며 도사들 개인의 극도로 전문적인 수행실천-깊은 경지의 심성공부와 극심한 금욕적 수행-을 장려하는 한편, 대중적인 집회를 통한 포교활동에 힘쓰는가 하면 金이나 元 왕실과도 원만한 관계를 맺는다. 극도의 초세간적인 성격과 대중적이며 사회참여적 지향 양자를 동시에 내포하고 있는 것이 전진교의 가장 큰 특성이다. 이러한 전진교의 종교적 특성은 전진교의 신선관과도 맞물려 있다. 전진교도들이 지향하는 신선의 이상은 탈세간적인 초월자로서 개인의 차원에서 구현되는 것이 아니라 세간 안에서 대중들에 대한 이타적 실천을 베푸는 존재로서 사회적 차원까지 아우를 때 보다 더 가치 있고 완성도 높은 것으로 이해되는 것이다. 또한 지식이나 영성이 고매한 이른바 지적 엘리트나 종교적 엘리트만이 아니라 일반 대중들도 신선이 될 자질을 소유함을 인정하고 있다. 따라서 전진교에서는 일반신도들을 위한 교단조직을 형성하여 대중적 강좌를 통해 교의와 수행법 교육에 힘썼다.

한편, 전진교에서 성선을 위해 수행자가 갖추어야 할 요건으로서 '淸靜'을 제시한다. 전진교에서 성선의 요건으로 제시한 청정의 핵심은 어떤 환경이나 조건에서도 깨끗하고 고요한 마음의 자세를 유지하는 것이다. 즉 세간과 초세간, 출가와 재가 등의 외적, 혹은 형식적 구분을 초월한 마음의 완성에 있다. 그리고 이러한 수행의 원리로 인해 전진교 도사들은 출가제와 금욕주의적 수행을 원칙으로 하면서도, 필요에 따라 입세적인 활동에도 적극적으로 참여할 수 있었던 것으로 보인다. 청정이라고 하는 내면의 태도는 철저한 자기검열과 탈세간적인 금욕적 자세를 요구하는 한편 반대로 삶과 행위의 외적 형식이나 사회적 지위, 신분과 같은 질서로부터 전진교인들을 자유롭게 해주는 기제가 되기도 한 것으로 보인다.

2 전진교의 신선개념

全眞敎라는 敎名 자체가 그들이 도달하고자 하는 이상, 곧 신선의 경지를 함축적으로 보여주고 있다. 李道純의 『中和集』에서는 全眞에 대해 "이른바 전진이라는 것은 본래의 참됨을 온전히 하는 것이다. 精을 온전히 하고 氣를 온전히 하며 神을 온전히 하는 것을 모름지기 全眞이라고 한다. 조금이라도 흠이 있으면 곧 온전함이 아니고 조금이라도 오염이 있으면 곧 참됨이 아니다."[1]라고 말한다. 精, 氣, 神을 온전하게 하며 참됨을 완전하게 구현한 상태가 全眞의 의미라면 이렇듯 全眞의 상태에 도달하는 것이 이른바 신선의 조건이라고 할 수 있다.

전진교에서는 전진, 곧 온전하게 참을 실현하는 것의 관건은 인간의 기본적인 생명의 조건들을 바탕으로 삼아 세속적 욕망과 가치에 탐닉하는 가치에서 떠나 性命을 온전히 회복하고 늘 심신이 淸靜한 상태를 유지하는 것이라고 한다.

초기 전진교의 도사들은 신선에 대해 어떻게 말하고 있는가? 우선 馬丹陽과 王重陽은 각각 다음과 같이 말한다.

> 또한 말하길, 오롯이 道를 배우는 것에 전념하면, 사람마다 神仙이 될 수 있다.[2]
> 만물을 구제하고 살아있는 것을 이롭게 하면, 功이 이루어져 곧 仙(의 경지)로 간다.[3]

---

1) 所謂全眞者, 全其本眞也。全精, 全氣, 全神, 方謂之全眞。才有欠缺, 便不全也。才有點污, 便不眞也。『中和集』권3『全眞活法』,『中華道藏』27冊 p.293.
2) 又曰, 專一學道, 人人可得人仙『眞仙直指語錄』권상,『中華道藏』27책, p.78.
3) 濟物利生, 功成乃仙去爾.『眞仙直指語錄』권상,『中華道藏』27책, p.78.

馬丹陽의 진술이라고 하는 앞의 인용문은 學道, 곧 도를 깨닫기 위한 공부에 온전히 전념하면 누구나 다 신선이 될 수 있음을 말해준다. 이 구절은 전진교 신선관의 두 가지 중요한 요지를 잘 말해주고 있다. 外丹이나 어려운 道術과 같은 難行道를 통하지 않아도 득도를 위한 공부에 매진하면 신선이 될 수 있다는 점, 그리고 仙骨이 따로 존재하는 것이 아니라 學道者라면 누구나 신선이 될 자격이 있다는 점을 제시해 주고 있다. 전진교의 신선관은 기본적으로 神仙可學論을 강하게 전제하고 있으며 이는 곧 보편구원, 곧 成仙의 보편적 실현가능성을 확고하게 보여준다. 물론 초기 전진교 도사들의 學道를 위한 수행은 매우 금욕적인 양태를 보인다. 그럼에도 불구하고 그들은 성선을 위해서 특별한 지식이나 영적 능력, 사회적 자격이 요구된다고 말하지 않는다. 다만 득도에 대한 강한 열망과 의지만 있으면 된다고 한다. 이렇듯 보편적 구원관으로서의 신선사상이 정착하게 된 배경으로는 불성사상의 영향으로 도교에 수립된 道性사상과 唐代에 더욱 심화된 신선가학론적 영향을 말할 수 있을 것이다.

한편, 아래 인용문에서 왕중양은 신선의 조건으로서 利他行의 실천을 제시하고 있다. 앞에서도 말한 바와 같이 전진교의 수행은 功과 行, 양방면으로 진행된다. 개인적인 자기수양과 더불어 대중구제와 이타행을 반드시 실천해야 한다. 成仙이 탈세간적이고 개인적인 차원이 아니라 세간 내에서 적극적인 이타행의 실천을 통해 구현된다고 하는 이론은 전진교의 신선관의 고유성을 가장 분명하게 드러내는 것이라고 할 수 있다. 전진교가 기본적으로 出家와 淸修(독신생활을 유지하는 수행)를 전제로 하고 있음에도 불구하고 전진교 도사들은 개인의 탁월한 지식이나 능력, 의지력 등을 요구하는 개인주의적 구제론을 부정하고 인간의 보편적인 득도가능성에 대한 믿음을 전제로 대중들에 대한 傳敎와 사회봉사에 적극적으로 참여함을 볼 수 있다. 요컨대 전진교의 신선관은 成仙의 보편가능성과 대중성, 현실 참여적 성격을 강하게 드러내고 있다.

그런데, 일반적으로는 신선의 기본요건으로서 장생불사, 곧 육체의 불멸이 자주 거론된다. 그러나 전진교에서는 신선이라는 존재가 形, 곧 물리적 육체의 존속 여부와 무관함을 명시하고 있다.

> 태상께서 말씀하시길, "나 또한 저절로 머리가 희어졌으니 누가 형이 완전하겠는가?"라고 하셨다. 몸[身]은 다양한 사물의 세계[萬物之數]에 속하니, 어찌 몸[身]에 의지하여 장생불사 하려는 (생각을) 하는가! 마음으로 깨달으면 삿된 욕망이 생기지 않으며, 마음이 지혜로우면 항상 빛나서 사라지지 않는다. 元神이 저절로 드러난 연후에 命을 보존해야 오래 존재할 수 있느니라.[4]

> 그러므로 하늘은 때가 되면 무너지고 땅은 때가 되면 내려앉고, 산은 때로 부러지고 바다는 때로 마른다. 무릇 相이 있는 것은 오랜 세월 뒤에는 무너진다. 오직 도를 배우는 사람만이 神이 도와 합해지는 데 이르러, 곧 영원히 무너지지 않는다.... [5]

갈홍을 비롯하여 위진남북조 시대의 여러 도교인들에게 있어 形, 곧 육체는 神, 곧 정신이 머물 수 있는 유일한 그릇이므로 신선이 된다는 것은 형과 신을 동시에 보유하여야 가능한 것이었다. 물론 전진교에서도 인간 존재의 본질을 有形의 氣와 無形의 氣로 보고 이 두 가지 형태의 기를 정화

---

4) 太上曰, 吾尙自頭白 誰能形完全 身屬萬物之數 怎生憑假身要長生不死. 有形則有壞 無形則無壞. 心悟則邪慾不生, 心慧則常照不滅, 元神自見, 然後保命長存. 『眞仙直指語錄』, 『長生眞人語錄』, 『中華道藏』27冊, p.81
5) 故天有時而崩, 地有時而陷 山有時而摧 海有時而竭 凡有相者 終劫於壞 惟學道者 到神與道合處 則永劫無壞...『丹陽眞人語錄』『中華道藏』26冊, p.408.

하여야 신선이 될 수 있다고 하였다. 그런데 두 신선관의 차이는 인간의 가시적 육체에 대한 관점에서 발견된다. 『중양전진집』이나 『단양진인어록』 등 전진교 문헌에 따르면 현상적인 육체란 단지 신선이 되기 위해 필요한 요건으로서, 신선이 되고 나면 벗어버려야 하는 껍데기[殼]에 지나지 않는다.[6] 따라서 수행자는 純陽의 氣인 元神이 그것을 벗어나서 도와 합하는 단계에 이르러서야 비로소 신선이 된다고 말한다. 육체는 바로 순양의 氣인 元神, 다른 말로 하면 成胎가 완성될 때까지만 의미가 있다는 것이다. 일반적으로 말해 가시적 육체의 소멸은 곧 죽음이다. 그런데 전진교에서 말하는 불사는 가시적 육체의 존속이나 소멸 여부와 무관한 것이다. 따라서 전진교 도사들에게 육체적 소멸로서의 죽음은 당연한 것으로 받아들여진다. 그러나 그렇다고 해서 인간 개체의 영원한 존속이 불가능하다고 말하지 않는다. 오히려 육체의 소멸에 연연하지 않고 새로운 생명을 창출하고 새로운 형태의 몸을 형성하는 것이 그들 수행의 목표라고 한다. 그리고 이렇게 이루어진 몸을 '陽身' '身外之身' 등으로 부른다.

그러나 전진교에서 말하는 신선, 혹은 불사의 형태를 정신의 불멸로 이해해서도 안된다. 전진교와 같은 내단분파에서 흔히 정신이나 영혼의 범주에 배치되는 元神이나 眞性, 陽身 등의 개념은 단순히 영육이원론에서 육체와 대별되는 정신과 동일시 될 수 없는 것이다. 따라서 전진교의 신선은 정신적 불멸자로 단정하는 것은 위험하다.

위의 인용문에서는 신체, 곧 形은 다른 유형적 사물(相이 있는 존재)과 마찬가지로 無常한 대상이므로 유형적 신체를 동반한 영생, 즉 장생불사를 추구하는 것은 어리석은 생각이라고 한다. 그러나 그렇다고 形(혹은 命)과

---

6) 自結大丹, 自通玄妙。既為脫殼, 便是登仙. 『重陽全眞集』 권9 『中華道藏』 328쪽, 師言 : 薄滋味所以養氣, 去慎怒所以養性, 處污辱低下所以養德守一, 清淨恬憺所以養道。名不著於簿籍, 心不繫於勢利, 此所以脫人之殼, 與天為徒也. 『丹陽眞人語錄』 『中華道藏』 p.403.

완전히 분리된 神, 혹은 性의 단독적 불멸을 주장하는 것 또한 아니다. 생사를 초월하고 육신의 죽음을 넘어선 삶이라고 해서 그것을 영혼의 불멸과 등식화할 수도 없다. 도교는 기본적으로 심신이원론이나 영육이원론, 혹은 形滅神不滅을 주장하지 않는다. 전진교와 같이 절대적으로 불교의 영향력이 강하게 미친 종교일지라도 영혼과 육체를 이원론적으로 단정하지는 않는다. 물론 후대 南北合宗 이후에 가면 신선사상에 내포된 命, 즉 육체의 문제가 더욱 강조되어 전진교 北宗보다는 육체의 昇仙을 보다 강조한다. 이렇듯 후대 내단 전통에 비하여 초기 전진교 전통에서 정신의 불멸을 더욱 강조하는 것은 사실이지만 그렇다고 해서 이것이 형과 신의 분리를 주장하는 형태의 불멸로 보기는 어렵다. 전진교에서 말하는 신선은 영적 존재만도 아니고 육체적 존재도 아니다. 현상적 육체를 벗어버리고 자신의 내부에서 새롭게 생산된 새로운 불멸의 몸 혹은 자아에 의지하여 존재하는 것이 신선이다. 즉 몸은 몸인데 현상적인 몸은 아닌 몸, 정신은 정신인데, 유심적 차원의 정신은 아닌 정신이 바로 신선의 존재양식이다. 따라서 '몸 밖의 몸[身外之身]' 등의 명칭으로 부르는 것이다. 여기에서 말하는 '몸 밖의 몸'이란 虛에서 신과 합하게 된 形이라고 할 수 있다. 즉 이것은 무형의 신체로서 보이지 않는 몸이라고 말할 수 있을 것이다.

요컨대 전진교의 신선은 세속적 육체를 유지한 상태, 곧 有形的 形神合一의 상태로 승선하는 것이 아니라 세속적 육체의 존손 여부와 무관한 승선, 다시 말해 無形的 形神合一, 혹은 변화된 육체[身外之身, 혹은 陽身]의 승선을 말한다.

3 전진교의 成仙을 위한 수행이론

전진교의 成仙을 위한 수행법은 기본적으로 자력적인 內丹이론에 바탕을 두고 있다. 즉 전진교는 形, 또는 命으로 표현되는 육체의 수련에 기초하여 神 혹은 性으로 표현되는 정신의 수련을 도모하여 궁극에 가서 眞性, 혹은 陽神을 회복하는 형태의 成仙을 지향한다. 전진교의 수행론 역시 그 초점은 性命雙修에 있다. 전진교의 내단법은 불교의 유심론적 수행관의 영향을 받아 남종단법에 비하면 性공부, 곧 마음수양을 중시하지만, 命공부 역시 중시하다.

전진교의 성선수행은 기본적으로 인간의 참된 본성을 회복하는 것에 그 핵심이 있다. 그리고 본래진성을 회복하는 방법으로서 제시한 두 가지 방법이 성명쌍수와 공행쌍수이다. 성명쌍수와 공행쌍수를 통해 본래의 진성을 회복하여 자기 안에 金丹을 획득할 때 비로소 신선이 된다는 것이다. 구체적으로 전진교의 신선수행법을 살펴보기로 한다.

1. 수행의 목표: 本來眞性=金丹의 획득

갈홍의 『포박자』로부터 金丹은 물질적이든 상징적이든 成仙 과정에서 핵심적 역할을 하는 도구이다. 내외단을 막론하고 금단은 수행자가 획득한 불멸의 약으로서 道 자체, 得仙者라면 보유해야 할 필수불가결의 상태, 그리고 우주와 생명의 精髓를 의미한다. 즉 신선이 된다는 것은 결국 물질이든 정신이든, 氣든 금단을 합성하여 도와 같이 영원한 존재가 되는 것이다. 전진교의 조사인 왕중양은 金丹이란 다름 아닌 인간 본래의 眞性이라고 말한다. 왕중양이 쓴 〈金丹〉이라는 제목의 시에서 다음과 같이 말하고 있다.

본래의 진성을 금단이라고 부르며 임시적인 조건들이 합한 인간 삶의 조건[四假]을 등불로 삼아 연마한다. (마음이) 오염되지 않아 어떤 망령된 생각도 없앨 수 있다면 저절로 쇠락에서 벗어나 신선의 제단에 들어간다.[7]

위의 인용문에서 금단이 바로 진성임을 명시하고 있다. 따라서 금단의 鍊成은 곧 자기의 마음수련이며 마음수련을 통해 자기 안에서 금단, 곧 본래의 진성을 확실히 자각하고 발견하는 길이다. 그리고 邪念과 妄想을 제거하여 마음에 어떤 생각도 갖지 않게 되면 저절로 곧 바로 신선이 될 수 있다고 말한다. 삼교합일적 지향이 강하며 특별히 불교교학과 수행법을 적극적으로 수용한 전진교의 교학에서 ‘本來의 眞性’은 선불교에서 ‘見性成佛’이라고 할 때의 性과 유사한 용례로 이해될 수 있다. 특히 왕중양에게 있어서 깨달음이란 인간의 심성 안에 본래적으로 갖추어져 있는 조건이다. 바꾸어 말하면 인간의 본성은 이미 깨닫도록 조건 지워져 있는 것이다. 이러한 진성은 불교의 불성에 해당되는 도교적 용어인 道性, 혹은 元神과도 통하는 용어이다. 본래의 眞性은 즉 선불교에서의 의미와 유사하게 파괴와 소멸이 없는 영원한 대상으로 여겨진다. 따라서 이른바 신선의 요건으로 일컬어지는 장생불사에 대해 다음과 같이 말하고 있다.

장생불사는 一靈의 眞性이다.[8]

이른바 장생불사를 구현하는 신선의 주체는 다름이 아니라 바로 眞性이

---

7) 本來眞性喚金丹, 四假為鑪鍊作團。不染不思除妄想, 自然衰出入仙壇。『重陽全眞集』卷2『中華道藏』제 26책 p.284.
8) 長生不死者, 一靈眞性也。『晋眞人語錄』,『中華道藏』26冊 p.704.

라는 것이다. 앞에서 말했듯이 진성은 세속적인 모든 사념과 욕망을 제거한 상태, 곧 無心에 이르러 획득되는 것이며 무심의 상태에서 진성을 획득하면 바로 生死를 초월한 영원성을 획득한다는 것이다.

만약 어떤 생각도 생겨나지 않으면 생사를 벗어난다.[9]

無心은 바로 진성이 획득된 신선의 내면상태이며 이러한 상태를 통해 생사를 초월할 수 있다는 것이다.

이와 같이 진성의 획득이 목적인 성선의 수행법에서 어떤 물질적 丹藥이나 불멸의 육체, 괴력을 발휘하는 도술 등은 필요로 하지 않는다. 진성의 획득이 바로 장생불사이고 이러한 상태에 도달한 존재가 바로 신선이다.

2. 자력구제적 기술로서의 性命雙修

주지하는 바와 같이 전진도는 종려내단도의 수행노선을 채택하여 성명쌍수를 성선을 위한 수행의 기초로 삼으며 신선이 되는 수행은 곧 성명을 어떻게 다루는지가 관건이라고 보았다.

인간이 性命에 통달하는 것, 이것이 곧 참된 수행의 길(法)이다.[10]

성명에 대해 왕중양은 '性은 神이고 命은 氣(性者, 神也. 命者, 氣也.)'[11]라고 정의하며 氣와 神이 서로 결합된 것이 곧 神仙(氣神相結, 謂之神仙)[12]이라고 정

---

9) 若一念不生, 則脫生死. 『水雲集』『示門人語錄』『中華道藏』 26册 p.529.
10) 人了達性命者。便是真修行之法也. 『重陽眞人金闕玉鎖訣』, 『中華道藏』 26册 p.394.
11) 『重陽立教十五論』〈第十一論混性命〉항, 『中華道藏』 26册 p.272.
12) 『重陽全眞集』卷10, 〈玉花社疏〉, 『中華道藏』 26册 p.335.

의하고 말하고 있다. 즉 성명을 연마하는 것은 곧 신과 기를 연마하는 것이며 전진교는 이러한 性命雙修, 바꾸어 말하면 神氣雙修를 성선의 가장 기본적인 수행법으로 삼았다. 성명쌍수는 性功과 命功, 거칠게 말해 "明心見性"의 마음수양과 '精氣煉成'의 몸 수양을 양자의 균형 있는 수행을 말하는 것이다.

> 마단양이 또 묻기를 무엇을 가리켜 性命을 본다고 합니까? 조사(왕중양)가 답하길, 性이란 元神이고 命이란 元氣이며 (이들을) 이름하여 性命이라고 하는 것이다. [13]

위의 인용문에서 왕중양은 性命이 각각 元神과 元氣임을 밝히고 있다. 元神이란 識神, 즉 수행을 거치지 않은 상태의 일상적 인식과 대별되는 것으로서 인간의 본래적 정신, 일상적 의식의 차원에서는 감지되지 않는 차원의 정신을 말한다. 그리고 元氣는 죽음으로 이어지는 부조화와 불통의 육체적 기와 구별되는 것이다. 다시 말해 원신과 원기는 인간의 본래적 정신과 육체, 이른바 先天性命을 가리킨다. 전진교에서 택한 내단의 성명쌍수의 수행은 결국 현상적인 인간의 존재양태에서 벗어나 본래적인 육체와 정신을 회복하기 위한 것이다. 이렇듯 본래적인 정신과 육체의 회복을 통해 眞性을 획득하며 진성의 획득이 바로 成仙이라는 것은 인간 안에 스스로가 신선이 될 수 있는 잠재태가 갖추어져 있다는 믿음이 그 바탕에 있음을 전제로 한다. 바꾸어 말하면 인간 안에는 궁극적 실재인 道로부터 품부받은 道性이 갖추어져 있고 도성에 대한 믿음에 의지하여 적극적으로 신과 기를 연마하면 결국 세속적 오염에 의해 가려진 본래의 성과 명을 회복

---

13) 丹陽又問：何名見性命？祖師答曰：性者是元神, 命者是元氣, 名曰性命也。『重陽眞人授丹陽二十四訣』,『中華道藏』26冊 p.392.

하여 신선의 영원성을 획득할 수 있다는 것이다.

그런데 이른바 北宗이라고 불리는 전진교는 이와 같이 南宗 내단도와 동일하게 성명쌍수를 수행의 기본지침으로 삼았으나 성과 명, 양자 중에 性 공부를 더 우선적으로 해야 하는 것으로 본다. 즉 남종이 '先命後性'의 공부 노선을 채택하였다면 북종은 '先性後命'의 공부 순서를 선택하고 있다. 선불교의 영향을 강하게 받아 '明心見性'의 마음수양이야말로 成仙을 위해 우선적으로 이루어야 할 공부라고 본 것이다.

전진교에서는 성선 수행에서 무엇보다 중요한 것이 심성의 淸靜을 유지하는 것이라고 보고 마음에 일어나는 모든 세속적 욕망을 제거하고 항상 '平常心'을 유지하기 위해 노력해야 함을 강조한다. 전진교에서 말하는 '평상'이란 감정을 떠나지 않으면서도 中和의 氣를 훼손하지 않아 禍와 福, 장수와 요절, 생과 사에 따라 마음이 흔들리지 않고 사물에 집착하지 않는 상태를 말한다. 그리고 淸靜한 마음, 平常心의 유지는 결국 眞性의 회복을 의미하며 그 결과로서 드러나는 것이라고 한다.

平常은 바로 眞常이다. 마음이 온갖 변화에 응하면서도 사물의 영향을 받지 않으니 항상 응하면서도 항상 고요하다. 점차로 참된 도(眞道)에 들어가 평상함이 곧 도이다. 세상 사람들이 평상을 얻지 못하는 까닭은 마음이 주재함이 없으므로 정(情)이 사물의 흐름을 좇아 그 기가 뭇 구멍들 속으로 어지럽게 흩어지기 때문이다.[14]

위의 인용문은 구처기의 제자인 尹志平의 저술인 『北遊錄』에 담겨 있는 것이다. 『북유록』에서는 위의 인용문 바로 뒤에 불교의 평상과 유교의 평

---

14) 平常即眞常也。心應萬變, 不爲物遷, 常應常靜, 漸入眞道, 平常是道也。世人所以不得平常者, 爲心無主宰, 情逐物流, 其氣耗散於衆竅之中。『北遊錄』, 卷1, 『中華道藏』第26冊, p.727.

상의 내용을 언급하여 자신이 말하는 평상의 의미가 바로 그러한 타 종교의 평상과 다르지 않음을 보여주고 있다.

윤지평이 道를 平常으로 해석한 것은 득도가 無爲淸靜과 은둔수행을 통해 달성되며 철저하게 세상과 격리된 것으로 이해되는 것을 교정하고자 한 것으로 보인다. 또한 그는 평상을 眞常이라고 말할 수 있는 이유는 마음이 온갖 변화에 응하면서도 사물의 영향을 받지 않으므로 항상 고요해서 점차로 참된 도에 들어갈 수 있기 때문이라고 한다. 윤지평은 '평상'개념을 통해 세속을 떠나야만 득도의 경지에 이르는 것가 아니라 일상생활 안에서도 흔들리지 않는 평상을 유지하는 것이 득도에 있어서 중요하다고 말한다.

전진교에서는 淸靜(깨끗하고 고요함)과 淸淨(깨끗하고 맑음), 두 가지 용어를 동시에 사용하여 수련의 핵심으로 삼고 있다. 淸淨에 대해 마단양은 다음과 같이 말하고 있다.

> 스승(단양)께서 말씀하시길, 淸淨이란, 淸은 마음의 근원을 깨끗하게 하는 것이고 淨은 氣海를 맑게 하는 것이니 마음의 근원이 깨끗해지면 모든 것들이 (그 마음을) 어지럽게 할 수 없으니 따라서 情이 안정되고 神明함이 생겨난다. 기해가 맑아지면 삿된 욕망이 끼어들지 못하니 精이 온전해지고 배가 차게 된다.[15]

여기에서 말하는 淸淨이란 心源과 氣海를 맑고 깨끗하게 하는 것이며 바꾸어 말하면 인간의 본성과 생명이 본래의 참된 상태를 회복하는 것을 의미한다. 전진교에서는 마음을 청정하게 하는 性공부가 먼저 선행되어야 함을 강조하지만 命, 곧 精氣를 닦는 공부도 함께 병행되어야 마음의 청

---

15) 師曰 : 淸淨者, 淸爲淸其心源, 淨爲靜其黑海。心源淸則外物不能撓, 故情定而神明生焉。黑海淨則邪欲不能干, 故精全而腹實矣。『丹陽眞人語錄』『中華道藏』26冊 p.405.

정, 곧 眞性의 회복을 이룰 수 있음을 간과하지 않는다.

한편, 바로 앞에서 언급한 평상심의 강조는 개인의 자기수행인 眞功(성명공부)이 단순히 탈세간적이고 은둔적 양식을 고수해서 이루어지는 것이 아님을 강조하는 것이다. 전진교의 성선은 개인적 자기수행인 眞功, 곧 성명공부만으로 완성되지 않는다. 그것은 이타적 실천인 眞行이 동반될 때 완성된다.

3. 사회참여적 成仙求道의 길: 功行雙修

전진교는 출가와 독신제도를 기본으로 한다. 초기부터 전진교의 도사들은 세속적 생활의 안락함을 버리고 동굴이나 누추한 암자에 머물면서 엄격하고 혹독한 고행적 수행을 일삼았으며 점차 교단이 정비되는 과정에서 출가도사들이 도관에서 엄격한 계율에 따라 打坐와 경전공부, 수행법 공부 등을 하는 것을 원칙으로 한다. 초기 전진도 도사들의 삶은 혹독한 고행과정 그 자체였다. 걸식은 기본이고 헐벗고 추위와 더위, 눈과 비를 무릅쓰는 극도의 금욕주의적 생활을 이어갔다. 여름에도 물을 마시지 않는가 하면 겨울에도 불과 가까이 하지 않는 생활을 하기도 하고 무릎으로 기거나 맨발로 험한 산길을 오르내리는 고행적 수행을 이어갔다. 이러한 금욕주의적 수행을 통해 왕중양 이하 칠진들은 모두 내면적 청정을 이룰 수 있었던 것으로 보인다.[16]

한편, 이와 같은 고행적이고 탈세간적인 수행법 또 다른 수행의 형태의 금욕주의적 수행은 세속과의 단절이 아니라 오히려 번잡한 세속세계 한

---

16) 전진교의 극심한 수행 양태에 대해서는 필자가 이미 논문을 통해 기술한 바가 있어 상세한 내용서술은 생략한다.(『도교의 금욕주의(Asceticism) - 上淸派와 全眞敎를 중심으로』, 『도교문화연구』 43집, 2015, 126-136쪽 참고)

가운데에 머물면서 번뇌와 잡념, 욕망을 일으키지 않고 그대로 청정 혹은 평상심을 유지하도록 단련을 하는 것이다. 환경에 영향을 받지 않고 청정을 유지할 수 있어야 득선이 가능하다는 것이다. 왕중양은 "산(?)과 계곡 깊숙이 머무르는 것이 시끄러움을 없앨 수 있으나 시전(市廛)에 위대한 은둔은 참된 도리를 갖출 수 있게 한다."[17]라고 말하여 초세간적 고행보다 세간 내에서의 수행의 가치를 높게 평가하고 있다. 따라서 앞에서도 설명하였듯이 때와 장소에 관계없이 흔들리지 않는 "平常心"과 "淸靜"을 유지하는 것이 중요하다도 말한다.

전진교에서는 眞功, 즉 개인공부가 기초가 되어야 함은 분명하지만 이와 더불어 중요한 것이 眞行, 곧 일상적 삶과 사회 안에서 대중을 구제하고 이타행을 실천하는 것이라고 보았다. 전진교에서 채택하는 수행의 방법이나 그들이 지향하는 종교적 이상, 곧 신선의 모습은 단순하거나 일원적이지 않다. 수행자의 마음이 온전히 세속적 욕망과 잡념에서 자유로울 수 있다면 오히려 세간에서 수행생활을 영위하는 것이 전진교에서 추구하는 진행의 실천을 위해 더 유리하다는 것이다. 세간 내에서의 수행은 진공과 진행, 곧 수행자 개인의 수양과 대중을 위한 이타행 양자를 도모할 수 있는 이상적인 실천양식이라고 할 수 있다.

진공과 진행의 병행의 중요성에 대해 다음과 같이 말하고 있다.

만약 眞功을 실천하려고 하면 마음을 맑게 하고 뜻을 단단히 하며 [定] 精과 身을 가다듬고 음직이거나 무언가를 하지 않으며 정말로 깨끗하고 맑아 元一을 안고 지키며 신을 보존하고 기를 견고히 하는 것이 眞功이다. 만약 眞行을 실천하고자 하면 덕을 쌓는 수행을 하며

17) □谷幽居雖滅鬧, □鄽大隱得真詮., 『重陽全眞集』 卷2, 〈贈道友〉, 『中華道藏』 26책, p.284.

가난하고 고통 받는 사람들을 구제해 주고 어려움에 놓인 사람들을
보면 항상 구제하고자 하는 마음을 품어야 한다. 혹은 선한 사람들
을 교화하고 인도하여 입도수행을 하게 이끌며 어떤 일을 할 때에는
남을 우선시하고 자기는 뒤로하며 모든 사물들에 대해 사사로움이
없어야 하니 이것이 곧 진행이다.[18]

진공과 더불어 진행의 중요성을 강조한 전진교에서는 대중을 위해 사회
적으로 많은 일을 성취고자 하였으며 龍門派를 비롯하여 전진교 내의 여
러 분파의 도사들은 노동과 세속의 삶을 중시했다. 예컨대 구처기의 경우
칭기즈칸을 만나 살육을 멈추게 하는가 하면 어려운 백성들에게 조세를
면제해 줄 것을 건의하였고 전쟁 중에는 굶고 병든 교인들을 구제하여 살
려 주기도 하였다. 칠진은 아니지만 전진교 盤山派의 대표적 인물인 王志
瑾의 경우, 관중지역에 물길을 만들어 백성들에게 공급하는 일에 적극적
으로 나서 큰 혜택을 주기도 했다.
전진교 도사들은 진행의 실천, 곧 이타적 행위를 명분으로만 제시한 것
이 아니라 실제로 매우 금욕적이고 청빈하며 윤리적으로 귀감이 될 만한
생활을 해서 당시 사회의 일반인들에게도 그것이 인정된 듯하다.

北朝의 全眞은 그 학문이 우선 노고를 견디고 밭 갈기를 힘썼다. 그
러므로 무릇 거처와 입고 먹는 것은 그 자신이 한 것이 아니면 감히
누리려 하지 않았다. 수수한 옷차림에 거친 음식을 먹으면서도 근심
걱정, (무엇을) 간절히 원하거나 부러워하는 것을 끊어 버렸다. 남들이

---

18) 若要真功者, 須是澄心定意, 打疊精神, 無動無作, 真清真淨, 抱元守一, 存神固炁, 乃真功也.
若要真行, 須要修行蘊德, 濟貧拔苦, 見人患難, 常懷拯救之心, 或化誘善人入道修行, 所為之事先
人後己, 與萬物無私, 乃真行也. 『晉真人語錄』『中華道藏』26冊 p.704.

견지지 못하는 것을 마음 편안히 여길 수 있었다.[19]

한나라 이래로 處士는 기이한 행동을 하고 方士는 거짓으로 과장하였다. 몸이 하늘로 올라가는 장생불사의 연단술과 옥황상제에 醮祭를 지내고 재앙을 물리치는 비밀은 모두 도가에 속하였다....폐단이 극에 달하자 변하여 거기서 전진교가 일어났다. 마음을 고요하게 하며 뜻을 밝혀 덕이 닦아지고 도가 행해지니 우르르 모여들어 그것을 따랐고 알차게 번성하여 신도들이 생겼다.. 밭 갈고 우물 파서 스스로 그 일을 하며 생활하였다. 자비를 베풀어 만물을 접하고 풍속을 선하게 하기를 기대하였으며 거짓된 환상의 설이 어떤 일인지 알지 못하였다. 소박하고 순수하였다. [20]

이상의 인용문은 元대 당시 지성인들의 눈에 전진교 도사들이 어떻게 보였는지를 상세하게 보여주고 있다. 전진교의 이미지가 그 이전의, 폐단을 일삼던 일부 도사들의 이미지와는 달리 청빈하고 진실하며 금욕적이며 세속에서의 노동도 마다하지 않는 근면하고 성실한 생활, 그리고 청빈하고 검소한 생활을 하는 것으로 잘 나타난다.

위잉스[余英時][21]와 구보 노리타다[窪 德忠]도 일찍이 지적한 바도 있지만[22] 쟝광바오[張廣保]는 용문파를 중심으로 한 전진교의 이와 같은 특성이

---

19) 北祖全真, 其學首以耐勞苦力耕作, 故凡居處服食, 非其所自為不敢享. 蓬垢疏糲, 絶憂患慕美. 人所不堪者能安之. 『清容居士集』第19卷『夜月觀記』『欽定四庫全書』本書50卷, 拆分成18冊.
20) 自漢以降 處士素隱, 方士誕誇 飛昇煉化之術 祭醮禳禁之科 皆屬之道家..廢極則變, 於是全眞之敎興焉. 淵靜以明志, 德修而道行, 翕然從之, 實繁有徒,...耕田鑿井, 自食其力 垂慈接物, 以期善俗, 不知誕幻之說爲何事, 동순박소,..『秋澗先生大全文集』第 58卷『大元奉聖州新建永昌觀碑銘』『四部叢刊初編』, 中第1375-1398冊.
21) 余英時『中國近世宗教倫理와 商人精神』, 정인재 역, (대한교과서식회사, 1993) 38-64 참조
22) 窪 德忠, 앞의 책, p.12.

15-16세기에 일어난 서구의 청교도의 그것과 상통하는 점이 있다고 기술한다. 그는 양자 사이에 차이가 있다면 개신교의 경우는 上帝, 곧 하느님의 역량에 의지해야 구원을 받을 수 있기 때문에 사회를 구성하라는 하느님의 요구에 근거하여 하느님의 영광을 더하기 위해 사회활동을 하지만 전진교도들은 자력적 구원론의 성격을 지니기 때문에 塵心, 곧 세속적인 마음속에서 眞心이 드러나기 위해 진행의 수행을 한다고 한다. 또한 그는 궁극적 실재관(기독교의 하느님, 전진교의 眞心)의 차이에 따라 노동효과가 차이가 난다고 설명한다. 전진교는 노동의 궁극적 가치가 본심의 단련에 있다고 보기에 세상에서의 행위에 과한 관심을 쏟지 않는데 반해 개신교도는 하느님의 은총을 받기 위해 노동에 전력을 기울인고 한다. 청교도는 이 세상에서의 노동 중에 체현되는 기민하고 절제된 이성적 생활, 곧 합리적 생활양식을 중시하는데 반해 전진교에서는 이러한 이성을 추구하는 면모를 찾아볼 수 없다는 것이다.[23]

쨩광바오의 비교가 심도 있는 것이라고 보기에는 어렵지만 적어도 전진교의 금욕주의며 근면하고 검소한 생활양식은 근세 칼뱅주의의 '근면, 검소, 절약'이라고 하는 생활윤리지침과 일치하는 지점이 있음은 분명하다.[24]

----

23) 張廣保, 앞의 책, 126-127쪽. 청교도와 전진교의 생활양식이나 윤리적 태도에 대한 쨩광바오의 분석은 그리 심화된 것은 아니라 베버가 『프로테스탄트 윤리와 자본주의 정신』에서 동아시아에는 청교도와 같은 금욕주의 형태가 없다고 비판한 것에 대한 어떤 반론도 제시하지 않았다. 그가 인용하고 있는 위잉스의 책 『중국근세윤리와 상인정신』의 경우도 베버의 논의에 대해 나름대로 비판을 하면서 근세 신유교와 신도교가 어떻게 근세 중국의 상인윤리에 반영되었는지를 고찰하고 있지만 기본적으로 이 책에서 베버가 말하는 금욕주의에 대한 이해가 서로 다르다는 것을 발견할 수 있다. 이 점에 대해서는 좀 더 자세한 분석이 필요하나 본 논문의 주제와는 거리가 있으므로 상세한 논의는 다른 논문에서 다루기로 한다.
24) 그러나 쨩광바오가 신의 영광과 심적적 깨달음이라는 차이점으로 서술한 부분에 대해서는 조금 더 깊은 논의가 필요하다. 곧 신관, 혹은 본체론의 차이 곧 세속과 본질의 세계에 대한 이해, 聖俗에 대한 이해가 차이가 있다는 점에 대해서는 조금 더 분석할 필요가 있다. 인격

이렇듯 적극적인 입세적 진행의 실천을 평가하면서 런지위[任繼愈]는 『中國道敎史』의 서문에서 전진교를 유교의 일개분파에 불과한 것으로 파악하는 극단적 주장을 하고 있다.[25] 경우에 따라서는 선불교의 복사판이라고 분석하는 학자들도 많다. 그러나 용어나 형식이 유교와 유사하다고 그것을 전부 유교의 것이나 불교의 것을 모방한 것이라고 단정하는 것에는 부당함이 있다. 근본적으로 유교나 불교와는 구원관 자체가 다르고 유사한 윤리관이나 수행관을 보여준다고 하더라도 그것을 실행하거나 신앙하는 주체의 내면에는 상이한 사유의 메커니즘이 존재하기 때문이다.

여하튼 분명한 것은 전진교가 사회적 참여, 이타행, 그리고 대중에 대해 그 이전의 도교분파와는 다른 이해와 태도를 보여준다는 것이다. 그 이전의 도교 분파에서도 자비심의 발휘와 이타적 실천에 대해 강조해 왔다. 그러나 전진교의 경우는 단순히 개인적 차원에서 대중들을 대한 이타적, 도덕적 실천을 강조하는 것에 그치지 않는다. 우선 왕중양으로부터 전진교 도사들은 일반신도를 단순한 구제나 돌봄의 대상으로 인식하지 않는다. 일반신도들을 바라보는 그들의 시선은 당시의 다른 도교분파들과 차이를 보인다. 전진교에서는 신도들이 누구나 모두 성선과 득도에 도달할 수 있는 잠재적 본성과 자질을 가지고 있다고 보고 신도들에게 적극적으로 경전이나 명상수행법을 가르쳤다. 조사 왕중양부터 이른바 일반평신도 조직인 "五會"를 건립하여 이들 조직을 중심으로 전교하고 교단의 활동을 펼

적이며 유일신적 종교인가, 혹은 비인격적이며 원리적 종교인가를 구분하기에는 전진교는 한계가 있다. 유교라면 기독교와 대비될 수 있지만 도교의 경우는 전진교라고 할지라도 有神的 종교문화를 소유하고 있다. 또한 전진교가 과연 개신교처럼 이세상에 대해 완전히 부정적인 태도인가에 대해서도 의문이 든다. 전진교는 물론 도교일반은 우주와 자연, 곧 기독교에서 말하는 피조물의 세계에 대한 근본적인 긍정의식을 가지고 있다. 다만 세속적 문화와 교육에 의해 일탈된 부분을 부정하는 것이다. 따라서 동일하게 세속에 참여하여 금욕적으로 생활을 하지만 그 세상을 대하는 태도에는 차이가 있을 것이다.
25) 任繼愈, 『中國道敎史』(上海人民出版社, 1990) 序, p.6.

쳐나갔다.

전진교에서 평신도는 다른 도교분파에서처럼 단순히 기복과 안위를 빌기 위해 도사들이 주술을 베풀어 주고 악행을 그치고 도덕적 삶을 살도록 훈계해야 하는 대상에 아니다. 대중들 역시 전문적인 수행자인 도사들과 마찬가지로 득도와 성선의 자격을 갖추고 있는 존재이다. 전진교의 도사들은 평신도들을 자신들의 道伴으로 대우하고 있다. 즉 전진교의 도사들은 신선의 길이 대중들에게도 개방되어 있음을 믿는다. 이러한 대중들의 자력적 구제가능성에 대한 믿음은 본격적인 의미에서 신선가학론의 발전의 결과물이라고 할 수 있다. 신선이 될 수 있는 존재가 정해져 있는 것이 아니라 배움을 통해 신선에 도달할 수 있다고 하는 위진남북조 시대 이후의 신선가학론은 당대를 거치고 금원대의 전진교에 이르게 되면 누구나 수행을 통해 신선이 될 수 있는 자격이 있다는 생각으로 확대된 것이라고 말할 수 있다. 전진교의 이러한 사고는 도교 신선관을 보다 대중적이고 보편적인 성격의 것으로 발전시키고 있다고 할 수 있다.

4 전진교 신선관이 보여주는 대중성, 일상성, 보편성

1. 전진교의 보편구원관과 개혁적 전교방식

전진도는 이른바 구보 노리타다(窪德忠)를 비롯하여 여러 학자들에 의해 개혁도교라는 명칭으로 불리듯 신도교분파 가운데에서도 가장 개혁적 성격이 강하다. 전진교가 처음 교파를 창시하고 활동하던 시기는 성리학과 선종의 영향을 바탕으로 이른바 평민문화가 성립하는 단계에 들어서는 시기라고 할 수 있다. 전진교를 비롯하여 이른바 신도교라는 명칭 하에 분류되는 이 시기의 도교분파들은 당대 이전의 도교분파들이 보여준 엘리트적(종교적 엘리트), 혹은 귀족적 모습과는 다른 종교적 양상을 보여준다.

왕중양의 창교 시기부터 전진교의 교단 조직 운영이나 전교활동, 수행법, 득선관이 드러내는 가장 기본적인 특성은 본격적인 의미에서의 보편적, 대승적 구원과 平常的 깨달음과 실천의 가치를 강조한다는 것이다.

흔히 전진교를 가리켜 엘리트 교파라고 하는데 그 이유는 전진교가 당시 신도교 분파들과 비교할 때 기복적 주술이나 타력적 신앙을 강조하지 않기 때문인 것으로 보인다. 기본적으로 초기 전진교 도사들이 대부분 글을 읽을 수 있는 독서인 계층이었던 것은 분명하지만 그들이 모두 사회적으로 높은 신분이거나 학식이 탁월한 것은 아니었다. 당시는 인쇄술의 발달과 서적의 보급 확대를 토대로 독서인 층이 그 이전보다는 두터워졌으며 성리학을 비롯하여 지식의 보급을 확장하여 사회를 바꾸고자 하는 움직임이 활발한 시대였다. 전진교 역시 이러한 근세적 분위기에서 전문적인 도사나 평신도 조직 모두 경전강독과 교리강의 등과 같은 지성적 접근을 교학이나 수행법의 전수와 공유에 적극적으로 활용하였다. 그러나 이것이 전진교 교도의 자격을 지성인 층으로 제한시키거나 지식이 교리와 수행법에 접근하는데 반드시 필요하다는 의미를 담고 있는 행위는 아니다.

　다만 금단제조와 같은 難行道를 제시하거나 특수한 영적 능력이나 자질이 있는 수행자에게만 밀의적으로 교의나 수행법을 전달하던 중세시대 도교분파들과는 달리 전진교에서는 보편적 成仙 가능성에 대한 확신과 그것을 실현하는 易行道로서 집단적 강독이나 강좌를 선택했던 것이라고 말할수 있다. 이러한 측면에서 전진교는 이전의 도교분파와 확실히 구별되는특징들을 보여준다. 출가집단과 평신도집단의 이중적 구조를 가진 점, 강좌나 독서 등의 개방적이고 집단적인 전도와 교육방식을 채택한 점, 평신도들 역시 득선의 주체로 인정하는 점 등 여러 가지 측면에서 전진교는 그이전의 도교분파들과는 차이를 보인다.

　그런데 이러한 일련의 고유한 특성들은 기본적으로 보편구제의 관념이정착된 것과 도교적 구원인 成仙과 세속사회의 관계에 대한 이해가 변화한 것에서 기인한 것이다. 그리고 이러한 변화를 이끄는 데 가장 큰 요인으로 작용한 것은 역시 선불교적 세계관과 구원관이며 당시 사회전반에지배적인 영향력을 행사하고 있던 성리학적 학문관이나 인간이해도 많은영향을 미쳤다고 할 수 있다.

　초기 전진교의 경우 출가를 선택한 도사집단이나 평신도의 자격으로 입교한 인물들 모두 사회적으로 다양한 계층에 속한 사람들이었던 것으로보인다. 칠진의 경우만 보아도 유교적 선비, 지주, 평민 등 다양한 계층에속하는 인물들이며 부나 학식의 정도도 차이가 있었다. 평신도 조직인 "三州五會"의 경우는 말할 것도 없이 다양한 계층의 인물들로 구성되었을 것으로 추정된다. 게다가 종교는 세속적 지식보다는 이른바 영적인 능력이요구되는 영역으로서 개인의 영적 감수성의 차이도 고려되어야 할 조건이다. 이러한 차이를 고려하여 중세 상청파나 영보파와 같은 분파들은 엄격한 자격평가를 통해 경전을 전수하고 수행법을 교육한 것으로 보인다. 아마도 집단적 전수방식은 전혀 고려조차 하지 않았을 것이다.

그런데 진진교에서는 이렇듯 다양한 배경의 입교자들로서 수용하고 그들에게 전진교의 교의와 수행법 전달을 위해 중요 경전들의 강독과 집단적인 강좌 등을 채택하였다. 이와 같은 집단적, 대중적 전도방식의 채택은 개개인 모두의 득선 가능성에 대한 믿음을 전제로 한 것이다.

2. 전진교의 보편적 득선관과 개신교(청교도)의 구원관

전진교의 이와 같은 대중적 전교방식은 근세 개신교의 경우를 떠오르게 한다. 그 이전까지 종교적 교의와 수도의 핵심에 일반 신자는 다가설 수 없고 오직 사제의 매개적 역할을 통해서 신에게 접근이 가능했던 것이 종교개혁 이후 평신도도 직접 하느님을 대면할 수 있다는 새로운 개신교적 교리가 등장한 것과 유사점이 발견된다.

앞에서 언급했듯이 이미 위잉스를 비롯하여 쫭광바오와 같은 학자들은 전진교와 개신교 사이의 유사성에 주목한 바 있다. 위잉스는 막스 베버가 중국에는 개신교의 청교도의 윤리관에서 발견되는 '세속내적 금욕주의(inner-worldly asceticism)'의 정신이 없었다는 지적에 대한 반론의 제시하면서 근세 선불교(신불교)와 전진교, 신유교의 특성들을 나열하고 있다. 그리고 그 내용의 대부분은 청빈과 검약, 노동의 가치를 높이 평가하는 근세 삼교의 모습을 그리는 데 할애하고 있다. 그의 서술은 청교도에 비견되는 근세 중국종교의 외적 요소들을 전달하는 데는 성공을 한 것으로 평가된다. 그런데 문제는 그의 저술이, 막스 베버가 말하는 개신교의 정신적 변화와 그에 따른 실천윤리 변화의 논의의 핵심을 제대로 반영하지 않고 있다는 점이다.

막스베버가 말하는 "세속내적 금욕주의" 개념은 유럽 중세의 수도원에서 수도사들이 가졌던 매일 매일의 생활태도가 종교개혁에 의해 일반사회로 유도된 것이다. 즉 이미 수도원 안에서 확고한 생활양식으로서 완성되어 있던 "저세상적 금욕주의(other-worldly asceticism)"를 토대로 한 것이다. 그리고 더욱이 중요한 것은 세속내적 금욕주의의 핵심은 위잉스도 약간 언급한 바는 있지만 "세속적인 활동의 가치를 긍정할 뿐 아니라 세속적 활동이 가진 종교적 가치와 의미를 명백하게 부여한 것에 있다.[26] 다시 말해 세속사회의 직업노동을 적극적으로 긍정하는 것에 논의의 중점이 있는 것이 아니라 '세속사회의 직업 활동이 모두 종교를 위한 활동이어야 하며 나아가 인간을 향한 신의 목적이 완성되는 데 도움이 되지 않는 생활은 절대 하지 않는다고 하는 신 중심적인 생활태도에 그 핵심이 있는 것이다. 베버는 프랑케(Frank)가 "이제 모든 그리스도 교인은 평생 수도승이 되지 않으면 안 된다"고 하고 한 말을 인용하여 이점에 대해 기술하고 있다.[27] 즉 세속의 생활행위의 목적이 모두 신의 영광을 더하기 위한 것이라는 관점으로 집약된다고 할 수 있다.

한편 베버가 말하는 금욕은 일반적으로 통용되는 의미의 그것과 조금 구별해서 이해할 필요가 있다. 베버는 그리스도교의 금욕주의가 그 형태는 다양하지만 그것은 기본적으로 합리적 성격을 가지고 있다고 말한다. 그리고 즉 동양의 수행과는 달리 그 원칙에 있어서 성 베네딕트의 규율로부터 예수회에 이르기까지 현실도피, 혹은 달인인 척하는 고행으로부터 원리상 해방되었다고 한다. 금욕주의의 생활방식은 체계적으로 형성된 합리적 성격을 가지게 되었으며, 그 목적은 자연 상태를 극복하고, 인간이

26) 余英時, 앞의 책, p.59.
27) 막스 베버, 『프로테스탄티즘의 윤리와 자본주의의 정신』, 박성수 옮김 (문예출판사, 2004), p.95.

비합리적인 충동의 힘과 현세 및 자연에의 의존을 탈피하여 신의 섭리의 실현에 적극적으로 기여하고자 하는 계획적인 의지의 지배에 자신을 복종시키는 것이라는 것이다. 그렇게 함으로써 부단한 자기반성과 윤리적인 효과를 숙고하면서 행위를 하게 한다는 것이다. 이러한 태도는 수도승을 신의 왕국에 봉사하는 노동자로 교육시키고 그로 하여금 구원의 확신을 갖게 한다고 한다. 이러한 자기통제는 성 아우구스티누스의 '훈육'의 목표이자 매우 합리적인 수도승 덕목 일반의 목적이었고 청교도주의의 결정적인 생활실천의 이상이었다는 것이다. 일반적인 인상과는 달리 금욕의 목적은 뚜렷하게 인식된 청명한 삶을 영위할 수 있게 하는 데 있다고 베버는 말한다.[28]

그렇다면 칼뱅주의적 금욕주의(세속내적 금욕주의)와 그 이전의 중세적 금욕주의(저세상적 금욕주의)의 차이는 어디에 있는가? 베버는 우선 복음의 권고가 없어지고 금욕주의가 순수하게 현세적인 성격으로 바뀐 것에서 찾을 수 있다고 말한다. 또한 개신교의 금욕주의적 윤리에서 핵심은 탈마술(disenchantment)적 태도를 취하여 주술에 의지하지 않고 비합리적 구조의 개신교적 구원관을 합리적 정신으로 세속내적 금욕주의 윤리를 수용하는 것에 있다고 한다. 개신교 청교도들은 예정설에 근거한 철저한 신중심적 사고를 바탕으로 금욕주의적 현실생활에 참여하는 데 자신의 구원과 현실생활을 더 이상 주술에 의존하는 않고 철저한 자기반성을 수단으로 한다는 것이다. 요컨대 베버가 말하는 개신교 청교도의 세속내적 금욕주의의 개념은 초월적인 신의 윤리적 요구에 부합한 생활태도를 유지할 수 있는 인격을 가지도록 인간을 키워나가는 것을 내용으로 하며 그러한 인격을 가진 인간의 표면적 행동은 바로 세속의 직업노동에 매진하는 형식으

----
28) 앞의 책, pp.92-94.

로 나타난다는 것이다.

위잉스는 베버의 글에 대해 반박하는 입장에서 근세 청교도의 세속내적 금욕주의와 사회참여적 태도가 중국의 종교전통 안에서 발견됨을 주장한다. 그 안에 전진교와 같은 신도교를 포함시켜 세속에서의 적극적인 참여를 강조한다고 설명하고 있다. 앞에서 언급한 바와 같이 쫭광바오 또한 다시 위잉스의 글을 인용하여 동의적 의사를 표현하는데 이상에서 언급한 개신교 청교도의 세속내적 금욕주의와 윤리관의 핵심에 대해서는 제대로 지적하지 못하고 따라서 그 유사점에 대해서도 피상적인 내용만 기술하고 있다고 생각된다.

전진교는 출가도사집단과 재가신자집단으로 구성되는 경우로서 외형적으로 나타나는 특성만 보면 베버가 중세 가톨릭의 수도자 공동체가 가진 저세상적 금욕주의적 성격과 루터나 칼뱅에 의해 주도된 개신교의 세속내적 금욕주의의 성격 모두를 읽어낼 수 있다고 판단된다. 그러나 궁극적 실재관이나 구원관 자체가 상이한 두 종교는 외형적 현상만으로 동일하다거나 상이하다고 단정하기 어려울 것이다. 그리고 베버의 논의의 중심은 자본주의라는 경제체제가 출현하게 된 사상적 구조를 밝히는 것에 있지 종교적 사유 자체를 다루려는 것은 아니므로 그의 이론을 적용하는 것은 어떤 경우에도 조금씩 부적합한 부분이 있을 수 있다.

그럼에도 불구하고 베버가 기술한 종교개혁 이후의 개신교적 윤리와 세속에 대한 청교도들의 태도가 초기 전진교의 구원관, 수행관, 세속사회에 대한 관점과 겹쳐 보이는 것은 단순한 착각만은 아닌 것 같다. 그 이유를 생각해 보면 가장 중요한 것은 수도자(도사)라고 하는 특수집단의 전유물이던 심층적 교의와 수행이 일반 대중의 영역으로 영입되었다는 사실을 들 수 있다. 평신도 역시 성직자의 도움이나 그들의 주술적 능력에 의존함 없이 (수준이나 정도의 차이는 있지만) 직접 종교적 구원의 길에 입문할 수 있다는 믿음이 형성되었다. 즉 초기 전진교에도 베버가 말하는 탈마술적 사고가 형성되었다고 말할 수 있다. 앞에서 언급했듯이 그들은 주술을 삿된 외방의 도구로 규정한다. 전진교에서는 초월적이고 비합리적 영역의 종교적 경험들 대신(혹은 그것과 병행하여) 합리적 정신에 의해 진행 가능한 세속적 직무나 노동의 가치를 피력한다. 그들은 俗務를 수행에 방해가 되는 것을 여기지 않았다. 청정한 마음만 유지할 수 있다면 오히려 속무를 통해 자신의 종교적 구원을 효과적으로 달성할 수 있다는 신념을 보여준다.

특별히 전진교에서 入世와 脫世를 막론하고 청정심 혹은 평상심의 유지가 성선에 있어 가장 핵심적임을 강조한다는 사실은 주목할 만하다. 의례나 주술이 아니라 스스로의 종교적 자각이나 깨달음, 그리고 이상적인 내면상태의 유지가 윤리적 실천의 가장 중요한 기준이 된다는 점은 서양에서 말하는 이른바 근대적 윤리의식에 비견할 만한 것이라고 생각된다. 윤리적 규범에 무조건적으로 따르는 것이 아니라 행위 자체가 道라고 하는 기준에 맞는지를 자율적, 합리적 의식에 의해 판단하고 외형적 형식보다는 행위의 의도나 목적에 초점을 두고 있다는 점은 매우 선진적인 것이라고 생각된다.[29] 전진교의 경우 개신교의 예정절과는 전혀 달리, 자력적 특성이 강한 구원관을 가진다는 점에서 큰 차이가 있음에도 불구하고 〈철저하게 세속적 가치와 욕망을 부정하는 금욕주의적 수행과 정신적 순결[淸靜]의 유지-眞功-〉를 통해 수행자의 자기완성적 상태에 도달하면 〈세속사회를 멀리하지 않고 그 안에서 다른 중생들에게 이타적 삶-眞行-〉을 살면서도 신선의 경지에 도달할 수 있다는 믿음을 보여준다. 적극적으로 말하면 세속 내에서의 실천을 통해 성선이 보다 효과적으로 달성된다고까지

---

29) 물론 유교의 경우 맹자로부터 윤리적 행위를 자신의 내면적 도덕적 본성에서 발견하고 있으므로 전진교의 이러한 태도가 새로운 것이 아니라고 할 수 있다. 그러나 이러한 윤리적 자각은 전통적으로 소수의 학자나 엘리트 계급의 전유물이었으며 대중들의 차원에까지 보급된 것은 아니다. 따라서 전진교의 경우는 주목할 만하다고 판단된다.

생각한 것으로 보인다.

3. 전진교의 보편적 구원관과 신선개념의 대중화와 일상화

앞에서 논의한 바대로 요컨대, 전진교가 그 이전의 도교분파와 구분되는 가장 큰 특성, 이른바 개혁적 특성은 구원관의 변화에서 발견할 수 있다. 즉 성선의 주체 범위가 확장-소수의 종교적 엘리트에서 독서와 학습이 가능한 대중으로 확장-되었으며 구원(성선) 방식이 집단화, 혹은 대중화-경전강독, 강좌 등의 사용-되었다. 또한 수행의 場이 확장-도관, 일상생활 영역 모두-되었으며 도관의 도사들은 세속사회에 나와 적극적으로 활동을 하고 역으로 재가신도들은 세속적 복을 얻는데 전념하는 대신 수도자의 전유물이던 경서강독이나 명상 등의 도관생활의 일부내용을 공유하게 된 것이다. 무엇보다도 이상의 모든 특성들이 발현되게 된 바탕에는 道性관념, 즉 금욕주의적 수행이 가능한 도사나 세속사를 저버릴 수 없는 재가신도 모두 성선의 길을 갈 수 있다는 보편구제의 신념이 자리하고 있다는 것이 가장 큰 특징이라고 할 수 있다.

역사적으로 도교의 신선관은 선진시대로부터 위진 남북조, 당대를 거치면서 점차 변화하였다. 신선관의 변천에서 주목할 만한 변화는 신선의 이미지가 神적 존재에서 인간적 존재로 점차 바뀌어 갔다는 것이다. 仙骨, 혹은 生而得之의 존재에서 學而得之의 존재로, 일반인은 범접할 수 없는 초자연적 능력과 영적 통제력을 가진 초인간적 모습에서 점차 인간적 유형으로 점차 그 서술이 변해가는 경향을 발견할 수 있다. 이렇듯 신선의 모습이 인간적, 더욱이 평범한 인간의 유형으로 본격적으로 바뀌게 된 전환점은 아마도 唐代라고 할 수 있다. 주지하는 바와 같이 여동빈과 종리권 등 八仙개념이 문학이나 미술작품의 소재로서 활발하게 등장하게 된 것도 당송시대 전후이다. 주지하는 바와 같이 팔선은 다양한 예술작품이나 희극의 소재로 채용되면서 신선이라는 존재를 보다 친근하고 일상적 접근이 가능한 대상으로 인식하게 만들었다.

전진교가 활약하던 금원시기에는 八仙을 비롯하여 신선이라는 주제가 대중문화에 더욱 더 인기를 누리며 확산되었다고 한다. 예컨대 원대에는 雜劇의 한 종류로서 神仙道化劇이 널리 대중적인 인기를 끌었는데 이렇게 신선이 잡극의 소재로 인기를 누리게 된 것은 당시 전진교가 적극적으로 활동하고 교세를 확장하여 사회적인 영향력을 강하게 행사한 것에 그 배경이 있다고 한다.[30] 앞에서 기술한 바와 같이 전진교의 成仙관념은 보편구제적 특성을 보이는 바 이러한 신선관의 영향이 대중적인 형태로 반영된 것이 이러한 신선도화극이라고 추정이 가능하다.

한편, 唐代에 도교교단이 정부의 강한 정치적 통제 하에 놓이게 되고 제도화되면서 도사들의 신분 역시 정부의 공식적인 허가에 의해 통제되고 도교의 궁관들이 세속화되는 양상을 보이게 된다. 당대 후기와 五代로 갈수록 세속화 경향이 강해진 제도권 교단에 염증을 느낀 도교인들은 궁관도교를 벗어나 교외 밖에서 수행을 하고자 하는 새로운 흐름을 형성한다. 게다가 10세기 무렵부터 종교공동체에 대한 왕실의 지원금이 끊어지게 되면서 도관과 사묘들이 쇠퇴하고 수계제도가 붕괴되었으며 더 이상 새로운 종교교의와 수행방법도 개발되지 않았다. 개인적으로 도교수행을 하던 사람들은 더 이상 수행을 위해 찾아갈 만한 장소가 없었고 그들이 추종할 만한, 공식적으로 인정된 도사도 없게 되었다. 그들은 스스로 聖山을 헤매 다니며 홀로 있는 은거자들과 연결되기도 하고 스스로 오랜 기간 수행을 시도하고 실수를 반복한 끝에 효율적인 수행법을 터득하기도 했다. 북송

----

30) 원대 신선도화극과 전진교의 영향관계에 대해서는 王汉民, 『全真教与元代的神仙道化戏』(『世界宗教研究』, 2004年 第1期, 70-76쪽) 등의 논문에서 상세하게 다루고 있다.

시대 무렵의 수행자 곧 도사들 중 일부는 정부의 재정적 지원이 끊어지자 대중을 위한 도교적 의례를 주관하며 생활을 유지하기도 했다. 대중들이 마음 편하게 살도록 그들의 조상과 소통하거나 장례식을 치러주거나 구체적인 목적달성을 위한 부적이나 주문을 작성하고 외주는 일을 하는 도사들이 많이 늘어나 道士, 혹은 法師라는 명칭으로 활동을 하였다. 북송시대에는 도관제도가 공식적으로 활성화되지 못하고 12세기 후반에 가서 비로소 전진교를 통해 도관제도가 새롭게 부흥하고 갱신하는 과정을 거치게 된다.

왕중양은 전진교를 창설하면서 자신의 제자들로 하여금 사회를 떠나 은거와 금욕을 하며 온전히 도를 추구하는데 삶을 바치도록 권면했다. 산기슭에 있는 오두막과 동굴에 외롭게 살거나, 혹은 기존의 세속화된 도관의 형식과는 구별되는 수도공동체로서의 도관에 머물면서 엄격한 계율준수와 철저한 금욕과 내면의 수행을 실천함으로써 성선을 도모하도록 하였다.[31]

초기 전진교의 공동체 운영은 철저하게 성선수행과 전교활동에 초점을 맞추고 있다. 물론 구처기를 비롯하여 전진교 도사들이 정계의 인물들과 교류를 통해 교단을 안정적으로 운영하고 교세를 크게 확산시킨 것은 사실이지만 이러한 적극적인 활동 역시 수행에 온전히 몰두할 수 있는 여건들을 보장하고 전교와 대중구제 활동을 보다 효율적으로 실천하기 위해서이다.

이와 같이 전진교의 성선수행은 외부환경이나 외형적 종교제도와 무관하게 철저히 '청정'과 '평상심'을 유지하면서 오직 진공과 진행에 매진하는 것에 초점이 맞추어져 있다. 따라서 출가와 도관제를 운영했지만 이러한

---

31) LIvia Kohn, *Cosmos and Community*, (Three Pines Press, 2004) p.11.

제도수립은 철저하게 금욕적인 수행을 위한 것이며 매우 허름한 거처에서 걸식을 하며 고행적 수행을 하고 대중들을 위해 이타적 실천을 것이 성선을 위해 필요하다고 보았다. 즉 일상적 세속세계에 머물든지, 혹은 수행을 위한 사원에 머물든지 관계없이 청정함과 평상을 유지하며 진공과 진행을 실천할 수 있어야 한다고 믿었던 것으로 보인다.

이러한 태도는 도교 성선수행을 초세간적 영역에서 평범한 일상 영역의 것으로 확대시키는 효과를 가져왔다.

5 전진교의 신선관에 비추어 본
『道典』의 사상

    이상과 같은 전진교의 신선관은 내단 도교의 굵은 줄기로서 이후 명청 시기를 거치면서 중국은 물론 한국의 成仙觀에도 상당한 영향을 미쳐 조선시대 仙道의 맥을 형성하고 발전시켜 나가는 데 암암리에 영향을 미쳤을 것으로 생각된다. 그리고 이러한 영향관계는 구한말 다양한 대중적 형태의 신종교의 수행관이나 구원관, 종교사상에서도 엿볼 수 있다. 특별히 구한말 이후 등장한 신종교가 보여주는 삼교합일적, 혹은 타종교에 대한 적극적인 수용태도, 그리고 대승적 차원에서 서민들의 구제에 초점을 둔 교리 등은 전진교의 성립 이후 중국도교의 성격과 무관하지 않다고 생각된다. 개혁도교로서의 전진교가 기존의 도교가 가지고 있던 교단운영이나 교학체계, 수행법의 한계를 극복하여 혁신적 양태의 도교를 수립하고자 애를 쓴 것과 마찬가지로 증산교와 천도교와 같은 한국의 신종교들은 조선시대 성리학이나 불교가 보여준 한계를 극복하는 동시에 각 종교의 탁월한 이론들은 각각 수용하여 창의적 방식으로 재창조함으로써 새로운 교리를 성립시키고 이것을 대중적 차원에까지 확대하여 보급함으로써 종교 및 사회의 혁신을 시도하였던 것으로 보인다. 특별히 증산교와 천도교 안에는 도교의 영향관계를 강하게 엿볼 수 있는 종교문화적 내용들이 포함되어 있다. 또한 이들의 구원관 안에는 전진교의 신선관이나 성선내념과 상통하는 사상을 포함하고 있는 것으로 보인다. 그 대표적인 예로서 강증산의 사상을 생각해 볼 수 있다. 『道典』 안에는 전진교의 신선관과 상통하는 강증산의 언술들을 찾아볼 수 있다.

1. 신선의 죽음과 육체,
   그리고 신선계(천상계)에 대한 언급의 유사성

강증산은 다음과 같이 말하고 있다.

내가 죽으면 아주 죽느냐? 매미가 허물 벗듯이 옷 벗어 놓은 이치니라.[32]

이상의 예문은 증산이 육신의 죽음에 의해 자기정체(self-identity)가 완전히 소멸되는 것이 아니라 마치 매미가 애벌레의 상태에서 허물을 벗고 성충으로 탈바꿈하듯이 육신의 죽음 뒤에 자신의 존재가 새로운 형태로 탈바꿈함을 말하고 있다. 매미는 애벌레의 상태에서 지하의 어두운 곳으로 들어가 3년에서 7년간을 지내다가 다 자라나면 지상 위로 올라와 성충으로 탈피를 하는 곤충이다. 증산은 오랜 세월 도통공부와 대중구제를 위해 인고의 세월을 견뎌야 하는 수행자의 삶을, 성충이 되기까지 어두운 땅속에서 오랜 기간을 보낸 뒤 드디어 허물을 벗고 날게 되는 매미에 비유한 것으로 이해된다. 증산은 자신의 육신의 죽음에 대해 도통과 대중구제의 작업을 모두 마치고 천상으로 올라가 다른 존재양식을 통해 천계의 작업을 수행하기 위한 하나의 과정에 지나지 않음을 말하고 있다. 위의 인용문 바로 뒤에 나오는 『도전』의 구절에서 증산은 "내가 지금 일 때문에 급히 가려 하니 간다고 서운하게 생각지 말라. 이 다음에 다 만나게 되느니라." 라고 말하고 있다.

이러한 구절들은 전진교의 신선에 대한 묘사나 사후의 선계에 대한 언

----

32)『道典』, 10:36

급을 연상시킨다. 앞에서 언급한 바와 같이 왕중양의 경우도 "껍데기를 벗으면 곧 신선에 오른다(既爲脫殼, 便是登仙)."[33]라고 말하고 있다. 마단양의 어록이나 다른 문헌에서도 이생에서의 육신이라는 허물을 벗고 나서 온전하고 영원한 몸을 받는 것으로 신선의 존재를 설명하는 경우가 많다. 즉 영생자로서의 신선은 물리적, 가시적 육체를 그대로 보존하는 존재가 아니라 가시적 육체의 존속 여부와 무관하거나 혹은 가시적 육체를 벗어난 새로운 육체를 보유하는 존재이다. 다시 말해 신선의 주체의 에이전시(agency)가 되는 육체는 물리적 육체와 동일시되지 않는다. 그것은 氣의 측면에서 말하면 이전의 육체와는 질적으로 완전히 변화된 육체이다. 증산이 자신의 죽음을 허물을 벗는 것으로 표현한 것은 전진교에서 신선이라는 존재가 육체의 죽음을 통하거나 혹은 죽음과 무과하게 성취되는 존재이며 따라서 육체의 죽음을 허물을 벗는 것으로 표현한 것과 매우 유사하다.

　앞에서 말했듯이 증산이 죽는 이유는 천상에 가서 해야 할 작업이 있기 때문이라고 한다. 이는 전진교 초기의 도사들이 죽음에 임박한 때에 제자들에게 자신이 죽을 시점을 미리 예견하고 자신이 육신의 죽음을 방편으로 하여 선계에 가게 될 것을 이야기 한 것과 유사하게 보인다. 그들은 仙界의 선배들이 자신들을 불러 그곳에서 그들과 도모할 일이 있다는 이야기를 종종 한다. 증산의 진술은 초기 전진교 도사들의 자신의 죽음과 사후에 대한 언급과 상통하는 바가 있다. 전진교에서 말하는 신선계에 대한 묘사와 증산의 천상계에 대한 묘사에서도 유사점을 찾아볼 수 있다. 증산은 다음과 같이 말한다.

---

33) 『重陽全眞集』 권9 『中華道藏』 p.328.

하늘에 가면 그 사람의 조상들 가운데에서도 웃어른이 있어서 철부
지 아이들에게 천자문을 가르치듯 새로 가르치나니 사람은 죽은 神
明이 되어서도 공부를 계속 하느니라.[34]

증산에 따르면 사후에 천계에서 자신보다 먼저 천계에 간 인물들에게서
배우는 과정이 있다고 한다. 전진교와 상청파의 여러 경전들에서는 도사
들이 신선이 되어 천계에 가게 되면 먼저 신선이 된 여러 道兄들을 만나 좀
더 높은 경지의 신선이 되기 위한 공부를 할 수 있는 것으로 기술한다. 그
리고 이러한 공부를 통해 더욱 더 높은 경지의 신선으로 발전할 수 있다고
한다. 증산의 위의 발언은 전진교와 상청파의 문헌에서 선계에서 신선들
사이의 교류와 배움이 이루어짐을 말하는 내용과 겹친다고 할 수 있다. 이
것은 신선의 상태와 단계가 다양하며 이 세상에서 신선의 자격을 획득하
여 선계에 입문을 하더라도 그곳에서 좀더 상위의 신선의 상태에 오르기
위해서는 지속적인 배움의 작업이 필요함을 말하는 것이다. 즉 신선이란
한 번에 완성되는 것이 아니라 지속적으로 변화와 발전이 가능한 존재임
을 시사하는 것이라고 할 수 있다.

한편, 전진교에서는 신선이 영생불멸의 존재라는 말이 단순히 물리적
육체의 불멸을 의미하는 것이 아니며 오히려 생사를 초월한 것에 그 초점
이 있음을 강조하는 데 이와 유사한 구절이 『도전』에서도 발견된다. 증산
은 다음과 같이 말한다.

사람의 죽음길이 먼 것이 아니라 문턱 밖이 곧 저승이니 나는 죽고
살기를 뜻대로 하노라.[35]

----

34) 『道典』 9:213
35) 『道典』 4:117

이상의 구절은 삶과 죽음이 이질적인 대상이 아니며 삶이 죽음과 밀착되어 있다는 것, 그리고 증산 자신은 자신이 삶에 연연하고 죽음을 기피하는 존재가 아니라 삶과 죽음을 초월하였으며 통제 가능한 존재임을 말하는 것으로 해석된다. 이는 전진교의 신선관의 핵심적 특성으로 기술되는 내용을 연상시킨다. 즉 신선은 육체적 죽음의 대척점에 있는 존재가 아니라 삶과 죽음을 모두 수용하는 존재, 바꾸어 말하면 삶과 죽음의 원리를 모두 이해하고 수용하여 양자를 모두 초월한 존재이다. 신선은 이미 (세속적 자아가) 죽어서 더 이상 죽음이 필요 없는 존재, 육체적 생명의 존속 여부와 무관하게 파괴되지 않는 존재, 죽음도 완전히 소멸시킬 수 없는 영원한 생명을 향유한 존재라고 한다. 따라서 得仙한 도사는 자신의 육체적 삶의 기간을 임의대로 조정할 수 있다고 한다. 즉 필요에 따라 이승에서 더 활동을 할 수도 있고 서둘러 이 세상의 육체를 버리고 선계에 오를 수도 있다는 것이다. 증산 역시 이 세상에서 대중들을 위해 필요한 공사의 임무를 수행하기 위해서 이 세상에서 생명을 유지할 수 있고 또 경우에 따라서는 죽음을 선택할 수 있다고 진술하는 것으로 보이며 이는 전진교 도사들의 문헌들에서 나타나는 신선이 생사로부터 초월한 존재 혹은 생사로부터 자유로운 존재인 것과 유사하다.

2. 전진교 보편구원적 신선관과 상통하는 『도전』의 사상

앞에서 언급한 바와 같이 전진교의 신선관이 가지는 가장 중요한 특이점은 신선가학론의 발전과 보편구제설의 확고한 성립에서 찾아볼 수 있다. 전진교의 도사들은 기존의 신선가학론이 가지는 제한점을 극복하고 보다 확고하게 가학론을 확립시키고자 시도했다. 그들은 보다 많은 사람들이 成仙의 길에 참여할 수 있도록 제도적 장치를 마련하였다. 전진교의 평신도들을 이러한 제도적 장치를 통해 득선을 위한 공부와 수행에 참여할 수 있게 되었다. 물론 도교의 대중화와 대중구제에 대한 강한 관심은 전진교뿐 아니라 송·원대 이후 신도교 분파들 역시 소유하고 있는 특징이다. 그러나 본격적인 의미에서 구도와 성선 주체로서 대중들을 인정하고 그들을 위한 공부와 수행의 길을 마련했다는 점에서 전진교 사상의 특이점이 발견된다. 즉 대중은 더 이상 단순히 주술이나 도사들의 종교적 업력의 혜택을 받는 피동적 대상이 아니라 스스로의 자력적 노력에 의해 구제가 가능한 존재로 대우된다. 이러한 자력적 수행에 의한 득선가능한 존재로서 대중을 대우하는 태도가 증산에게서도 발견된다. 증산은 말한다.

> 너희들은 앞으로 신선을 직접 볼 것이요, 잘 닦으면 너희가 모두 신선이 되느니라.[36]

위의 인용문에서 증산은 모든 이들이 신선에 도달할 수 있음을 확실하게 명시하고 있다. 즉 수행만 잘 하면 누구나 신선이 된다는 것이며 仙骨이 정해져 있지 않다는 점을 간접적으로 밝히고 있다고 생각된다. 이 구절에서 말하는 너희들은 소수의 추종자들만이 아니다. 증산은 보다 많은 사람들이 자신과 같은 선도의 길에 함께 입문하고 동참하기를 희망하였고 많은 중생들이 구원받게끔 하기 위해 노력한 것으로 보인다. 더 나아가 증산은 傳道 작업을 하층민으로부터 시작했음을 언급하고 있다.

> 이제 해원시대를 맞아 道를 전하는 것으로 비천한 사람으로부터 시작하느니라.…오직 빈궁한 자라야 제 신세를 제가 생각해서 道成德立을 하루바삐 기다리며 운수 조일 때마다 나를 생각하리니 그들이

---

36) 『道典』 3: 312

곧 내 사람이니라.[37]

증산은 비천한 사람부터 전도를 시작했으며 빈궁한 사람이야말로 도와 덕을 제대로 성취할 수 있는 자격이 있다고 말하고 있다. 증산은 지식이나 사회적 지위가 높은 이들이 보다 구원에 유리하다고 보지 않았다. 그는 사회적 지위나 부, 명예가 오히려 종교적 가르침과 수행에 매진하는 데 부정적인 영향을 주는 것으로 생각했던 것으로 추측된다. 그 이유는 세속적 향락과 물질적 풍요를 누리는 삶은 영적인 갈급함이나 초세간적 추구를 촉발시키기 어렵게 하는 경향이 있기 때문이라고 생각된다. 물론 여기에서 말하는 빈곤하고 비천한 사람이 단순히 사회적 부와 지위가 결여된 인물로만 해석하기는 어렵다. 이른바 현실에서 부자나 고위직의 인물이라도 영적인 배고픔이나 정신적인 고갈은 느낄 수 있고 물리적으로 가난하고 사회적으로 천대받는 지위에 있더라도 자신의 빈곤을 혐오하며 부자들이 누리는 물질적인 풍요나 세속적 영화에 대한 강한 욕구에 시달리는 경우도 있을 수 있기 때문이다. 따라서 여기에서 말하는 비천하고 빈궁한 자는 단순히 물질적인 의미로만 제한할 수는 없을 것이다. 가장 중요한 것은 진리와 선에 대한 갈증과 허기를 느끼는 사람이야말로 증산이 전도를 위한 손을 내밀 때 잡을 수 있은 사람일 것이다. 자신을 비천하고 가난한 자로 파악하고 그렇게 자처할 수 있는 자라야 구도의 길을 걸을 수 있다는 의미일 것이다. 그러한 사람이라야 세속적인 기복이 아니라 득도를 운수대통으로 여길 수 있기 때문이다. 그리고 그렇게 득도와 성선을 최고의 운수대통의 결과로 여길 만한 사람이면 누구나 도를 전해야 하는 자로 증산은 말하고 있다. 신분과 지위, 부의 여부와 무관한 것이 구도의 길이며 가난

---

37) 『道典』 2:55

하고 비천한 사람들이 오히려 득도의 길에 더 적합하다는 점을 명시하고 있는 증산의 언급은 전진교 신선관을 기술한 도사들이 보여준 보편득도에 대한 확신과 상통한다고 볼 수 있다.

이상과 같은 증산의 대중득도 가능성에 대한 확신은 보다 많은 사람들에 대한 전도에 대한 사명과 확신으로 이어지고 있다.

> 공자는 다만 72명만 도통시켰으므로…. 나는 누구나 그 닦은 바에 따라서 道通을 주리니 도통씨를 뿌리는 날에는 上才는 7일이요 中才는 14일이요, 下才는 21일 만이면 각기 도통하게 되느니라.[38]

위의 구절에서 우리는 증산이 보다 많은 대중들을 전도하고자 시도하고 있으며 신도들 각각의 수행의 정도와 깊이에 따라서 도통의 기간이 정해져 있음을 말하고 있음을 볼 수 있다. 여기에서 주목할 것은 증산이 주술이나 초능력과 같은 타력적 구제술만을 기본적인 구제의 수단으로 삼고 있지 않다는 점이다. 개인들 각각의 수행의 정도에 따라서 도통의 기간과 양상이 다르다는 점을 명시함으로써 증산이 말하는 종교적 구제의 과정이 가지는 자력적 일면을 잘 보여주고 있다. 즉 증산은 신도들을 단순히 초능력적 힘과 주술을 통한 집단적 구제의 대상으로만 보는 것이 아니라 스스로가 득도에의 열의와 의지를 가지고 수행에 힘쓰는 존재로 보고 있으며 이러한 자력적인 노력의 바탕 위에서 그들의 도통을 보다 용이하게 성취하도록 이끌어 주는 것이 자신의 임무와 힘이라고 믿었던 것으로 해석할 수 있다.

----

38) 『道典』 2:141

3. 전진교 成仙수행의 원리와 유사한 『도전』의 사상

전진교의 自利的 成仙수행의 바탕이 되는 內丹의 기본적인 원리의 핵심은 性命雙修와 逆修返源이다. 앞에서 이미 상세히 다룬 바가 있는 성명쌍수의 원리와 더불어 도교내단의 또 다른 중심원리가 바로 '역수반원'이다. 역수반원의 원리는 『도덕경』 42장에 나오는 "道가 一을 낳고 一은 二를 낳고 二는 三을 낳고 三은 萬物을 낳는다.(道生一 一生二, 二生三, 三生萬物)"라는 구절에 근거한 도교의 우주전개이론으로부터 착안된 것이다. 道로부터 사물세계가 단계적으로 분화하여 발생하였다면 거꾸로 도에로 복귀하는 것은 그와 반대되는 과정이 될 수 있을 것이라는 발상에서 도교 내단의 수행은 사물의 세계에 대한 감각과 경험에 제한된 우리의 인식과 몸을 수행을 통해 점차 순화시켜 점차 근원인 도의 차원으로 복귀할 수 있게끔 하는 데 그 목적이 있는 것으로 설명된다. 氣의 측면에서 말하면 수행을 통해 자신의 심신을 관통하는 기를 순화시켜 점차 모든 기의 모태가 되는 元氣의 상태를 회복하는 것이다. 이를 心身, 곧 性命의 차원으로 설명하면 현상적으로 경험되는 왜곡된 심신, 後天性命의 상태에서 벗어나 본래의 心身, 곧 先天性命을 회복하는 것을 목적으로 한다. 결국 내단의 모든 수행과정은 만물의 근원인 도에 복귀하는 방법으로 고안된 것이며 따라서 최종적으로는 도와 하나가 되는 것이다. 그런데 이상과 같은 내단의 역수반원의 원리에 대한 언급이 『道典』에 등장한다.

상제님께서는 元始返本의 道로써 인류 역사의 뿌리를 바로잡고 병든 천지를 開闢하여 인간과 신명을 구원하시기 위해 이 땅에 인간으로 강세하시니라.[39]

---

39) 『道典』 1:1

이때는 원시반본하는 시대라.[40]

여기에서 말하는 元始返本의 道는 内丹의 逆修返源의 이치와 기본적으로 통하는 측면이 있다고 생각된다. 위의 인용문에서 말하는 역수반원이 얼핏 보기에는 천지와 대우주의 차원에 대한 것이지 개인의 수행의 측면에 대한 언급이 아닌 것처럼 보인다. 그러나 도교의 경우 인간은 대우주의 축소판으로서 소우주다. 결국 천지의 개벽은 인간의 완전한 변화에 의해 창도되며 대우주의 개벽은 대우주의 중심이 되는 소우주인 인간의 변화를 동반하는 것이다. 다시 말해 대우주의 개벽은 소우주인 인간의 선천성명의 회복을 의미하는 것으로도 해석이 가능하다. 천지가 병든 상태에서 벗어나 개벽, 곧 대우주가 본래의 모습을 회복할 때 비로소 인간과 신명이 본래의 안정되고 편안한 상태에 이르게 되는 것이다. 그리고 역으로 천지의 회복은 원시반본의 도를 따르는 소우주인 인간들의 적극적인 자기회복의 노력에 의해 이루어지는 것이라고 할 수 있다.

4. 전진교의 이타행을 전제로 한 성선(구원) 이론과 증산의 사상

일반적으로 모든 종교는 기본적으로 선행을 강조한다. 그러나 선행이 종교적 깨달음이나 구원에 미치는 영향이나 비중에 대한 견해는 각 종교마다 다소 차이가 있다. 이른바 자력적 수행을 강조하는 도교의 경우 갈홍의 신선사상으로부터 선행실천을 지속적으로 강조하여 왔고 선행을 득선하는데 필수적인 요소임을 강조한다. 특별히 전진교는 功行雙修를 수행이론의 핵심주제로 표방함으로써 내단과 같은 종교적 수행과 더불어 도덕적

---

40) 『道典』 2:26

실천이 수행의 중심이 된다는 사실을 명시하고 있다. 이렇듯 공행쌍수를 成仙의 원리로서 명시한 점이야말로 전진교 신선수행관의 가장 고유한 특성이라고 말해도 과언이 아닐 것이다.

　전진교와 같이 공행쌍수의 원리를 명확히 표방하지는 않지만 증산 역시 그의 전도와 대중구제 작업에서 선행을 매우 강조하고 있다.

　　오직 어리석고 가난하고 천하고 약한 것을 편히 여겨 마음과 입과 뜻
　　으로부터 일어나는 죄를 조심하고 남에게 척을 짓지 말라. 부하고 귀
　　하고 지혜롭고 강권을 가진 자는 모든 척에 걸려 콩나물 뽑히듯 하
　　리니 이는 묵은 기운이 채워져 있는 곳에서는 큰 운수를 감당키 어려
　　운 까닭이니라.[41]

　　사람을 많이 살리면 보은줄이 찾아들어 영원한 복을 얻으리라.[42]

　증산은 세속적인 부귀영화를 추구하는 욕망을 버리고 자신의 처지를 편안하게 받아들이며 죄와 척을 짓지 말 것을 당부한다. 위의 구절을 바꾸어 해석하면 세속적인 부귀영화를 추구하는 대신 안빈낙도하며 도덕적인 실천을 하게 되면 결국 우주의 큰 운수를 받아들일 수 있는 상태에 이르게 된다는 것으로 풀이된다. 또한 사람들을 살리는 이타적인 태도에 의해 영원한 복을 얻을 수 있다는 것이다. 여기에서 말하는 영원한 복이란 흔히 세속에서 말하는 복이 아니라 구원, 도교식으로 말하면 성선의 상태에 도달하는 것이라고 할 수 있다. 결국 『도전』에서도 이타적이고 도덕적 행위는 영생과 득도를 위한 전제가 되고 있다고 해석할 수 있을 것이다.

----

41) 『道典』 5:416
42) 『道典』 7:32

필자가 증산의 사상에 대해 가진 지식과 이해가 일천하여 제대로 된 해석이라고 말할 수는 없겠지만 『도전』에 있는 증산의 언술들 안에서 불교나 그리스도교, 유교와 비교할 때 도교적 성격이 강하게 드러난다고 생각되며 본 글의 주제인 전진교의 신선관과도 상통하는 내용들이 발견된다. 이상에서 간단히 살펴본 것 외에도 『도전』의 구절들 일부는 전진교를 비롯한 도교의 신선관과 유사하거나 상통하는 것으로 해석될 여지가 다분하다고 판단된다.

6 맺는 말

지금까지 초기 전진교 문헌을 중심으로 도교사에서 전진교의 신선관이 다른 시대의 신선관과 구분되는 중요한 특성들을 신선의 개념과 성선수행법, 그리고 전진교 신선관이 보여주는 고유한 특성들에 대한 설명과 분석을 시도하였다. 갈홍의 『포박자』로부터 제창된 신선가학적 사고가 전진교에 와서 보다 체계적인 교의와 수행법을 통해 비로소 확고하게 자리 잡았다고 판단된다. 특별히 唐代를 거치면서 重玄學적 사유를 기반으로 주술이나 의례, 혹은 外丹이 아니라 명상이나 氣수행에 초점을 둔 성선수행법이 점차 주류를 이루고 개발이 되면서 內丹과 같은 도교 고유의 수행법을 개발할 수 있었다. 전진교의 신선관은 이러한 도교사적 발전에 기초해 성립되었다.

특히 道性개념 등의 정착을 통해 인간의 보편구제 가능성에 대한 확고한 믿음이 정착이 되면서 성선수행에 참여하여 신선이 되고자 하는 수행자의 범위를 점차 확대시켜 나갈 수 있었다.

전진교에서는 나아가 淸靜과 平常이라는 내면적 태도의 유지를 통해 성선수행을 일상생활의 영역에서 가능한 것으로 만들어 신선수행의 일상화를 시도하였다.

또한 眞功의 자기공부와 더불어 眞行의 이타행까지 실천해야만 비로소 진정한 신선이 될 수 있다고 하는 전진교의 성선수행에 대한 사고는 전진교의 신선개념에 사회참여적 성격을 부여하였다.

특별한 자격조건이 아니라 성선에 대한 강한 염원과 수행의 의지에 의해 누구나 신선이 될 수 있다는 전진교 도사들의 믿음은 특별한 자격을 갖춘 소수의 수행자에게만 祕傳의 방식을 통해 교의와 수행법을 전수하는 것이 아니라 도관에 머무는 도사집단이나 평신도 집단에 공개적인 집단교육과 강좌 방식을 통해 전수하여 보다 많은 사람들이 성선수행에 참여할 수 있는 길을 열어주었다.

또한 전진교에서는 내단수행의 노선을 선택하되 性공부를 우선시 한다. 전진교에서는 명상을 통한 성공부의 중요성을 강조하면서 도교신선수행의 내면화에 보다 많은 기여를 하였다.

앞에서도 언급한 바와 같이 전진교의 신선관은 명청시기를 거치면서 중국은 물론 한국의 성선관에도 상당한 영향을 미쳐 조선시대 仙道의 맥을 형성하고 발전시켜 나가는 데 크게 공헌을 했으며 구한말 다양한 대중적 형태의 신종교의 수행사상에도 크게 영향을 주었던 것으로 보인다. 특별히 구한말 신종교들이 공통적으로 보여주는 삼교합일적, 혹은 종교다원적 태도, 그리고 대중구제에 대한 강한 지향 등은 전진교의 성립 이후 중국도교의 성격과 상통한다.

이른바 개혁도교라는 명칭으로 불리는 전진교가 종합적이고 혁신적인 교학체제와 교단 운영을 위해 노력을 경주한 것과 유사하게 증산도와 천도교와 같은 한국의 신종교 교단들 역시 종합적이고 개혁적이며 창의적인 모습을 보여준다. 그리고 전진교의 신선관이 가진 대승적이며 보편적 특성과 상통하는 대중 지향적 태도 역시 이들 신종교에서 발견된다. 이러한 유사성은 원대 이후 전진교를 대표로 하는 이른바 개혁도교 분파들이 가진 특성이 중국은 물론 한국에도 전해졌고 이후 유교사회였던 조선의 쇠락과 더불어 이러한 특성들이 구한말 시기에 본격적으로 사회 전면에 등장하게 된 것이 아닌가 생각된다.

※ 참고문헌은 각주에서 밝힌 인용자료로 대신함

명대 소설
『봉신연의封神演義』에 표현된
신선·도교문화

유수민

필자 약력

학력 이화여자대학교 중어중문학과/국어국문학과 학사
이화여자대학교 중어중문학과 석사
[中國 上海] 復旦大學(Fudan University) 中文係 博士

경력 이화여자대학교 디지털스토리텔링연구소 연구교수
한국과학기술원(KAIST) 인문사회과학부 대우교수
성균관대학교 중국문화연구소 박사후연구원
한국과학기술원(KAIST) 인문사회과학부 강사(현재)

저서 『동아시아 전통문화와 스토리텔링』, 서경문화사, 2017. (공저)
『중화명승』, 소소의책, 2021. (공저)

역서 『지낭智囊-삶의 지혜란 무엇인가』, 동아일보출판사, 2015. (공역)

논문 「『古小說鉤沈』 研究 - 魯迅의 輯佚 및 作品創作과 관련하여」, 이화여자대학교 석사학위논문, 2008.
「朝鮮朝對明淸小說的接受機制研究: 以"四大奇書"的再創作爲中心(조선시대 명청소설의 수용 메커니즘 연구: '사대기서'의 재창작을 중심으로)」, 復旦大學 博士學位論文, 2015.

학술지논문

「韓國古典翻案小說《姜太公傳》的《封神演義》翻案局面研究」, 『南京師大學報』, 2012年 6月.
「中國翻案小說《唐太宗傳》和中國文學比較研究」, 『社會科學研究』, 2012年 6月.
「韓國再創作古典小說《黃夫人傳》與中國奇書《三國演義》比較研究」, 『中國學研究』第十五輯, 齊南: 齊南出版社, 2012年 10月.
「明代奇書『金瓶梅』與其朝鮮影響作品『折花奇談』比較研究」, 中國金瓶梅研究會, 『金瓶梅研究』第十一輯, 上海: 復旦大學出版社, 2015年 7月.
「『봉신연의封神演義』 속 나타哪吒 형상 소고-도교적 토착화 및 환상성과 관련하여」, 한국중어중문학회, 『중어중문학』 제61집, 2015.

「조선후기 한글소설『황부인전』의 재창작 양상 소고-『삼국연의三國演義』 및 중국 서사전통과의 비교를 중심으로」, 한국비교문학회, 『비교문학』 제67집, 2015.

「이랑신二郎神 양전楊戩 형상의 서사적 재현 고찰-명대 신마소설『서유기西遊記』, 『봉신연의封神演義』, 및 디지털게임『왕자영요王者榮耀』를 중심으로」, 한국도교문화학회, 『도교문화연구』 제45집, 2016.

「조선후기 한글소설『강태공전』의『봉신연의封神演義』 번안 양상 소고」, 한국중국소설학회, 『중국소설논총』 제50집, 2016.

「루쉰魯迅 소설 속 달 이미지에 대한 상징적 독해-루쉰의 무의식과 관련하여」, 한국중국소설학회, 『중국소설논총』 제58집, 2019.

「'현대의 신화' 창조-중국 애니메이션『나타지마동강세哪吒之魔童降世』의 나타哪吒 캐릭터 스토리텔링에 대한 고찰」, 한국중어중문학회, 『중어중문학』 제78집, 2019.

「조선 한글소설『당태종전』의『서유기西遊記』 전유 양상 소고」, 중국어문학회, 『중국어문학지』, 제71집, 2020.

「구천응원뇌성보화천존九天應元雷聲普化天尊 신격의 서사적 상상력 탐구-『봉신연의封神演義』의 문중聞仲과『전경』의 강증산 서사를 중심으로」, 대순사상학술원, 『대순사상논총』 제35집, 2020.

「구활자본 한글소설『홍장군전』의『수호전』 전유 양상 소고」, 한국중국소설학회, 『중국소설논총』 제61집, 2020.

「『봉신연의封神演義』 문중聞仲 서사의 의미지향 및 그 문화적 함의-도교문화 및 한국 雷神 형상과 관련하여」, 한국도교문화학회, 『도교문화연구』 제53집, 2020.

「中國人情小說與朝鮮人情小說比較初探-以《金瓶梅》及才子佳人小說的影響爲主」, 『金學界』, 2020.05.19.

「明代奇書《金瓶梅》與朝鮮漢文小說《折花奇談》比較研究」, 『金學界』, 2020.10.26.

「朝鮮小說『唐太宗傳』對『西遊記』的改編特徵研究」, 韓國中語中文學會, 『2020 韓國中語中文學優秀論文集』, 2021.

1 들어가는 말

『봉신연의封神演義』는 명대에 지어져 대중의 큰 사랑을 받았던 장편소설로, 현대에 이르러 대문호 루쉰魯迅에 의해 '신마소설神魔小說'이라는 용어로 규정된 이래 『서유기西遊記』와 함께 주요 신마소설 작품으로 인식되어 왔다. 중국문학사에서 『봉신연의』는 『서유기』보다 인지도는 낮지만 그 유행 정도와 민간 종교문화에 미친 영향을 고려해볼 때 그 위상은 『서유기』보다 결코 낮지 않다. 연의演義의 형식을 빌어 봉신封神을 말하고 있는 소설 『봉신연의』는 신들의 유래에 대한 해설적 성격을 띠는 해설집의 성격을 띠고 있을 뿐 아니라 실제 중국 민간 신앙에 큰 영향을 준 것으로 알려져 있다.[1]

신마소설은 신선, 요괴 등의 신괴神怪 제재를 풍부하게 담고 있는 백화장편소설 장르로써, 중국 전통서사 분야에서 고대古代 신화神話, 육조六朝 지괴志怪, 당唐 전기傳奇의 계보를 잇는 환상 서사의 보고라 할 수 있다. 『봉신연의』의 서사는 무왕벌주武王伐紂 사건, 즉 '은주혁명殷周革命'이라는 역사적 사실을 바탕으로 하고 있지만, 사실상 민간에 폭넓게 유전되어 온 온갖 신화, 전설, 야사, 불경 이야기가 가득 담겨 있으며, 특히 신선·도교문화와 관련된 상상력이 전면적이고도 다채롭게 표현되어 있다.[2] 때문에 이 소설에 담긴 신선·도교문화에 대한 구명究明은 전통시대 문학과 도교 사이의

---

1) 胡萬川, 「『封神演義』中 "封神"的意義」, 『93中國古代小說國際硏討會論文集』, 北京: 開明出版社, 1996의 논의를 참조.
2) 일반적으로 『봉신연의』의 서사 줄거리는 「무왕벌주평화武王伐紂平話」와 『열국지전列國志傳』을 바탕으로 하고 있는 것으로 잘 알려져 있다. 그러나 전체 100회 분량 가운데 단지 28회에서만 이 두 작품을 참조했을 뿐, 그 외에는 신선설화와 도교 이야기를 바탕으로 완전히 새로운 신선, 요괴, 인간들의 허구적인 전투들로 채워져 있다.

접점을 확인하고 나아가 서로 간에 밀접한 연관성이 존재함을 확인하는
데에 유효한 연구라 할 수 있다.

　일찍이 육조 시기 방사方士 성향의 지식인들은 유교 경전의 정통적 지식
과 해석 전통을 상대화시키는 잡학의 비정통적 지식을 탐구했는데, 이러
한 특징은 지괴라는 중국소설 서사체 장르의 발생과 무관하지 않다. 방사
들은 당시 지배 이데올로기에 대한 최대의 회의론자로서, 신선과 관련된
도교적 지식을 이른바 설화주의를 통하여 드러내며 관방의 체계적 담론에
대항하였다. 즉, 탈신성화의 순간 희극적, 풍자적 웃음의 본원적 양식으로
서 소설이 탄생한다고 한 바흐친(M. Bakhtine)의 논의를 빌리자면, 당시 지
배 이데올로기였던 유교에 대한 도교의 설화적·문학적 대응으로써 패러
디, 즉 탈경전화가 이루어지면서 지괴라는 장르가 탄생된 것이다. 지괴 작
품의 제목이 경전 및 기전체 사서에 대한 패러디의 형태를 취하고 있는 것
은 이를 방증한다.[3] 그러므로 중국소설 서사체의 시작이라고 할 지괴는 대
부분이 신선설화를 소재로 삼고 있다 해도 과언이 아니다. 이후 중국소설
서사체는 두 번의 전변을 더 거치면서 주제와 제재가 매우 다양해지지만,[4]
애초의 신선설화로 정립된 방사들의 지식은 중국소설 전반에 걸쳐 여전히
유효한 모티프로 작용한다. 명대 소설 『봉신연의』는 바로 이 점을 입증해
주는 가장 대표적인 신마소설이라 할 수 있다.

　한편, 웰렉(R. Welleck)에 의하면 구조란 형식과 내용이 미적 목적을 위해
조직되어 있는 한 그 둘을 모두 포함하는 개념이다. 그렇다면 문학 연구

3) 정재서, 『불사의 신화와 사상』, 서울: 민음사, 2005, pp. 243~249.
4) 당대唐代에 관방화된 도교는 그 자신이 유교와 함께 보편이념이 되면서 더 이상 보편이념
에 대한 대항적 성격을 갖지 못하게 되고, 불교의 변문變文이라는 강창講唱 문학이 그 지위를
대신하며 화본, 장회소설이 출현하였다. 이후에는 불교 역시 유교·도교의 보편이념체계에 흡
수 융합되어갔고, 청말 이래 유입된 서구사조에 의해 유불도 삼교 합일의 보편이념은 또 한번
의 큰 변화를 맞이하면서 그 결과물로 현대소설이 등장하였다.

분야에서 『봉신연의』라는 소설의 문학적 서사구조를 깊이 있게 탐구하기 위해서는 소설의 형식과 내용 면에서 농후하게 드러나는 신선·도교문화의 요소들에 대한 고찰이 반드시 수행되어야 할 것이다.

그런데 정작 신선·도교문화가 『봉신연의』의 서사에 어떻게 구현되어 있는지에 대한 연구는 많지 않다. 문학 분야에서는 도교보다 유교·불교 중심의 연구관점이 더 큰 비중을 차지하고, 도교 분야에서는 문학 작품보다 철학 및 종교 경전에 대한 연구가 더 활성화되어있는 경향 때문인 듯하다. 때문에 이 소설에 담겨진 신선·도교문화의 요소가 두 분야 모두에서 연구가 필요한 아젠다를 던져줌에도 불구하고 연구자들의 큰 관심을 끌지 못한 것이 사실이다.[5]

하지만 오히려 현대에 이르러 문화콘텐츠 업계에서는 『봉신연의』 서사가 상당한 인기를 끌고 있는 현상이 주목된다. 작품 속에 녹아 있는 신선·도교문화와 관련된 상상력이 디지털 테크놀로지를 만나 실제 이미지로 구현되고, 이것이 무수한 관객 혹은 이용자들에게 각광받고 있는 것이다. 우리는 이러한 현상을 가볍게 보아 넘겨서는 안 된다. 작품의 서사를 구동시키는 주요한 기저는 바로 신선·도교문화이며, 이것이 현대인들의 마음을 움직이는 요소로 작용하고 있는 까닭이다. 신선·도교문화는 오늘날 『봉신연의』를 넘어 '선협仙俠'이라는 새로운 문화콘텐츠 장르의 성립에 직접적으로 작용하며 그 존재의의를 입증하고 있다.

이에 이 글에서는 소설 『봉신연의』 서사에 나타난 신선·도교문화를 상

---

5) 단, 『봉신연의』의 내용을 도교의 특정 종파와 결부시켜 분석하는 실증주의적 연구는 적잖이 존재한다. 가령 柳存仁(Tsun-yan Liu, Buddhist and Taoist Influences on Chinese Novels, Wiesbaden: Kommissionsverlag, O. Harrassowitz, 1962)이 소설 속 천교闡教와 절교截教를 실제 도교의 두 가지 종파로 분석한 이래로, 胡文輝(「封神演義的闡教和截教考」, 『學術研究』, 1990年 第2期)는 천교를 전진교全眞教에, 절교를 정일교正一教에 비유했고 李建武(「再考『封神演義』的闡教和截教」, 『明清小說研究』, 2008年 第4期)는 천·절교를 모두 전진교와 정일교가 혼용된 도교로 보았다.

상력의 관점에서 고찰해보고자 한다.[6] 글의 내용을 구체적으로 시작하기 전에 언급해야 할 것은 『봉신연의』의 저자로 거론되는 두 사람[7] 중 육서성 陸西星이라는 자가 『장자莊子』에 주를 단 『남화진경부묵南華眞經副墨』을 쓴 도사라는 사실이다. 육서성설에 동의하는 학자들 중 가장 타당성 있는 근거들을 제시한 리우춘런柳存仁은 특히 『봉신연의』의 도교 용어들이 육서성의 『남화진경부묵』 같은 다른 저작에 나오는 것들과 상통하거나 매우 비슷하다고 하면서 소설 속 인물 중 '육압陸壓'이라는 인물은 육서성 저자 본인을 의미한다고 주장하기도 했다.[8] 육서성설의 진위여부는 이 글에서 다룰 바는 아니나, 최근까지도 계속해서 육서성설 주장의 근거들이 추가적으로 발굴되어 나오고 있는 것은 『봉신연의』에 농후하게 녹아 있는 신선·도교문화 분석의 타당성에 힘을 실어준다.[9] 이 글은 이러한 배경 아래 소설에 표현된 신선·도교문화를 네 장에 걸쳐 구체적으로 다룬 후, 이러한 논의가 가지는 나름의 의의를 짚어보며 글을 맺게 될 것이다.

---

6) 상상력이라는 키워드를 넣은 것은 이 글의 목적이 작품의 종교나 철학적 특색을 밝히는 것에 있지 않음을 의미한다. 오히려 종교와 철학의 엄숙하고 진지한 틀에 갇혀 등한시하거나 주목하지 않았던 문학적 상상력에 집중하고자 한다. 바슐라르(G. Bachelard)는 시인의 언어에 표현된 이미지 및 그로부터 촉발되는 상상력의 중요성에 주목하면서, 그것이 이성이 지배하는 관념의 세계를 앞선다고 보았다. 『봉신연의』라는 소설이 수많은 대중에게 각광받고 종교적 영향을 끼쳤던 이유도 여기에 있을 것이다. 그러므로 이성과 관념보다는 서사적 상상력의 관점에서 작품에 나타난 신선·도교문화를 탐구해볼 필요가 있으며, 이 글의 논의는 바로 이러한 의도 아래 진행되었다.
7) 허중림許仲琳설과 육서성陸西星설이 있다.
8) 柳存仁, 『和風堂文集』, 上海: 上海古籍出版社, 1991.
9) 가령 陳洪, 「『封神演義』"陸西星著"補說」, 『文學與文化』, 2020年 第2期, 任祖鏞, 「『封神演義』作者陸西星新考」, 『內江師範學院學報』, 2021年 第1期 등이 있다.

2 불사不死와 비상飛翔의 존재, 선인仙人

『봉신연의』는 역사적 제재인 무왕벌주 사건, 즉 은주혁명을 허구적 이야기로 풀어낸 소설로, 신괴 제재와 내용이 많은 분량을 차지한다. 그렇기에 소설의 전체적 스토리를 끌고 가는 것은 역사적 무왕벌주 사건이지만, 작품의 키워드는 바로 신괴 제재와 관련된 '봉신'이라고 할 수 있다.

『봉신연의』의 세계는 천계天界, 선계仙界, 인간계人間界로 나뉜다. 여기서 무왕벌주 사건은 다만 인간계에 국한된 사건일 뿐이고, 선계에서는 이 사건과 맞물리며 천교闡教와 절교截教 간의 치열한 싸움이 전개된다. 그 발단은 바로 홍균도인鴻鈞道人의 세 제자 원시천존元始天尊, 통천교주通天教主, 태상노군太上老君이 비밀리에 합의했던 '봉신계획'으로, 언제부턴가 어지러워진 선계를 정리하기 위해 이들은 새로이 '신계神界'를 창설할 계획에 합의했던 것이다. 그런데 신계 창설 계획이란 사실상 전투에서 패배하여 희생되는 자들을 신계에 봉하는 계획이다. 소설 『봉신연의』는 바로 이 봉신계획이 무왕벌주 사건과 맞물리며 진행되는 과정을 그리고 있다.

전투에서 패하여 희생된 자들을 신계의 신으로 봉한다는 이러한 세계관의 기저에는 바로 육체를 중시하는 사상이 깔려 있다. 소설의 내용을 살펴보면, 신계의 신으로 봉해지는 자들은 인간세상을 다스린다는 점에서는 인간의 우위에 있는 듯하지만, 사실상 인간이 수련을 통해 득도하여 도달할 수 있는 선인仙人이라는 존재보다는 하위에 있다. 그러므로 이 소설은 육체를 잃어버린 신이라는 존재보다, 불사不死의 육체를 가진 인간, 즉 선인이 더 우위에 있음을 전제로 하고 있는 것이다. 이 점은 원시천존, 태상노군, 통천교주의 스승으로 등장하는 홍균도인의 다음과 같은 말에서 명확히 드러난다.

"주왕실의 국운이 장차 흥하고 은나라의 운수가 다해 가는 때를 당하여 신선들이 이런 살운을 만나게 되었으므로 너희 셋에게 함께 봉신방을 세우도록 명했다. 이로써 여러 신선들의 근본수행이 어떠한지 살펴, 혹은 선仙이 되거나 혹은 신神이 되거나 각기 그 품계를 이루게 한 것이었다. … "[10]

선이 된다는 것은 곧 불사의 육체를 가진 신선의 지위를 유지하는 것이고, 신이 된다는 것은 곧 육체를 잃고 그 혼이 신으로 봉해지는 것이다. 다시 말해 여러 신선들의 수행 정도를 살펴 수행이 모자란 자는 더 이상 불사의 육체를 지닌 신선의 지위를 유지할 수 없고 혼은 신이 될지라도 육체는 죽을 수밖에 없다는 것이다. 초월적 존재의 품계에 있어 육체의 존재여부가 관건이 된다는 점에서 육체를 중시하는 사상이 뚜렷하게 반영되어 있다고 볼 수 있다.[11]

『봉신연의』의 이러한 사상을 드러내는 주요 인격 주체인 선인은 곧 신선神仙을 의미한다. 높은 산에 거하는 사람이라는 뜻의 선인은 천계와 소통하고 닿을 수 있다는 점에서 초월적 성격을 표현한다. '선仙'이라는 글자는 본래 한대漢代 이전에는 '선僊'으로 썼고, 『설문해자說文解字』에 따르면 '춤소매가 펄렁거리는 것'이라는 뜻을 가지고 있다. 즉 가볍게 날아 올라가는

---

10) 『봉신연의』 제84회. ("當時只因周家國運將興, 湯數當盡. 神仙逢此殺運, 故命你三個共立封神榜, 以觀衆仙根行淺深, 或仙或神, 各成其品.…")
11) 『봉신연의』의 이러한 설정은 갈홍의 『포박자抱朴子·내편內篇·논선論仙』에 언급된 이른바 '신선삼품설神仙三品說'과 관련이 있어 보인다. 그는 신선의 종류를 천선天仙, 지선地仙, 시해선尸解仙으로 나눴는데, 그의 논의에 따르면 가장 높은 등급인 천선은 몸을 들어 하늘로 올라가는 존재이고 그 다음인 지선은 명산에서 노니는 존재이며 마지막 등급인 시해선은 우선 죽었다가 나중에 허물을 벗는 존재이다. 우선 육체가 죽었다가 나중에 신선이 되는 시해선은 품계가 가장 낮은 신선으로 인식되는 존재로서, 『봉신연의』에서 죽어서 봉신되는 자들은 이 시해선의 품계 유형과 관련된다고 볼 수 있다.

비상飛翔의 특징을 지닌다고 할 수 있다. 그리고 『석명釋名』에서는 선仙을 '늙어도 죽지 않는 것'이라고 했다. 이러한 설명들을 토대로 종합해보면, 죽음이란 인간이 궁극적으로 초월할 대상이며 신선이란 바로 그 죽음을 초월한 비상적 존재로서 무속巫俗의 샤먼(shaman)에 비견된다고 할 수 있다.[12]

『봉신연의』에 등장하는 수많은 선인들은 기본적으로 상술한 특성을 가지고 있다. 오랜 세월 죽지 않고 살아온 그들은 대개 산중이나 바다 가운데 있는 섬에 살고 있는 것으로 묘사된다. 산과 섬은 신선설화의 주요 무대로, 이른바 '신선삼품설'의 품계 중 중급에 해당하는 지선地仙들이 주로 거주하는 공간이 바로 산과 섬이다. 『산해경山海經』에 등장하는 곤륜산崑崙山은 바로 그 위가 북두성이 위치하는 곳으로써 세계의 중심으로 인식된다.[13] 그러므로 곤륜산은 천계와 통하면서도 하계에서는 가장 신성한 지역으로 모든 성인과 신선들이 모여 사는 곳이라 할 수 있다. 또다른 계통이라 할 수 있는 해도海島 삼신산三神山 봉래蓬萊·방장方丈·영주瀛州는 동쪽 끝 바다에 존재하는 세 개의 신령스런 섬으로 인식되었다. 이들 장소에 신선이 살고 있다는 인식에 더하여 불사약을 구하고자 했던 진시황이나 한무제 이야기는 많은 이들이 익숙하게 알고 있는 설화이다. 설화뿐 아니라 실제 도사의 인식에서도 산은 중요한 공간이다. 동진 시기의 갈홍葛洪은 산을 수련을 위한 공간이자 금단 조제를 위한 신성한 장소로 인식했으며, 입산 수도자에게 닥칠 수 있는 위험과 그 위험을 피하는 방법을 다양하게 기술했다.[14] 그러므로 『봉신연의』 소설에서 산과 섬을 인물들의 주거지로 서술하고 있는 것은 이들의 신선으로서의 면모를 자연스럽게 드러내고 있는

---

12) 정재서, 앞의 책, pp. 32~33과 pp. 156~157.
13) 李豊楙, 「魏晉南北朝文士與道教之關係」, 政治大學 博士學位論文, 1979, 415쪽.
14) 『抱朴子·內篇·登涉』

것이라 볼 수 있다.

또한, 『봉신연의』의 선인들은 공중을 쉽게 날아다니는 비상적 존재의 모습을 현현한다. 그들의 비상적 존재로서의 모습은 크게 두 가지로 분류될 수 있다. 첫째, 자신의 날개로 직접 날아다니는 경우, 둘째, 탈것(坐騎)을 타고 날아다니는 경우이다.[15] 본래 자신의 날개로 날아다니는 경우는 대표적으로 뇌진자雷震子의 경우에 해당하며, 『산해경』의 조인일체鳥人一體 신화에서 영향을 받았음을 짐작해볼 수 있다.[16] 그러나 소설에서는 탈것을 타고 날아다니는 경우가 대부분으로, 가령 강자아姜子牙가 타고 다니는 사불상四不相이나 문중聞仲이 타고 다니는 묵기린墨麒麟 등이 대표적이다.

선인이 탈것을 타고 날아다니는 이미지는 샤먼의 굿과 밀접하게 관련된다. 엘리아데(M. Eliade)에 의하면 샤먼은 굿을 통해 이른바 '주술적 비상(magical flight)', 즉 '엑스터시(extacy)'를 실현하는데, 이때 동물의 영靈인 보조령補助靈을 호출하고 비밀언어로 그들과 대화한다. 보조령은 바로 샤먼의 주술적 비상을 돕는 조력자인 것이다. 주술사의 보조 동물은 주술사에게 그 종의 모든 짐승을 통제하는 힘을 줄 뿐 아니라 그 짐승들의 힘을 끌어올 수 있는 능력까지 제공하는 것으로 여겨진다.[17] 샤머니즘 왕조였던 은殷의 청동제기에 새겨진 동물 문양은 무당이 동물의 힘을 빌려 인간과 신, 하늘과 땅 사이를 교통했던 구체적인 방식이었다.[18] 샤먼의 주술적 비

---

15) 桑迪, 汪勝, 「『封神演義』飛行形象硏究」, 『大慶師範學院學報』, 2020年 第4期에서는 사람이 날개가 생겨서 날아다니는 경우, 본래의 모습이 새인 경우, 탈것을 타고 날아다니는 경우 세 가지로 분류했다. 그러나 이 글에서는 사람이 날개가 생겨서 날아다니는 경우나 새가 날개로 날아다니는 경우는 본인이 날아다닌다는 원리는 동일하므로 굳이 따로 분류할 필요가 없다고 여겨 두 가지로 분류했다.

16) 『산해경·해외남경』의 우민羽民, 환두讙頭 형상이 그 예시이다.

17) Marcel Mauss, *A General Theory of Magic*, trans. Robert Brain, New York: The Norton Library, 1975, p.36.

18) 張光直은 이러한 동물적 조력자를 통한 승천 방식이 후대 도교의 승교乘轎 법술로 변천했음을 논한 바 있다. 관련 논의는 K. C. Chang, *Art, Myth, and Ritual: The Path to Political*

상을 돕는 동물 보조령은 이후의 신선설화 및 소설들에서는 신선의 탈것으로 형상화된다. 『산해경』에서는 우禹의 아들 하후개夏后開를 비롯하여 욕수蓐收, 구망句芒, 축융祝融이 두 마리의 용을 타고 다니는 것으로 묘사하고 있으며, 이후의 신선전기집인 『열선전列仙傳』과 『신선전神仙傳』에 등장하는 여러 신선들도 탈것과 함께 주술적 비상을 성취했다.

『봉신연의』에서 선인들이 탈것을 통해 자유롭게 날아다닌다는 설정은 바로 이러한 맥락에 근거한다고 볼 수 있다. 탈것은 독립적인 개체로 등장하지 않으며 반드시 주인과 동반한 채 등장한다. 또한 탈것은 그 주인의 지위, 문파, 법력, 개성 등과 일정한 관계가 있으며, 선계와 인간계 사이를 교통하는 역할을 할 뿐 아니라 전투의 승패를 결정짓는 역할을 하기도 한다.[19] 그런데 작품에 등장하는 탈것에는 꼭 신성한 동물만 있는 것은 아니다. 용, 뱀, 말, 학, 새, 호랑이, 기린, 백록, 소, 말, 양 등 신성한 동물뿐 아니라 범속한 동물까지 다양한 종류가 등장한다. 이는 소설 창작 시기인 명대 당시의 탈것에 대한 인식이 세속화된 양상이 반영된 것으로 보인다.

Authority in Ancient China, Cambridge: Harvard University Press, 1983, pp. 65~73과 張光直, 『中國靑銅時代』, 聯經出版事業公司, 1983, pp. 365~367 참조.
19) 張潤時, 「『封神演義』寶物硏究」, 天津師範大學 碩士學位論文, 2020, pp. 29~30.

3 선인의 과업: 삼시三尸의 제거

『봉신연의』에 등장하는 수많은 선인들은 각기 다른 출신을 가지고 있으며 전투에서 나름의 특성과 능력을 보여주지만, 그들 사이에는 공통적으로 완수해야 할 중요한 과업이 있다. 그것은 바로 체내에 존재하는 삼시三尸를 제거하는 것이다. 그들 사이에서는 전투에 직접적 영향을 미치는 법력의 크기보다도 자신의 몸속에 있는 삼시를 제거하지 못한 것이 큰 약점으로 작용한다. 이러한 설정은 바로 도교의 '삼시설三尸說'을 바탕으로 한 것이다.

『봉신연의』에서 천교의 열두 선인은 전투 중에 운소낭랑雲霄娘娘이 설치해놓은 황하진黃河陣에 갇히게 되는데, 이때 천교의 스승 원시천존이 당도하여 황하진에 들어가 쓰러져 있는 제자들을 살펴보며 다음과 같이 탄식한다.

> "삼시를 없애지 못하고 육기를 삼키지 못했으니 천 년의 공부가 허사가 되었구나!"[20]

황하진에 갇힌 천교의 선인들은 삼시를 제거하지 못했기에 '삼화가 제거되고 천문이 막혀서 이미 평범한 인간의 몸으로 변해버린'[21] 상태가 된 것이다. 삼시를 제거하지 못한 것이 약점으로 작용하여 큰 위험에 처하게 되었음을 볼 수 있다.

그렇다면 이 삼시란 무엇인가? 삼시충三尸蟲이라고도 하는 이것은 인간

---

20) 『봉신연의』 제50회. ("只因三尸不斬, 六氣未吞, 空用工夫千載!")
21) 『봉신연의』 제50회. (三花削去, 閉了天門, 已成俗體, 卽是凡夫.)

이 백곡을 먹기 때문에 인간의 체내에 존재하게 된 것으로 여겨지며, 구체적으로는 머리, 배, 다리에 각각 존재하는 세 마리의 벌레를 가리킨다. 삼시가 등장하는 가장 오래된 책은 『한무제내전漢武帝內傳』으로, 한무제 유철劉徹이 신선이 될 수 없었던 원인 중 하나가 바로 체내 삼시 때문임을 말하고 있다. 이외에도 삼시에 대한 설명은 『포박자抱朴子』, 『고금도서집성古今圖書集成』, 『진고眞誥』, 『운급칠첨雲笈七籤』 등에 보인다.

신선가 갈홍은 삼시를 장생을 위한 수련과 연관시켜 설명한다. 그의 서술에 따르면, 천지에 존재하는 사과지신司過之神이 인간이 저지른 잘못의 경중에 따라 수명을 단축시켜 인간을 죽음에 이르게 한다. 그리고 사람의 몸속에는 삼시가 있는데 형체가 없고 혼령 혹은 귀신에 속하기에 사람을 일찍 죽게 해서 그 제삿밥을 얻어먹으려 한다. 그렇기에 삼시는 매 경신일이 되면 사람의 몸속에서 빠져나와 사명司命에게 올라가서 그 사람의 잘못을 고해바쳐 수명을 단축시킨다는 것이다.[22]

여기서 사명은 인간의 생사화복을 관장하는 신으로, 굴원屈原 『구가九歌』의 「대사명大司命」, 「소사명少司命」에 등장하는 초楚나라 민간신앙의 중요한 신으로 알려져 있다. 사명은 주대周代에 공명이록功名利祿을 관장하는 성신星辰 문창궁文昌宮의 제4성으로 인식되며 선진先秦시기 국가 제전에서 크게 중시되었으나, 한대 이후에는 영혼이 죽으면 간다는 태산泰山에 서식하는 태산부군泰山府君의 관리로 인식되면서 국가 제전에서 배제되고 민간화되었다.[23] 하지만 지위와 상관없이 사명은 그 이후에도 여전히 수명을 관장

---

22) 葛洪, 『抱朴子·內篇·微旨』(禁忌之至急, 在不傷不損而已. 按 『易內戒』 及 『赤松子經』 及 『河圖紀命符』 皆云, 天地有司過之神, 隨人所犯輕重, 以奪其算, 算減則人貧耗疾病, 屢逢憂患, 算盡則人死, 諸應奪算者有數百事, 不可具論. 又言身中有三尸, 三尸之爲物, 雖無形而實魂靈鬼神之屬也. 欲使人早死, 此尸當得作鬼, 自放縱遊行, 享人祭酹. 是以每到庚申之日, 輒上天白司命, 道人所爲過失. 又月晦之夜, 竈神亦上天白人罪狀. 大者奪紀. 紀者, 三百日也. 小者奪算. 算者, 三日也. 吾亦未能審此事之有無也.)

23) 賈艷紅, 「略論古代民間的司命神信仰」, 『三明高等專科學校學報』, 2003年 第1期, pp. 57~58.

하는 신으로서 민간에서 크게 숭배되었으며, 수당隋唐시기 이후에는 점차 조신竈神의 개념과 합류되었다.[24] 갈홍의 책에서도 삼시가 인간의 수명을 단축시키기 위해 하늘에 올라가 사명에게 잘못을 고해바친다는 이야기를 서술하면서, 그믐날 밤에 조신이 하늘에 인간의 죄상을 고해바친다는 이야기도 함께 기록하고 있어 그 연관성이 유추된다.

　삼시설에 의하면 신선가는 몸속의 삼시를 제거해야만 수명 단축을 막고 불로장생을 성취할 수 있다. 그렇다면 삼시는 어떻게 제거할 수 있는가? 여러 가지 방법이 논의되어 있지만 대표적으로 다음 세 가지를 거론할 수 있다. 첫째, 삼시는 백곡을 먹기 때문에 생겨난 벌레이므로 벽곡辟穀과 식기食氣를 통해 삼시를 제거할 수 있다. 둘째, 선약을 복용하여 삼시를 제거하는 방법도 있는데 가령 갈홍은『포박자』에서 신단神丹, 소단小丹, 웅황雄黃, 단사丹砂 등의 선약을 소개하였다. 셋째, '수경신守庚申'을 통해서 삼시의 활동을 막을 수 있다. 즉, 60일에 한 번씩 돌아오는 경신일이 되면 사람의 몸속에 있던 삼시가 사람이 잠든 사이에 몸 밖으로 빠져나가 하늘에 그동안의 죄과를 고해바쳐 수명을 단축시키는데, 이 경신일 밤에 잠을 자지 않으면 삼시가 하늘에 올라가지 못하므로 잘못을 고해바칠 수 없고 수명을 단축시킬 수 없다. 이 방법은 본질적으로 도교의 존사수일법存思守一法과 상통하는 것으로 논의된 바 있다.[25] 수경신 활동은 민간에서 섣달 그믐날 밤을 새우는 전통으로 굳어졌다. 사인士人들 사이에서도 크게 유행했는데 당대唐代 백거이白居易, 피일휴皮日休 등이 수경신 활동에 참여했으며 불교에서도 이 전통을 흡수하여 '수경신회'로 이어지기도 했다.[26]

---

24) 儲曉軍,「唐前司命信仰的演變―兼談人爲宗教對民間神祇的吸收與改造」,『宗教學研究』, 2010年 第3期, pp. 154~155.
25) 張同利,「'三尸'考」,『殷都學刊』, 2010年, p. 138.
26) 우리나라에서도『용비어천가』제78장 잔주에 삼시에 관한 전설이 실려 있으며, 수경신의 전통이『고려사』,『용비어천가』, 조선왕조실록 등에 보인다.『동국세시기』에서는 수경신 전통

삼시설과 관련하여 주목할 만한 부분은 장생불사를 추구하는 신선가에게 있어 비단 기의 수련이나 약 복용만이 아니라 선행의 증진과 악행의 제거와 관련된 정신수련 또한 중요하다는 사실이다. 사명은 삼시의 보고를 받고 인간이 저지른 잘못의 크고 작음을 헤아려 인간의 수명을 단축시킨다. 그렇다면 선행을 실천하고 악행을 저지르지 않는 것은 수명 연장에 도움이 되므로 중요한 수련 과정이 된다. 이 사실은 득선이라는 개념에 개인적 성취만이 아니라 공리적, 도덕적 명분을 더해준다.

이러한 관점을 확대해보면 삼시설은 인간의 무의식에 보편적으로 내재된 어두운 일면을 삼시로 구상화시켜 설명한 것으로 이해해볼 수 있다. 삼시는 인간의 욕망을 자극하여 나쁜 짓을 저지르게 하는데, 나쁜 짓은 대개 인간 본인의 의지라기보다는 제어되지 않는 충동에 의해 저질러진다. 충동이라는 것은 의식적인 이성으로 완전히 제어하기 힘든 인간의 무의식적 본능에 속하는 것이며, 계획되지 않았지만 저질러지는 인간의 수많은 과오들을 설명해주는 기제이다. 그렇다면 인간 몸속의 삼시라는 벌레는 인간의 무의식에 내재된 충동적 본성이 상상에 의해 구상화된 것으로 이해해볼 수 있을 것이다. 그러므로 삼시의 제거를 통한 득선이란, 융(C. G. Jung)의 '개성화(Individuation)' 이론을 빌려서 말하자면 무의식의 의식에로의 통합을 거쳐 이상적 인간상을 이룩하는 것을 의미한다고 볼 수 있다.[27]

이 제야에 조왕신이 상제에게 올라가지 못하도록 섣달 그믐날 밤에 등불을 켜놓고 밤을 새우는 조왕신앙竈王信仰의 풍습으로 이어지게 되었다고 말한다.

27) 정재서는 체내 삼시 제거를 통한 득선을 융의 '개성화' 과정에 견주어 설명한 바 있다. 융에 의하면 심리학적으로 완전한 정신체계를 이룩하기 위해서는 개성화의 과정을 거쳐야만 하는데, 정재서는 이 개성화 과정이 곧 수선修仙의 과정에 유추될 수 있다고 논의했다. 여기서 개성화란 곧 자기실현으로 무질서, 무정형의 무의식을 의식에 남김없이 통합하는 것을 의미하며, 대극의 조화, 분열의 합일에로의 과정이라 볼 수 있다. 해당 논의는 정재서, 위의 책, pp. 167~181 참조.

『봉신연의』의 세계관에서 이러한 삼시설은 전체 서사의 중요한 배경이 된다. 태을진인太乙眞人은 석기낭랑石磯娘娘과의 전투에서 다음과 같이 말한다.

"석기, 그대의 도덕이 맑고 높다고 하지만 그대는 절교 소속이고 나는 천교 소속이오. 우리는 천오백 년 동안 삼시를 없애지 못하고 살계를 범했기 때문에 이렇게 인간 세상에 내려와 죽고 죽이는 정벌과 전쟁을 통해 이 액운을 완수해야 하오. …"[28]

이러한 언술을 통해 본다면 결국 삼시는 살계를 범하게 하는 주된 원인이 되며, 나아가 애초에 서로 죽고 죽이는 '봉신' 전투를 시작하게 한 가장 근원적 요인으로 작용하고 있다고 볼 수 있다. 기실 『봉신연의』에서 삼시를 제거한 신선은 명시되지는 않았으나 극히 드문 것으로 보이는데, 봉신 전투에 직접 참여하지 않는 천계의 신들과 몇몇 선인들 정도가 삼시를 제거한 존재로 여겨진다. 나머지 선인들은 선인으로 그려지고는 있으나 삼시를 제거하지 못했기에 결국 전투에 참여하여 서로 죽고 죽이는 살겁殺劫을 수행하게 되는 것이다.

서사 전개상 이러한 살겁의 수행 과정에서 더 많이 희생되는 쪽은 절교 측 선인들인데, 그 이유는 간단하다. 천교 선인들은 주군周軍의 편에서 싸우고 절교 선인들은 은군殷軍의 편에서 싸우기 때문이다. 소설은 역사적으로 은殷에서 주周로 왕조가 교체되는 무왕벌주 전투를 다루고 있기에 필연적으로 은군을 돕는 절교 선인들이 더 많이 희생되게 되어 있다. 다만 우리가 주의해서 볼 지점은 천교와 절교 선인들이 각각 어떤 특성을 가지는

---

28) 『봉신연의』 제13회. ("石磯, 你說你的道德清高, 你乃截教, 吾乃闡教. 因吾輩一千五百年不曾斬卻三尸, 犯了殺戒, 故此降生人間, 有征誅殺伐, 以完此劫數. …")

지, 그리고 이들의 승패가 의미하는 바가 무엇인지에 대한 것이다. 천교와 절교의 특성을 살펴보면 천교 선인들은 대부분 인간 출신임에 반해, 절교 선인들은 주로 인간이 아닌 동물·사물 출신인 자들 위주로 구성된다. 그렇기에 천교 선인들에 대한 절교 선인들의 패배는 바로 은의 샤머니즘적 패러다임이 저물고 주의 인문화 패러다임이 강화되는 상황과 깊은 관련이 있다.[29]

이러한 의미지향과 관련하여 대개의 절교 선인들이 성미가 급하고 화를 잘 내며 충동적인 모습으로 묘사되는 점이 주목된다. 구룡도九龍島의 사성 四聖, 십절진十絶陣을 펼친 십천군十天君, 조공명趙公明, 나선羅宣, 여악呂岳을 비롯하여 주선진誅仙陣, 만선진萬仙陣의 수많은 절교 선인들은 모두 가공할 만한 법력을 가지고 있음에도 불구하고 급한 성미와 충동적인 성정으로 인하여 결국 전투에서 패배하고 죽음에 이르게 된다. 또한, 절교의 교주인 통천교주는 어느새 봉신의 원래 의도와 목적은 잊어버리고 천교에 대한 분노에 휩싸여 무수한 절교 선인들을 불러들여 만선진 전투를 벌임으로써 수많은 무고한 목숨을 해친 것으로 묘사된다.[30] 이는 절교 선인들이 '화기 火氣'를 지니고 있어 염정무욕恬靜無欲과 수일지족守一知足을 실현할 수 없음

---

29) 에버하르트(Wolfram Eberhard)는 중국문화가 자기동일성을 추구하기 시작한 것은 주대周代부터이고 은(殷)과 그 이전은 지방문화의 시대라고 보았다. 그런데 '귀신을 우선하고 예를 뒤로 하는(先鬼而後禮)' 무술문화巫術文化로 표현되는 은 문화 및 다양한 지방문화는 주 왕조의 건립과 더불어 '예를 존중하고 실천을 숭상하는(尊禮尙施)' 인문정신에 의해 억압되어 이면문화로 잠복하게 된다. 일찍이 청말淸末 학자 왕국유王國維는 「은주제도론殷周制度論」에서 이 변화를 중국문화사상 최대의 극변으로 규정한 바 있다. 은주혁명을 다루는 소설 『봉신연의』의 서사는 자연스럽게 이러한 논점과 관계된다. 즉, 은의 편에서 전투에 참여한 절교 선인들의 특성은 은의 무술문화와 유비관계에 있고, 주의 편에서 전투에 참여한 천교 선인들의 특성은 주의 인문정신 및 그 문화와 유비관계에 있는 것이다. 그러므로 절교의 패배와 천교의 승리는 곧 무술문화의 패러다임이 저물고 인문정신의 패러다임이 강화되는 상황을 상징한다고 볼 수 있다.

30) 『봉신연의』 제84회.

에 기인한다.[31] 화기로 표현되는 충동과 분노의 정서는 곧 삼시의 작용과 관련이 깊어 보인다.

이처럼 소설이 삼시와 관련된 충동과 분노의 정서를 필패必敗의 원인으로 설정한 것은 유력한 작자로 알려진 육서성이 '성명쌍수性命雙修'를 중시하는 경향을 지닌 도사였음이 작용했을 확률이 크다. 육서성이 생존했던 명대明代는 주지하듯 성명쌍수가 대표적인 도교의 수련방법이었으므로 육체적 기의 수련과 정신적 심성의 수련이 동시에 중시되었다. 황룡진인黃龍眞人의 다음 언급을 통해 작자의 이러한 경향을 확인할 수 있다.

"도우 여러분! 태초 이래로 도만이 홀로 존귀했으나 다만 절교의 문중에만 넘치게 전해져서 잘못된 무리들에게까지 두루 미쳤으니, 애써 고생한 공부가 쓸데없이 정신만 낭비한 게 되어 참으로 안타깝소. 저들은 성性과 명命을 둘 다 수행해야 함을 모르고 일생의 노력을 헛되이 하여 생사윤회의 고통을 면할 수 없게 되었으니 진실로 서글프오!"[32]

정신적 심성의 수련이란 곧 충동의 다스림과 관계되므로 삼시의 통제와도 무관하지 않다. 상술한 것처럼 절교의 선인들은 아무리 법력이 높은 자들도 바로 이 지점에서 수양이 부족하기에 필연적으로 패배할 수밖에 없는 것이다.

31) 梁歸智,「修仙遭劫再封神-『封神演義』的情節邏輯」,『名作欣賞』, 2019年 第12期, p. 58.
32) 『봉신연의』 제82회. ("衆位道友, 自元始以來, 爲道獨尊, 但不知截教門中一意濫傳, 遍及非類. 眞是可惜工夫, 苦勞心力, 徒費精神. 不知性命雙修, 枉了一生作用, 不能免生死輪回之苦, 良可悲也!")

4 기氣 수련을 통한 개체변환

『봉신연의』의 절교 선인들은 본래 인간이 아닌 동물·사물 출신이 대부분이다. 그렇지만 오랜 수련을 통하여 자신의 본래 출신을 벗어나 인간의 모습으로 탈바꿈하였고, 신선으로 거듭날 수 있었다. 한편, 천교 선인 양전楊戩은 신묘한 72가지의 변화술법을 활용하여 갖가지 위기의 순간을 헤쳐 나갈 수 있었다.

선인들의 이러한 변화의 술법은 바로 '기화우주론氣化宇宙論'을 바탕으로 한 개체변환의 결과라 할 수 있다. 『관자管子』 4편과 『할관자鶡冠子』에 등장하는 기화우주론은 기氣 개념을 사용하여 우주생성론을 논의함으로써 『노자老子』에서 말한 형이상학적 도道 개념을 형이하학적 차원으로 변환시켰다. 그것은 후한대後漢代 왕충王充이 기 하나로 우주생성의 전 과정을 설명하도록 하는 데 선구적인 역할을 제공하기도 하였다.[33]

신선가는 육체의 갱신을 통하여 현세의 개체가 영속되기를 추구하기 때문에 육체의 수련 및 양생을 중시하는데, 기화우주론은 그들의 양생론에 중요한 기초가 되는 이론이라 할 수 있다. 그런데 그들에게 있어 기란 고정불변한 것이 아니라 증감할 수 있는 유동적인 것이다. 기의 유동성에 대한 인식은 곧 개체변환의 가능성에 대한 확신으로 이어지게 되고, 그들은 이러한 믿음을 바탕으로 성립한 연단鍊丹, 복기服氣, 도인導引 등 다양한 방술의 운용을 통해 변화의 극치를 추구한다.[34] 이러한 인식을 바탕으로 생각해보면 모든 사물은 기의 움직임과 증감을 통해 모습을 바꿀 수 있다고

---

33) 박동인, 「『관자』 4편과 『할관자』의 기화우주론」, 철학연구회, 『철학연구』 86, 2009, pp. 36~37.
34) 정재서, 위의 책, pp. 31~62.

여겨지며, 기에 따라 모습이 변할 수 있으므로 기 수련을 통해 개체변환뿐 아니라 신선도 될 수 있다고 믿어진다.

『봉신연의』의 세계관에는 바로 이러한 상상력이 기저에 깔려 있다. 가령 절교 선인 석기낭랑은 본래 돌이었고(제13회) 공선孔宣은 본래 오색 빛깔의 공작이었으며(제70회), 오운선烏雲仙은 본래 금오金鰲 즉 황금자라였다(제83회). 또 푸른 털이 달린 사자였던 규수선虯首仙, 흰 코끼리였던 영아선靈牙仙, 금빛 털을 가진 들개였던 금광선金光仙, 그리고 검은 암거북이었던 귀령성모龜靈聖母 등이 개체변환을 실현한 존재들이다(제83회). 그런데 이들은 각각 전투에서 패배하면서 본래의 모습으로 돌아가고 만다. 심지어 규수선, 영아선, 금광선은 본래 모습으로 돌아간 이후에는 천교 측의 문수광법천존文殊廣法天尊, 보현진인普賢眞人, 자항도인慈航道人의 탈것이 된다. 이러한 상황이 그 어떤 것보다도 치욕적인 이유는 상대에게 패배해서라기보다 그간의 기 수련으로 성취한 개체변환 및 득선의 결과가 한순간에 물거품이 되는 것이기 때문이다. 오운선을 추격하는 준제도인准提道人의 다음 발언을 통해 이 점을 확인할 수 있다.

> "오운선 도우! 나는 대자대비한 사람이므로 차마 그대의 본모습을 드러내게 할 수가 없네. 만약 그대의 본모습이 드러난다면 어찌 치욕스럽지 않겠는가? 여태껏 수련한 공부가 물거품이 되고 말 것이니 말일세. …"[35]

이처럼 기 수련을 통해 개체변환을 이룰 수 있고 나아가 신선도 될 수 있다는 사고방식에는 '신선가학론神仙可學論'이 전제되어 있다. 갈홍은 신선

---

[35] 『봉신연의』 제82회. ("烏雲仙友, 吾乃是大慈大悲, 不忍你現出眞相, 若現相時, 可不有辱你, 平昔修練工夫, 化爲烏有. …")

이란 선천적 자질에 의해 결정되는 것이 아니라, 수양 및 배움의 노력에 의해 도달할 수 있다고 주장했다. 즉 신선은 꼭 타고 나지 않더라도 후천적인 배움으로 도달할 수 있는 경지라는 것이다. 그러나 그렇다고 해서 타고난 자질이 중요하지 않은 것은 아니다. 갈홍은 또한 선천적인 자질을 타고 나서 신선이 되는 경우가 아니면 반드시 시해의 방식을 거쳐야 한다고 말하고 있다.[36] 시해선尸解仙은 갈홍 자신이 논술한 '신선삼품설'의 천선天仙, 지선, 시해선 세 가지 품계 가운데 가장 낮은 등급에 속하는 신선으로, 신선의 자질을 타고나지 않으면 천선이나 지선이 될 수 없고 우선 육체가 죽어야 하는 시해선이 될 수밖에 없다는 것이다. 사실 이러한 인식은 초기에 보다 보편적이었던 듯하다. 갈홍보다 약간 앞선 시기의 지식인 혜강嵇康은 「양생론養生論」에서 신선의 존재를 긍정하면서도 신선은 '특별한 기를 자연적으로 타고난(特受異氣, 稟之自然)' 사람만이 도달할 수 있는 경지이지 배움의 축적에 의해 얻을 수 있는 경지는 아니라고 하였다. 갈홍의 논의를 기점으로, 타고난 선천적 자질을 중시하는 '신선기품론'의 바탕 위에 '신선가학론'의 관점이 더해졌다고 볼 수 있다.

한편, 절교 선인들은 대개 동물·사물에서 득선한 자들로서 오랜 시간에 걸친 기 수련 이후에는 인간의 모습으로 현현한다. 즉 득선을 하기 위해서는 결국 먼저 인간이 되어야만 하는 것이다. 하지만 전술했듯 전투에서 패하면 본래의 모습으로 돌아가고 만다. 이로부터 소설에 기본적으로 인간이 동물이나 사물 등의 이류異類보다 우위에 있다는 인간 중심적 사고가 깔려 있음을 읽을 수 있다. 『봉신연의』에 담겨 있는 이러한 사고방식은 이미 갈홍의 시기에도 보인다. 그는 '만물 중에서 오래된 것은 그 정령이 인간의 모습을 빌려 인간의 눈을 현혹시키고 늘 시험을 할 수 있지만 다만

---

36) 葛洪, 『抱朴子·內篇·對俗』

거울 속에서만은 그 참모습을 바꿀 수 없다(又萬物之老者, 其精悉能假託人形, 以眩惑人目而常試人, 唯不能於鏡中易其眞形耳)'고 말하고 있다.[37] 만물은 곧 동물이나 사물을 의미하며, 오래된 것의 정령이 인간의 모습을 빌린다는 언술로부터 인간이 동물이나 사물보다 우월한 존재임을 전제하고 있음을 확인할 수 있다.

『봉신연의』의 신공표申公豹라는 인물은 그런 점에서 매우 특징적이다. 그는 원시천존 문하의 천교 선인이지만 사실상 인간이 아닌 동물 출신이라는 한계를 지니고 있다.[38] 자신의 출신으로 인한 한계를 느끼고 불만을 품은 그는 결국 천교를 배신하고 절교 선인들을 부추겨 전쟁을 격화시킨다. 그는 같은 천교 선인인 강자아에게 사형師兄이라고 부르면서도 "도술 수행이 기껏 40년밖에 되지 않는다"[39]고 얕보면서 자신의 도술은 몇 천 년의 것이라고 말하는데, 이는 그가 원시천존 문하에 들어가기 이전부터 오랜 시간동안 이미 수련을 쌓아왔음을 의미한다. 즉 그의 오랜 수련 기간은 본래 출신이 인간이 아님을 말해주며, 그가 좌도방문의 술법에 도통한 것으로 묘사된 것은 바로 이 때문으로 유추된다.

그렇다면 절교 선인들은 인간이 아닌 이류 출신이 대부분이므로, 인간

---

37) 葛洪, 『抱朴子·內篇·登涉』

38) 소설에서는 그가 이류 출신이라는 것을 전면적으로 명시하고 있지는 않지만 암시는 하고 있다. 그가 좌도방문의 술법을 쓴다는 것, 그리고 천교 출신임에도 결국 절교의 편에 선다는 것 등의 이야기와 더불어 그의 이름을 구성하는 '표豹'라는 글자는 그의 원래 출신이 표범이었을 것이라는 추측을 하게 만든다. 때문에 현대의 문화콘텐츠에서는 그가 표범 출신이라는 설정을 만들어내기도 하였다. 대표적으로 2019년 온 중국을 강타했던 3D 애니메이션 『나타지마동강세哪吒之魔童降世』에서 중요한 안타고니스트로 등장하는 신공표는 천교의 동문 중 자신이 가장 열심히 수련했지만, 인간이 아니라 동물 출신이라는 점 때문에 스승 원시천존으로부터 중용받지 못했다고 한탄한다. 이에 대한 논의에 대해서는 유수민, 「'현대의 신화' 창조 – 『나타지마동강세』의 나타 캐릭터 스토리텔링에 대한 고찰」, 한국중어중문학회, 『중어중문학』 78, 2019, pp. 258~260 참조.

39) 『봉신연의』 제37회. ("…道行不過四十年而已.…")

출신이 대부분인 천교 선인들에 비해 열등하다는 인식이 소설에 전제되어 있다고 볼 수 있다. 즉 이류 출신은 타고난 선천적 자질 면에서 인간에 비해 떨어진다는 것이다. 이러한 인식은 최후의 전투 만선진에서 절교 측의 이십팔수二十八宿 중 여토복女土蝠, 위토치胃土雉, 유토장柳土獐, 저토학氐土貉 네 도인들이 등장했을 때, 천교 원시천존의 다음과 같은 발언에서 극명하게 드러난다.

> "저들 좀 보세요. 저들은 신선이라는 이름만 있지 신선의 풍골은 없으니, 어찌 수행하여 도를 깨우칠 자격이 있겠소이까!"[40]

이러한 내용을 고려해볼 때, 『봉신연의』는 분명 수련을 통해 개체변환을 이룰 수 있고 나아가 신선이 될 수 있다고 보는 신선가학론을 반영하고 있으면서도, 타고난 출신이 인간이 아닌 동물·사물 등의 이류인 자는 끝내 한계에 부딪칠 수밖에 없는 것으로 그리고 있다는 점에서는 타고난 선천적 자질을 중시하는 신선기품론의 사고방식 또한 바탕에 깔려 있다고 볼 수 있다.

---

40) 『봉신연의』 제83회. ("你看這些人, 有仙之名, 無仙之骨, 那里做得修行辦道之品!")

5 법술法術의 운용

　『봉신연의』의 선인들이 전투에서 구사하는 법술은 매우 다양하다. 그 중에서 신선·도교문화와 관련하여 특히 눈에 띄는 것은 법보法寶의 활용이다. 선인들은 저마다 자신의 주요 법보를 활용하여 전투에 임한다. 그러므로 법보는 일종의 전투용 무기로써, 각종 환상적인 술법을 구사한다는 점에서 주구呪具라고 할 수 있다.

　가장 대표적인 예로 이랑신二郞神 양전楊戩이 사용한 조요보감照妖寶鑑을 들 수 있다. 조요경照妖鏡이라고도 하는 이것은 상대의 본질을 꿰뚫어 보는 거울로써, 오늘날 사회의 숨은 본체를 비추어낸다는 비유적 표현으로 쓰인다. 『서유기』에서는 탁탑천왕托塔天王 이정李靖의 보물로 등장하며 손오공의 진위여부를 판별할 때 사용한 바 있다. 『봉신연의』에서는 양전과 매산칠괴梅山七怪의 전투에서 등장한다. 강자아가 이끄는 천교와 주군周軍은 막강한 능력을 가진 매산칠괴를 맞닥뜨리며 고전하는데, 양전이 운중자雲中子로부터 빌려온 조요보감으로 그들을 비추자 그들은 각각 본래의 정체가 드러나게 된다.[41] 이로부터 조요경의 기능은 비추는 대상의 본래 모습을 파악할 수 있도록 해주는 것임을 알 수 있다.

　거울의 비상한 능력은 그 연원이 매우 오래된 것으로, 동경銅鏡 제작과 관련이 있는 것으로 여겨진다. 은말주초殷末周初에 등장한 동경은 진한秦漢 시기에 이르러 보편화되는데, 야금술이 발달하지 못했던 고대에 동경 제작은 정밀한 광학적 배려를 요했기 때문에 신비한 주술의식을 필요로 했

---

41) 『봉신연의』 제91~93회. 매산칠괴는 본래 흰 원숭이였던 원홍袁洪, 흰 뱀이었던 상호常昊, 지네였던 오룡吳龍, 멧돼지였던 주자진朱子眞, 산양이었던 양현楊顯, 개였던 대례戴禮, 물소였던 금대승金大升을 가리킨다.

다. 동경 주조의 주술적 과정이 후대 도교에 의해 수용되면서 거울은 도교 법술을 발휘하는 핵심적 도구가 된다.[42] 갈홍 역시 거울을 입산 수도자가 꼭 지녀야 하는 물건이라고 언급했는데,[43] 이는 거울이 요괴의 정체를 파악하고 벽사축귀辟邪逐鬼하는 기능을 지닌 것으로 여겨졌기 때문이다. 동경은 수시로 녹을 제거해야 할 필요가 있기에 거울을 갈고 닦는 작업은 방술사 내지는 신선가들의 기능이기도 하였다.[44] 때문에 신선설화에는 직업적인 마경인이 자주 등장한다.[45]

『봉신연의』에서의 조요보감은 그 신비한 기능 면에서 바로 상술한 동경 이미지의 맥락과 맞닿아 있다. 소설이 쓰여진 명대에 이르면 거울은 더 이상 신비한 물건이 아니었을 것이다. 하지만 신선설화에서부터 거울이 요괴의 정체를 파악하고 요괴를 물리치는 능력을 지닌 신비한 물건으로 인식되어 온 전통은 명대 소설『봉신연의』에서도 여전히 중요한 상상력으로 기능하고 있음을 확인할 수 있다.

한편, 구마 기능과 관련하여 주목할 만한 무기는 채찍이다. 강자아의 타신편打神鞭과 문중의 자웅편雌雄鞭은 그 이름에서 알 수 있듯 채찍을 의미한다. 타신편은 천교의 수장 원시천존이 강자아에게 하사한 채찍으로, 봉신방에 이름이 올라 있는 자들을 제압할 수 있는 무기이다. 그리고 자웅편은 한 쌍의 교룡이 변신한 것이기에 휘두르면 바람과 우렛소리가 나는 황금빛 채찍으로, 은 태사 문중이 향후 뇌신인 구천응원뇌성보화천존九天應元雷聲普化天尊에 봉해지리라는 점을 암시한다. 그런데 채찍은 본래 단순한 무기

---

42) 李豐楙, 「六朝鏡劍傳說與道教法術思想」, 『中國古典小說研究專集(2)』, 臺北: 聯經出版社, 1980.
43) 葛洪, 『抱朴子·內篇·登涉』
44) 정재서, 「거울의 무속상 기능 및 그 문학적 수용」, 영남중국어문학회, 『중국어문학』 제5집, 1982, pp. 17~18.
45) 가령 『열선전』의 부국선생負局先生 혹은 『전기』 섭은낭聶隱娘 이야기에 등장하는 섭은낭의 남편 마경소년이 그 예이다.

가 아니다. 채찍은 고대 샤먼에게 있어 제사와 출정, 수렵과 먼 여행 등에 휴대하는 구마驅魔 기능을 가진 법기였다.[46] 조요경과 마찬가지로 애초에 요마를 물리치고 제압하는 기능이 있는 것으로 여겨졌던 채찍은 명대 『봉신연의』에 이르러 그 기능이 다소 변이되기는 하지만 여전히 신비한 법력을 구사할 수 있는 무기로 등장하고 있음을 볼 수 있다.

『봉신연의』에는 상술한 물건 이외에도 조롱박, 끈, 주머니, 구슬, 옥기玉器, 부채, 그림, 나무 등 주변에서 쉽게 볼 수 있거나 전쟁, 종교 의례에 사용하는 물건 혹은 자연물들이 각각 비상한 법력을 가진 법보로 등장한다. 선인들의 전투는 이러한 법보들의 주술적 능력을 바탕으로 전개되는데, 이러한 설정은 바로 만물에 혼이 깃들어 있다는 '물활론적 사고(animistic thinking)'에 기반하고 있다고 볼 수 있다. 피아제(J. Piaget)는 아동의 물활론적 사고에 대해, 자연 세계가 살아있고 의식이 있으며 자기와 같이 어떤 목적을 지니고 있다고 생각하는 것이라고 논의했는데,[47] 이는 바로 주술적 상상력의 주요 작동 기제이다. 그것은 또한 레비 브륄(L. Lévy-Bruhl)이 말한 이른바 '참여의 법칙(law of participation)',[48] 즉 신화시대 인류가 자신과 자연을 신비적 통일체로 인식하고 소통했던 방식과 맞닿아 있다. 『봉신연의』에 등장하는 법보들은 이러한 주술적 상상력이 당시의 생활상에서 볼 수 있는 물건들에 작동하며 문학적으로 형상화되었다고 볼 수 있으며, 그러한 상상력의 기저에는 신선·도교문화가 뿌리 깊게 자리하고 있다.

주구의 역할을 하는 법보 뿐 아니라 부적符籍과 주문呪文을 통한 법술 또한 주목할 만하다. 가령, 강자아는 절교의 막강한 선인들인 십천군과의 전

---

46) 富育光, 『薩滿論』, 瀋陽: 遼寧人民出版社, 2000, p. 282.
47) Jean Piaget, *The Child's Conception of the World*, trans. Joan and Andrew Tomlinson, London: Routledge, 1929, reprinted in 1971, p. 194.
48) 뤼시앙 레비브륄 저, 김종우 옮김, 『원시인의 정신세계』, 파주: 나남출판, 2011, pp. 47-82의 내용 참조.

투 과정에서 요천군姚天君의 낙혼진落魂陣 공격에 의해 죽음에 이르게 된다. 요천군이 낙혼진 공격에서 사용한 방법은 짚으로 강자아의 허수아비를 만든 후 부적을 불태우고 주문을 외우며 제사를 지내는 것이었다. 요천군은 "아무 것도 하지 않고 그냥 두어도 스무하루가 지나면 저절로 목숨이 끊어질 것"이라 하였고, 실제 강자아는 시름시름 앓다가 죽어서 영혼이 봉신대로 날아간다.[49] 반대로, 강자아 또한 절교 선인 조공명을 상대로 비슷한 법술을 펼쳐 조공명을 죽음에 이르게 만든다.[50]

이처럼 부적과 주문을 활용한 법술은 초기 부록파符籙派 도교의 법술과 깊은 관련이 있다. 이 부록파 도교의 법술은 초기 『산해경』의 산악숭배 관념이 후대의 신선가에 의해 오악진형도五嶽眞形圖와 같은 고지도의 제작으로 구체화되면서 발전된 것이다.[51] 오악진형도란 오악의 산천형세를 그린 일종의 평면시의도로, 신선가는 산악의 굴곡이 자형과 흡사함에 착안하여 그 도형에 부적의 주력을 부여하였고 이것을 호신부로 지니고 입산할 경우 악귀를 물리치고 온갖 신령의 환대를 받게 된다고 믿었다.[52] 갈홍 또한 오악진형도가 전쟁이나 흉악한 일을 물리칠 수 있고 남이 해코지를 하려다가 도리어 그 재앙을 뒤집어쓰게 하는 효능이 있다고 서술했다.[53]

애초에 부적을 사용하고 주문을 암송하는 행위의 주요 효능은 위해危害로부터의 방어기능이라고 볼 수 있다. 특히 수도를 위해 입산할 경우 부딪칠 수 있는 어려움, 가령 산신의 앙화殃禍, 요괴의 유혹, 맹수와 독충의 공

---

49) 『봉신연의』 제44회. ("不動聲色, 二十一日自然命絶. 子牙縱是脫骨神仙, 超凡佛祖, 也難逃躱.")
50) 『봉신연의』 제48~49회.
51) 정재서, 위의 책, p. 94.
52) 班固, 『漢武帝內傳』 "王母出以示之曰, 此五岳眞形圖也. … 乃因川源之規矩, 睹河岳之盤曲. 陵回阜轉, 山高隴長, 周旋委蛇, 形似書字. 是故因象制名, 定實之號, 畫形祕于元臺, 而出爲靈眞之信, 諸仙佩之, 皆如傳章, 道士執之, 經行山川, 百神群靈, 尊奉親迎."
53) 葛洪, 『抱朴子·內篇·遐覽』 "家有五岳眞形圖, 能辟兵凶逆, 人欲害之者, 皆 還反受其殃."

격, 낙상 등의 사고방지를 위한 다양한 방식들이 존재한다.[54] 또한 오두미도와 태평도로 대표되는 부록파 도교 교단은 부적과 주문을 통하여 축귀구마를 행하고 백성들의 질병을 치료하면서 민심을 얻게 되고 세력을 집결할 수 있었다. 그러나 명대에 이르러 『봉신연의』에서의 부적·주문 활용 양상을 보면 방어나 질병 치료보다는 상술한 것처럼 주로 상대를 공격하고 위험에 빠뜨리는 법술로 묘사되고 있다. 이를 통해 해당 법술의 세속화 양상을 확인할 수 있다.

---

54) 葛洪, 『抱朴子·內篇·登涉』

6 맺는 말

 이 글은 소설 『봉신연의』에 표현되어 있는 신선·도교문화를 네 가지의 측면에서 고찰해보았다. 이제 그간의 논의를 요약 및 정리하고 나름의 의의를 도출할 단계에 이르렀다.

 첫째, 주요 등장인물들이 모두 선인이라는 점에 대해 논의하였다. 선인은 불사를 추구하며 주술적 비상을 실현하는 존재이다. 그리고 천계에서 수립한 이른바 '봉신계획'이란 인간계의 은주혁명과 맞물리며 전투에서 희생되어 죽은 자들을 신으로 봉하는 계획으로, 바로 이 선인들의 품계를 정하는 계획이라 할 수 있다.

 둘째, 삼시의 제거가 등장인물들의 주요 과업이라는 점에 대해 논의하였다. 체내에 존재하는 삼시는 인간의 잘못을 사명에게 고해바쳐 인간의 수명을 단축시키므로 삼시의 제거는 곧 장생불사를 이루기 위한 주요 과업이 된다. 그러나 소설에 등장하는 선인들은 대개 삼시를 제거하지 못한 상태이며, 그로 인해 살겁을 수행하는 봉신 전투에 참여하는 운명을 맞이하게 된다. 그 중에서도 더 많이 희생되는 쪽은 은의 편에 선 절교 선인들로, 그들의 충동과 분노의 정서는 바로 삼시의 작용과 맞닿아 있다고 볼 수 있다.

 셋째, 기 수련을 통하여 개체변환을 이룬 선인들에 대하여 논의하였다. 개체의 변환은 기화우주론의 사고방식을 바탕으로 이루어진다. 절교 선인들은 대개 본래 동물·사물이었다가 기의 수련을 통해 인간으로 변화한 후 득선한 자들인데, 이를 통해 신선가학론의 입장이 수용되어 있음을 볼 수 있다. 그러나 그들은 끝내 출신 때문에 천교 선인들을 능가하지 못한다는 점에서 신선기품론이 기저에 깔려 있음도 확인된다.

넷째, 각종 법술의 운용에 대해 논의하였다. 우선 거울 조요보감과 채찍 타신편, 자웅편의 경우를 통해 신선설화에 등장하는 축귀구마의 주구가 소설에서 주요 법보로 활용되고 있음을 살펴보았다. 또한, 본래 위해로부터의 방어 및 질병 치료가 주요 기능인 부적·주문 활용 법술이 소설에서는 상대를 공격하고 위험에 빠뜨리는 법술로 묘사되고 있음을 고찰하였다.

이 글의 내용을 통하여 명대에는 이미 삼교합일의 경향이 보편화되어있음에도 여전히 신선·도교문화가 『봉신연의』 소설 창작에 있어 중요한 서사적 상상력으로 작용하고 있음을 확인할 수 있었다. 『봉신연의』는 당시 민간문화에 심대한 영향을 끼쳤던 소설인 만큼 오늘날의 대중적인 문화콘텐츠와 비슷한 역할을 담당했을 것이다.

그런데 이같은 신선·도교문화의 활용은 비단 전통시기에 그치지 않는다. 그것은 오늘날의 문화콘텐츠에서도 주요 데이터베이스로 기능하고 있다. 기실 『봉신연의』 자체가 오늘날 다양한 문화콘텐츠 제작에 활용되고 있음을 볼 수 있는데, 가령 일본의 만화가 후지사키 류(藤崎 龍)가 그린 『봉신연의』(1996) 만화는 원전과 상당히 다르지만, 오늘날 원전보다 더 유명한 작품이 되었다. 중국에서도 최근 고전의 현대화의 중요성을 인식하기 시작하면서 『봉신연의』의 문화콘텐츠화가 급속히 진행되었는데 가령 3D애니메이션 『나타지마동강세(Ne Zha)』(2019)는 이른바 봉신 세계관을 바탕으로 등장인물 나타의 이야기를 각색한 작품으로 중국 박스오피스 역대 흥행 2위의 성적을 거두기도 하였다.

나아가 '선협'이라는 새로운 장르의 탄생은 바로 전통적인 신선·도교문화와 깊이 관련된다. 각 작품들의 주제는 오늘날의 대중적 취향에 맞추어 다양화되어 있으나 제재 면에서는 공통적으로 신선·도교문화가 중점적으로 등장한다. 선협은 오늘날 웹소설의 보편적인 장르가 되었을 뿐 아니라 드라마, 영화, 디지털게임까지 이어지며 현대 중국의 대중들이 향유하는 대표적인 문화콘텐츠 장르로 자리잡았다. 가령 『화천골花千骨』, 『삼생삼세 십리도화三生三世十里桃花』 등 선협 웹소설은 중국을 넘어 우리나라에까지 인기리에 번역되었고, 드라마와 영화로 제작되어 큰 인기를 끌기도 했다.[55]

엘리아데의 주장처럼 신화는 시대가 변한다 해도 없어지지 않고 현실 상황에 맞게 끊임없이 옷을 바꾸어가며 반복되는 속성이 있다. 신선·도교 문화의 활용 역시 이러한 메커니즘에 의해 추동된다. 이 글에서 살펴본 것처럼 신선·도교문화는 『봉신연의』의 중요한 서사적 상상력으로 작용하고 있다. 또한 그것은 비단 전통적 상상력으로서만 유효한 것이 아니라 오늘날 일반대중들에게도 오래된 문화적 기억이자 근원적 욕망의 서사로 기능하며 다양한 문화콘텐츠 제작에 있어 중요한 상상력의 보고로 작동한다. 이 글은 이러한 현상에 대한 관심에서 출발한 초보적 논의로써, 보다 심도 있고 다각화된 논의는 후일을 기약한다.

---

55) 문화콘텐츠로서의 선협 장르의 매체전환에 대한 국내의 대표적인 연구는 정유경, 「중국 선협 웹소설의 매체 전환」, 이화여자대학교 석사학위논문, 2018이 있다.

<h1 align="center">≡ 참고문헌 ≡</h1>

원전

- 許仲琳 編, 『封神演義』, 北京: 中華書局, 2009.
- 葛洪, 『抱朴子』.
- 班固, 『漢武帝內傳』.
- 정재서 역주, 『산해경』, 서울: 민음사, 2005(신장판7쇄).

단행본

- 뤼시앙 레비브륄 저, 김종우 옮김, 『원시인의 정신세계』, 파주: 나남출판, 2011.
- 정재서, 『불사의 신화와 사상』, 서울: 민음사, 2005(신장판1쇄).
- 柳存仁, 『和風堂文集』, 上海: 上海古籍出版社, 1991.
- 富育光, 『薩滿論』, 瀋陽: 遼寧人民出版社, 2000.
- 張光直, 『中國靑銅時代』, 臺北: 聯經出版社, 1983.
- Chang, K. C. *Art, Myth, and Ritual: The Path to Political Authority in Ancient China, Cambridge*: Harvard University Press, 1983.
- Mauss, Marcel. *A General Theory of Magic*, trans. Robert Brain, New York: The Norton Library, 1975.
- Piaget, Jean. *The Child's Conception of the World,* trans. Joan and Andrew Tomlinson, London: Routledge, 1929, reprinted in 1971.

논문

- 박동인, 「『관자』4편과 『할관자』의 기화우주론」, 철학연구회, 『철학연구』 제86집, 2009.
- 유수민, 「'현대의 신화' 창조 - 『哪吒之魔童降世』의 哪吒 캐릭터 스토리텔링에 대한 고찰」, 한국중어중문학회, 『중어중문학』 제78집, 2019.
- 정유경, 「중국 선협 웹소설의 매체 전환」, 이화여자대학교 석사학위논문, 2018.
- 정재서, 「거울의 무속상 기능 및 그 문학적 수용」, 영남중국어문학회, 『중국어

문학』제5집, 1982.

- 賈艷紅, 「略論古代民間的司命神信仰」, 『三明高等專科學校學報』, 2003年 第1期.
- 梁歸智, 「修仙遭劫再封神-『封神演義』的情節邏輯」, 『名作欣賞』, 2019年 第12期.
- 桑迪, 汪勝, 「『封神演義』飛行形象研究」, 『大慶師範學院學報』, 2020年 第4期.
- 李豊楙, 「魏晉南北朝文士與道教之關係」, 政治大學 博士學位論文, 1979.
- _____, 「六朝鏡劍傳說與道教法術思想」, 『中國古典小說研究專集(2)』, 臺北: 聯經 出版社, 1980.
- 任祖鏞, 「『封神演義』作者陸西星新考」, 『內江師範學院學報』, 2021年 第1期.
- 張同利, 「'三尸'考」, 『殷都學刊』, 2010年.
- 張潤時, 「『封神演義』實物研究」, 天津師範大學 碩士學位論文, 2020.
- 儲曉軍, 「唐前司命信仰的演變─兼談人爲宗教對民間神祇的吸收與改造」, 『宗教學 研究』, 2010年 第3期.
- 陳洪, 「『封神演義』"陸西星著"補說」, 『文學與文化』, 2020年 第2期.
- 胡萬川, 「『封神演義』中"封神"的意義」, 『93中國古代小說國際硏討會論文集』, 北 京: 開明出版社, 1996.

구처기와 용문파 수행법
一《대단직지(大丹直指)》의 수행등급과 함께 논함

샤오등푸蕭登福

번역 박영우(성균관대학교 유교문화연구소 책임연구원)

필자 약력

샤오등푸

대만 핑뚱현 태생. 타이페이 소재 국립정치대학 중문과를 졸업.
중국, 홍콩, 마카오, 싱가폴, 말레이시아, 한국 등 동아시아 여러 나라에서
개최된 학술회의에 참가하여 연구성과를 발표.
대만 타이쭝 과학기술대학교 응용중문학과 교수
논저
「귀곡자연구」
「돈황문학논총」
「도교성두부인과 불교밀종」, 「도교와 불교」
「황제음부경주석」 등

1 들어가는 말

　전진교 칠대 진인(七眞) 중에서 마단양馬丹陽이 제일 대사형이지만, 성취도와 영향력이 가장 큰 사람은 구처기丘處機이다. 칠진인(七眞)은 모두 전수자가 있었으나, 현재까지 맥을 이어 오고 또 전진교의 가장 대표성을 지닌 종파를 꼽으라면 구처기丘處機의 용문파龍門派이다.

　구처기는 재덕과 덕행 면에서 송 영종寧宗, 금 선종宣宗, 원 태조太祖 징기스칸 등 세 황제의 부름을 받을만 했었다.

　구처기는 그중 가장 멀리 있는 대막大漠으로 가서 징기스칸을 만났고, 징기스칸은 그를 '신선神仙'이라고 칭하였다.

　금단金丹 개념에서 구처기는 종리권鍾離權, 여동빈呂洞賓, 장백단張伯端 세 진인의 관점을 집대성하였다.

2 내단수련內丹修煉의 5단계 발전

내단 수련:

1. 기원: 춘추전국 시대 노장의 養形養神 사상에서 시작하였고,
2. 기초: 漢 魏伯陽《周易參同契》에서 기초를 잡고,
3. 성장: 唐·呂純陽《鍾呂傳道集》을 통해 성장하였고,
4. 전형: 북송 張伯端《悟真篇》에서 전형을 갖추었으며,
5. 집대성: 金의 丘處機《大丹直指》에서 집대성하였다.

1) 기원기: 춘추전국春秋戰國 시기 노장老莊의 양형양신養形養神 사상

신선 수련은《老子》와 밀접한 관련이 있다.《文子·下德篇》에 이르기를: "노자가 이르기를 몸을 다스린다 함은 최고의 것은 양신養神이요, 그 다음은 양형養形이라고 하였다";《莊子·刻意》편에는: "숨을 내고 들이고, 낡은 기운을 토해내고 새 기운을 들이마시고, 마치 곰이 나무에 매달리고 새가 발을 펼치는 듯이 하는 것은 천수를 다하기 위한 것일 뿐이다; 이러한 도를 이끄는 사람을 양형養形 수양을 하는 사람"이라 한다.

'고요하기가 념담적막恬淡寂寞하고 마음이 허무무위虛無無為'에 이르고 또 '덕이 완비되어 정신이 이지러지지 않는 상태'에 도달한 자를 일러 양신養神 수양하는 사람이라고 하였다. 양신 수양이 양형養形 수양보다 웃길이다.

양신과 양형의 수련법문은 모두 '존사存思'와 '도인導引'을 위주로 한다.《莊子·齊物論》에: "남곽자기가 궤에 기대 앉아서 하늘을 우르러 숨을 쉬는데, 멍하니 흡사 짝을 잃은 듯하다"라는 묘사에서 '앙천이허仰天而噓'가 바로 '취구호흡吹呴呼吸'이라는 행기도인법行氣導引法이다. '답언사상기우嗒焉似

喪其耦'는 '오상아吾喪我'의 망아경지이다. 비록 양신養神 수양의 심재心齋, 좌망坐忘의 경지라 할지라도 '존사'와 '도인'이 두 방법을 통해 진행하는 것임을 알 수 있는 것이다.

전국 시대의 《행기옥명行氣玉銘》과 강릉江陵 장가산張家山에서 출토된 한대의 죽간 《인서引書》 등에서는 모두 '도인導引'과 '존사存思'로써 양형養形과 양신養神의 수련을 했던 것이다. 양형은 곧 후대에 장백단張伯端이 말한 내단수련의 수명修命 수련이고 양신은 내단의 수성修性 수련이다. 이것이 내단수련의 초창기 모습이다.

2) 한대의 《주역참동계周易參同契》를 통한 기본이론 형성기

한대 《주역참동계周易參同契》는 감坎괘와 이離괘를 약물로 삼고, 사람의 몸을 '솥'(鼎廬)으로 삼는다고 했는데, '감리'는 단지 사람의 몸 속의 '음양' 두 기운을 말하는 것일 뿐이다. 감괘는 음을, 이괘는 양을 의미하는데, 신腎은 감坎이요 수水이고, 심心은 이離요, 화火이다. 아울러, 외단의 개념으로는 연鉛(납)과 공홍(수은)으로 바꿔 부르고, 인체 내의 정기 수련을 통해 육신을 개선하여 영원한 존속을 기대하는 것이다.

수련법은, 坎(☵) 중의 양기를 취한 후, 離(☲) 중의 음기에 채워 넣어서 순양 기운의 乾(☰)을 얻는 것이다. 감坎을 취하여 리離를 채우는 것을 '감리교접坎離交媾'이라 하는데, 핵심은 오행이 상극에서 상친(상생)으로 전환하는 오행전도五行顚倒, 즉 수화상극水火相剋을 수화상제水火相濟로 바꾸어 용호龍虎가 한 집에서 결합하게 하여 '단약丹藥'을 성취하는 것이다. 이것은 내단수련의 기초를 터 닦는 시기의 방법이다.

3) 당대唐代 여순양呂純陽의《종려전도집鍾呂傳道集》을 통한 성장기

위백양魏伯陽은 단지 감리坎離를 음양 두 기운으로 나누었을 뿐이지만, 당대의《종려전도집鍾呂傳道集》은 감신坎腎과 이심離心으로 나누어 각각 음양을 배치하고, 신액腎液을 음으로, 신기腎氣를 양으로, 또 심기心氣를 양, 심액心液을 음으로 나누었다. 각자의 음양 기운이 서로 합하여 '교접交媾'을 이루고 배꼽 뒤(臍後)와 신장 앞(腎前)에 있는 황정黃庭을 솥(鼎爐)으로 삼아 수련의 장소로 삼는 것이다.

그 수행방법은 신수腎水가 낳은 기운을 끌어들여 기氣 중의 수(水: 元陽之氣 안에 있는 真一之水)를 음호陰虎로 삼는다. 그리고 심화心火가 낳는 액液과 화합하여 액수液水 중의 기운(心液 안에 있는 正陽之氣)을 양룡陽龍으로 삼는다. 신腎이 낳은 기운으로부터 상승하여 심心이 낳은 액수와 서로 합한다. 아래로 내려와 하단전 안에 있는 황정黃庭 안에서 재차 소련燒煉한다.

연鉛을 뽑아 공汞에 첨가하는 방법을 진행하는 것은 장차 '진연真鉛' 안의 음을 뽑아 낸 다음 하단전으로부터 중단전으로 끌어 올려 오장五臟의 정기가 왕복하도록, 즉 단약丹藥을 성취하도록 하자는 것이다. 이로부터 주후비금정肘後飛金晶, 하거河車, 삼전반복三田返覆, 오행전도五行顚倒, 대소환단大小還丹, 결태結胎, 오기조원五氣朝元, 삼양취정三陽聚鼎 등의 명칭들이 있게 되는 것이다.

종리권鍾離權, 여동빈呂洞賓의 내단 개념은 송대의 장백단張伯端과 금대의 왕중양王重陽에게 매우 큰 영향을 끼쳤다. 남북 이종二宗은 모두 스스로 금단법문金丹法門이라고 자칭하면서 종鍾과 여呂의 법문을 전수받았다고 주장하였다.

4) 송대 장백단의《오진편悟眞篇》에서 수립된 전형기

종鍾과 여呂 이후, 북송의 장백단의《오진편悟眞篇》,《옥청금사청화비문금보내련단결玉淸金笥淸華祕文金寶內鍊丹訣》,《금단사백자金丹四百字》 등의 서적에서는 금단金丹을 성性과 명命의 이종二宗으로 나누어서 선천先天과 후천後天의 설을 주창하였는데, 이는 정精, 기氣, 신神을 선천과 후천으로 각각 나눌 뿐만 아니라, 아울러 현관일규玄關一竅로써 단을 수련修丹하는 핵심 장소로 삼자는 것이다.

게다가 또한 사람의 신체 중의 감리坎離를 모두 음정陰精에 속하고, 후천이 되고, 내약內藥이 되는 것으로 보고, 천지보다 먼저 생긴 진일지기眞一之氣를 진양眞陽, 선천이 되고, 외약外藥이 되는 것으로 보는데, 현관일규玄關一竅 안에 있는 것이다. 모름지기 외약外藥인 선천일기先天一氣로써 신체 중의 내약內藥인 순음지정純陰之精을 전화點化해야만이 순양체純陽體로 바뀔 수 있는 것이다. 현관일규는 허현虛懸이고 실제 장소는 없다[無實處].

5) 금대 구처기丘處機의《대단직지大丹直指》를 통해 성립된 집대성기

금대에 이르러 구처기丘處機는《대단직지大丹直指》에서 제가의 학설을 종합 회집하여 일가의 학설로 만들었다. 정좌靜坐, 폐목閉目, 존사存思를 입수처로 하여 현관일규玄關一竅를 실제로 존재하는 장소로 삼고, 배꼽(臍) 안의 일촌삼분一寸三分에 원양진기元陽眞氣가 들어 있는 것으로 본다. 배꼽 안의 황정黃庭을 솥(鼎爐)으로 삼고, 신腎, 심心, 이환泥丸 세 곳을 계단으로 삼는다.

《대단직지大丹直指》는 내단 수련에 있어서 다음과 같이 주장한다. 먼저 심[心: 火, 氣]과 신(腎: 水, 精)을 위주로 감리坎離 용호龍虎가 교접交媾하는, 즉 정을 연마하여 기를 변화(煉精化氣)하는 수련이고, 그 다음은 상단전 이환(泥丸: 神)과 중단전 심(心: 氣)을 위주로 수와 화가 서로 구제하는(水火既濟) 상보상성의 과정을 통하는, 즉 기를 연마하여 신神을 변화(煉氣化)하는 것이고, 그 다음으로는 화火가 일어나는 것을 내관(內觀起火)하는, 즉 신(煉神合道)을 연마하여 도道와 계합하는, 즉 육태肉胎를 태워 없애고 껍질을 버려서 승선升仙의 경지에 이르는 것이다.

《대단직지大丹直指》는 내단수련의 시작점부터 종결점까지 완정한 서술체계를 갖추고 있으며, 또한 도형과 구결을 함께 활용하여 보충 설명까지 하고 있는데, 이는 모두 간명하고 용이한 설명을 통해 직접수행을 쉽게 하기 위한 것이다. 그 수행절차는 순서대로: '감리전도坎離顚倒된 용호교접龍虎交媾', '삼전반복三田反覆', '오기조원五氣朝元', '신기교합神氣交合', '수화기제水火既濟', '내관기화內觀起火', '파각성성破殼成聖'의 절차로 되어 있는데, 사용한 문구들은 질박하고 용이하다.

구처기丘處機의 내단 수련은 《종려전도집鍾呂傳道集》등의 학설을 위주로 해서 장백단張伯端의 '현관일규軒關一竅'의 '허현虛懸'설을 개량하여 내단 수련을 쉽고도 분명하게 함으로써 수행자들로 하여금 쫓아서 수련하기 쉽게 했다는 것이다. 가히 내단수련법의 집대성이라 할 만하다.

그 후에 오류파伍柳派(五守陽, 柳華陽) 등이 전진교 용문파의 분파로 호칭은 하였으나, 오류파는 과도하게 불교를 도교로 끌어들여, 불교와 도교를 섞어서 만든 학설이다. 특히, 유화양은 불교의 '과위果位' 개념으로 도교의 내단 수련법을 인증하려고 선불동종仙佛同宗론을 펼치기도 하였으며, 심지어는 불교가 상등이요, 도교가 하등이라는 '불상도하佛上而道下'설을 주장하기도 하여 내단의 원뜻에 크게 위배되는 이론을 제기하였다. 그의 불교소승수사제佛教小乘修四諦, 십이인연十二因緣, 대승수육도大乘修六度, 밀교수신구의삼밀密教修身口意三密 등의 수행방법론은 모두 내단과 무관한 것들이다.

《대단직지大丹直指》의 수련법에서 가장 중요한 점을 세 단계로 나눌 수 있다: (1) '연정화기鍊精化氣'를 위한 '감리교접坎離交媾'의 단계, (2) '연기화신鍊氣化神'을 위한 '수화기제水火既濟'의 단계, (3) '내관기화內觀起火'와 '분거육각焚去肉殼'을 통한 '연신합도鍊神合道'의 수련.

현재 중국 도교 종파에서 정일파正一派와 전진파全眞派가 가장 중요한데, 전진파는 구처기 용문파의 수련법을 계승하였다. 구처기의 영향력은 가히 심원하다 할 것이다.

3 구처기의 내단 전문교과서 《대단직지大丹直指》에서 본 수련법

1) 오행전도용호교접도五行顚倒龍虎交媾圖 및 그 수행법결修行訣法

《대단직지大單直指》의 수행절차는 아래와 같다:

'용호교접龍虎交媾'→'삼전반복三田反復'→'오기조원五氣朝元'→'신기교합神氣交合'→'수화기제水火旣濟'→'내관기화內觀起火'→'파각성성破殼成聖'

각 단계의 수행절차는 모두 상세한 묘사를 하고 있으며 문구들은 구체적으로 실행이 가능하도록 하였다. 전진도의 금단수련修丹에 심원한 영향을 끼친 것이다.

《대단직지》 안에는 「오행전도용호교구도五行顚倒龍虎交媾圖」, 「오행전도주천화후도五行顚倒周天火候圖」, 「삼전반복주후비금정도三田返復肘後飛金精圖」, 「삼전반복금액한단도三田返復金液還丹圖」, 「오기조원태양연형도五炁朝元太陽鍊形圖」, 「신기교합삼전기제도神氣交合三田旣濟圖」, 「오기조원연신입정도五氣朝元鍊神入頂圖」, 「내관기화연신합도도內觀起火鍊神合道圖」, 「기각승선초범입성도棄殼升仙超凡入聖圖」 등을 갖추고 있다. 각 도식 모두 하나의 수행 절차이며 얕은 곳에서 깊은 곳으로 진행된다. 위의 9도식 다음에는 각 도식에 대한 구결口訣법을 순서대로 나열하고 있다. 각 수행 단계에는 모두 도식과 구결이 갖추어져 있다. 이 책의 뒷 부분에는 「용법用法」, 「행지行持」, 「오지奧旨」, 「묘지妙旨」 등의 짧은 글들이 있다. 가령, '오행전도五行顚倒'를 예로 들면 아래와 같다:

2)《대단직지·권상·오행전도용호교접결병도五行顚倒龍虎交媾訣並圖》

오행전도五行顚倒는 오행역행五行逆行이라고도 부르는데, 인체 중의 내단을 수련할 때, 머리는 남쪽, 배꼽은 북쪽, 간은 동쪽, 폐는 서쪽으로 하여 오행역행법五行逆行法의 운용으로 수련을 진행하는 것을 가리킨다.

수행법: 용龍은 심액心液의 정양지기正陽之氣인데 올라가지 못하게 억제하고, 호虎는 신수腎水의 진일지기真一之氣인데 내려가지 못하게 억제하여야 한다. 오히려 용은 아래로, 호는 위로 올라가 서로 교접하게 해야 한다. 수련 시에 신기腎氣를 들어 올려 자방子, 북쪽으로 하고, 심액心液을 끌어내려 오방午, 남쪽으로 삼는다. 눈을 감고 안으로 중궁中宮을 살펴 사려를 끊으면, 입안 가득 침이 고이고 코로는 기를 들이마시고, 의념意은 중궁으로 보내서 미려尾閭혈에 이르러 기를 닫고, 기를 끄는 것은 협척삼관夾脊三關에서부터 끌어와 코에까지 이르러 다시 가볍게 놓는다. 의념은 배꼽 안의 중궁을 떠나지 않으며 들여온 기가 쉬면서 원양진일지기元陽真一之氣와 상접하게 하고 신기腎氣와 심액心液을 끌어와 중궁에서 혼합하여 교접하도록 한다. 이것이 「용호교구龍虎交媾」, 바로 「약물藥物」이라고 한 것이다.

그러나 초기 운행법은 눈을 감고 중궁中宮[黃庭-臍內一寸三分處]을 내관하며, 사려를 망절하고 명심冥心 상태에 잠겨서 입안 가득 침을 머금게 되면 토하지도 말고 삼키지도 말아야 하는 데 여기에 이르면 '음도규[引刀圭, 천명]'의 일이 된다. 따로 구결이 있으나 일일이 서술하지는 못한다.

은미하게 몸을 수렴하여 결코 승거升舉하지 않고, 무릎을 꼬고 몸은 정좌, 가부좌를 틀되 상좌常坐와 같이 해서는 안된다. 왼손은 외신[外腎: 睪丸]을 감싸고 오른 손은 '생문生門[배꼽臍]'을 덮는다. 입을 닫고, 코를 여는 것이 바로 현빈지문玄牝之門이다. 마땅히 일체를 단절한 후에 코 안으로 기가 들어 오고, 들어온 것은 '흡吸'이 되고 '식息'이 되고, 음陰이 되고 수水가 된다. 부드럽게 입식入息하기만 해야 하고 코 안에서는 어떤 소리도 나지 말아야 한다.

4 '정좌행공'의 방법

결가부좌(두 다리를 꼬아 앉음)하고, 눈을 감고, 배꼽 안의 일촌 삼분에 있
는 황정중궁을 생각하면서 내찰한다. 사려를 망각, 즉 심재心齋, 좌망坐忘하
고, 입안 가득 침액을 저장하고, 몸은 약간 바르게 앉는다. 왼손은 외신外
腎을 받치고 오른손은 배꼽生門을 누른다. 입은 닫고 코는 열고, 기를 코로
들이되(기를 들이쉬기 시작할 때), 마땅히 부드럽고 가늘게 하여 소리가 나지
않아야 하고, 의념은 가볍게 기를 배꼽 안의 '황정궁黃庭宮'을 거쳐 다시 미
려尾閭혈까지 보낸다. 기가 거의 다할 즈음 기를 끌어당겨 등쪽의 독맥督脈
협척夾脊, 이환泥丸에서 다시 아래로 내려와 코로 들어가서 천천히 뱉어 낸
다呼氣. 내뱉을 때 귀에서 소리가 들리지 않아야 한다.

의념으로써 천천히 중궁中宮[黃庭]으로 들여 보내고 '미려'혈까지 이르는
것을 일러 혼돈의 연못을 채워서 열고 充開混沌池, 홍몽의 구멍을 뽀개어 벌
린다[擘裂鴻濛竅]고 한다. 기가 극에 이르면 협척삼관夾脊三關에서 코에 이
르기까지 천천히 숨을 뱉는데呼氣, 나온 것은 '호呼'가 되고 '소消'가 되고,
양陽이 되고 수水가 된다. 천천히 뱉어 낼 때, 귀 속에 어떤 소리도 들리지
않아야 한다. 의념意으로부터 기가 흘러 나오는 것에 주의聽하되, 중궁黃庭
과 분리되지 않아야 한다. 의意는 성性이요, 신神이요, 진토真土요, 황파黃婆
이다. 그러나 들어온 기식氣息은 중궁에 들어와 '원양진기'와 서로 접합하
게 해야 한다. 경經에 이르기를: 「천지의 끝없는 기와 접합하고, 부모의 유
한한 몸을 잇는다」고 한 것은 바로 '천지가 그 덕을 합한다[天地合其德]'는
의미이다.

수화水火 두 기운은 상하, 왕래 운동에서 서로 필요로 하는 것이다. 천지
의 승강升降도 같다. 신腎 안의 진기真氣를 유발하는 것은 연鉛이요, 호虎이

다. 심心 안의 목액木液은 공汞이요, 용龍이다. 중궁中宮에서 교접하여 혼합되는 것을 '오행구전五行俱全이요, 화회일가和會一家'라고 한다. 스스로 그러하게 아름다움을 펼치는 것이다. 경經에 이르기를:「기氣가 배꼽으로 들어가 식息이 되고, 신神이 기로 들어가 태胎가 되고 태와 식이 서로 합해진 것을 이름하여 '태을함진太乙含真'이라 하는데」 이것이 바로 '용호교접'이고, 약물藥物이다. 단약이 막 생기면 마치 어미의 태기胎와 같이 중궁에 '물物'이 있음을 자각하는데, 이것을 '원타타圓陀陀', '활발발活潑潑'이라 하고 마땅히 '화부火符'로 사용하여 단련할 때 비로소 약물藥物이 흩어지지 않는다.

흡입된 기식氣息이 황정중궁黃庭中宮으로 진입한 후 바로 안에 있는 '원양진기元陽真氣'와 서로 상접할 수 있고, 신수腎水와 심화心火 두 기운으로 하여금 상하, 왕래에 서로 의지하게 하고 다시 의념意念으로써 '신腎' 안의 진기真氣를 위로 올리고 '심心' 안의 목액木液을 아래로 내려서 신수腎水와 심화心火, 즉 감리이기坎離二氣가 황정궁에서 교접하여 약물藥物[黃芽, 白雲 등]이 이루어지는 것을 집중 내관한 연후에 화후火候를 써서 연마하면 약물이 흩어지지 않게 할 수 있다.

5 맺는 말

　구처기丘處機는 전진교 칠진인(七真) 중에서 명성이 가장 크고 영향력도 가장 크다. 그가 징기스칸의 부름에 응하여 설산雪山으로 간 인연으로 제왕의 숭앙과 믿음을 크게 얻게 되고 징기스칸이 '신선神仙'으로 칭하면서 전진교全真教는 그의 손에서 더욱 빠른 발전과 성장의 속도를 높이게 되었다. 그가 전수한 용문파龍門派는 이후 전진교의 대명사가 되었다.

　구처기의 내단수련학은 종리권鍾離權, 여동빈呂洞賓, 장백단張伯端 이 세 사람의 내단설을 집대성한 것이다.《대단직지大丹直指》에 실려 있는 '명命의 수련' 방법은 크게 세 단계로 나누는데: 정精을 연마하여 '기氣'를 변화鍊精化氣하는 '감리교접坎離交媾', 기氣를 연마하여 '신神'을 변화鍊氣化神하는 '수화기제水火既濟', 그리고 내관기화內觀起火, 분거육각焚去肉殼을 통해 '신神'을 연마하여 '도道'와 화합되는 경지鍊神合道이다.

　먼저 신수腎水와 심화心火로써 감리교접을 행하고 동시에 황정黃庭에서 황아黃芽 백설白雪 등의 약종藥種을 형성한 연후에 하거河車로써 운전하면서 일당삼관一撞三關을 통해 삼전반복三田反復 주후비금정肘后飛金精으로써 연정화기鍊精化氣를 연마한다. 그 다음은 오기조원五氣朝元 태양연형太陽鍊形이 되는데 심心 중의 기氣 이환泥丸 중의 신神으로 수련의 약물로 삼고 이환泥丸 신수神水를 아래로 끌어 내리고 심기心氣는 위로 올려 수화기제水火既濟를 이루고 이로써 연기화신鍊氣化神을 연마한다. 마지막으로 내관기화內觀起火 분소범태焚燒凡胎로써 연신합도鍊神合道를 연마한다. 최종적 목적은 기각棄殼 후에 승선升仙을 하는데 있다.

─── 번역 원문 ───

구처기와 용문파 수행법
─《대단직지大丹直指》의 수행등급과 함께 논함

全真七真中, 馬丹陽是大師兄, 而成就最大影響最深遠的則是丘處機。七真各有傳人, 但能維持到現在, 成為全真教唯一代表的, 則為丘處機的龍門派。

丘處機, 在才德行上, 堪為宋寧宗, 金宣宗, 元太祖成吉思汗三帝之師, 三帝皆曾宣召; 而丘處機則選擇遠赴大漠晉見成吉思汗, 成吉思汗稱之為神仙。在金丹上, 丘處機是集鍾離權, 呂洞賓, 張伯端三真之大成者.

壹, 序言─內丹修煉의 5단계 발전

內丹修煉, 1肇始於春秋戰國老莊養形養神思想, 2奠基於漢代魏伯陽《周易參同契》, 3壯大於唐·呂純陽《鍾呂傳道集》, 4定型於北宋·張伯端《悟真篇》, 5而集大成於金·丘處機《大丹直指》。

一, 기원: 春秋戰國시기 老莊의 養形養神사상

神仙修煉和《老子》書有密切關係,《文子·下德篇》說:「老子曰:治身:太上養神, 其次養形。」《莊子·刻意篇》, 以「吹呴呼吸, 吐故納新, 熊經鳥申, 為壽而已矣; 此道引之士, 養形之人。」將「恬惔寂漠, 虛無無為」「德全而神不虧」,視為養神之人。養神在養形之上。

而養神, 養形之修煉法門, 皆以存思, 導引為主。《莊子·齊物論》說: 「南郭子綦隱几而坐, 仰天而噓, 嗒焉似喪其耦。」文中的「仰天而噓」即是吹呴呼吸的行氣導引法,「嗒焉似喪其耦」, 則是進入了吾喪我的忘我境界。可見縱使是養神的心齋坐忘法門, 也是透過存思與導引兩者來進行。

戰國時的《行氣玉銘》, 江陵張家山出土漢初竹簡《引書》, 都是以導引, 存思來進行養形及養神的修煉。養形即後來張伯端內丹修煉的修命, 養神則為內丹的修性。此是內丹修煉的肇始期。

二, 奠基於漢代魏伯陽《周易參同契》

漢代《周易參同契》以坎離為藥物, 以人身為鼎爐, 但所說的坎離, 僅是指人身中的陰陽二氣而言, 坎陰, 離陽, 腎為坎為水, 心為離為火, 並以外丹名相鉛汞為代稱, 進行人身體內精氣的修煉, 以期改變肉身而永存。

修煉法門在取坎 ☵ 中陽氣, 以填離 ☲齋鍊惘ㄈ畷僷碴榴籠吥☰。取坎填離, 也稱坎離交媾, 旨在使五行由相剋轉而相親(五行顛倒), 水火相剋變為水火既濟, 龍虎結合為一家, 而成就丹藥。此是內丹修煉的奠基期。

三, 壯大於唐·呂純陽《鍾呂傳道集》

魏伯陽僅分坎離陰陽二氣, 至唐代《鍾呂傳道集》, 則又將坎腎, 離心再各分陰陽; 以為腎液為陰, 腎氣為陽; 心氣為陽, 心液為陰, 各自之陰陽氣相合為交媾, 以臍後腎前的黃庭為鼎爐為修煉處。

其修行法門, 引腎水所生氣, 氣中有水(元陽之氣中有真一之水)為陰虎; 和心火所生液, 液水中有氣(心液中有正陽之氣) 為陽龍。由腎所生氣上升和心所生液相合, 往下降在下丹田中, 再在黃庭中燒煉.

進行抽鉛添汞之法, 將真鉛中之陰抽取, 然後經由下丹田引至中丹田, 使五臟精氣往返, 也使上中下三丹田精氣往還, 而成就丹藥, 於是而有肘後飛金晶, 河車, 三田返覆, 五行顛倒, 大小還丹, 結胎, 五氣朝元, 三陽聚頂等名相。

鍾, 呂內丹對宋代張伯端(金丹南宗)及金代王重陽(金丹北宗)影響甚大; 南北二宗, 皆自稱其金丹法門, 得自鍾呂之傳授。

四, 定型於北宋·張伯端《悟真篇》

鍾呂而後, 至北宋張伯端《悟真篇》,《玉清金笥青華秘文金寶內鍊丹訣》,《金丹四百字》等書, 將金丹分性, 命二宗, 倡導先天, 後天之說, 不僅將精氣神各分先天後天, 並以玄關一竅為修丹重在所在。

且又以為人身中之坎離皆屬陰精, 為後天, 為內藥; 先天地而生的真一之氣為真陽, 為先天, 為外藥, 在玄關一竅中。 須以外藥先天一氣來點化身中內藥純陰之精, 才能變化為純陽體。玄關一竅為虛懸, 無實處。

五, 集大成於金·丘處機《大丹直指》

到了金代丘處機《大丹直指》, 綜匯諸家說, 以成一家之言。由靜坐, 閉目, 存思入手, 以玄關一竅為實有其處, 在臍內一寸三分, 元陽真氣在其中。以臍內黃庭為鼎爐, 以腎, 心, 泥丸三者為階。

在內丹修鍊上, 主張首先以心(火, 氣), 腎(水, 精)為主之坎離龍虎交媾, 來煉精化氣; 其次以上丹田泥丸(神)與中丹田心(氣)為主之水火既濟, 相輔相成, 來煉氣化神; 再以內觀起火, 來煉神合道, 焚去肉胎, 棄殼升仙。

由內丹修煉起始, 至內丹修煉終點, 有一完整的敘述, 並用圖形與口訣, 輔助說明, 使其簡明易懂, 易於親行。其修行次第, 依次為:坎離顛倒之龍虎交媾, 三田返復, 五氣朝元, 神氣交合, 水火既濟, 內觀起火, 至破殼成聖等步驟, 所用的文字樸質淺白。

丘處機的內丹修煉, 是以《鍾呂傳道集》等說為主, 而改良張伯端玄關一竅虛懸之說, 使內丹修煉淺顯明白, 易於遵行, 可以說是內丹修煉法門的集大成者。

其後雖有伍柳派(伍守陽, 柳華陽), 號稱為全真龍門派之分支, 但伍柳派過度引佛入道, 雜糅二教以為說, 尤其柳華陽, 以佛教果位來印證道教內丹修鍊法, 以為仙佛同宗, 不僅如此, 甚且以為佛上而道下, 尤悖內丹原旨。佛教小乘修四諦, 十二因緣; 大乘修六度, 密教修身口意三密, 其修行法門, 皆與內丹無涉。

《大丹直指》, 其修鍊法門, 最大者, 約可區分為三個步驟, 即是:鍊精化氣的坎離交媾; 鍊氣化神的水火既濟; 以及內觀起火焚去肉殼的鍊神合道。

今日中國最重要的兩個道派, 一為正一派, 一為全真派; 而全真所傳則為丘處機的龍門派修煉法。丘處機的影響可以說至為深遠。

丘處. 機內丹專書《大丹直指》所見修鍊法門

此書敘述修行次第, 由龍虎交媾, 三田返復, 五氣朝元, 神氣交合,水火既濟, 內觀起火, 至破殼成聖等步驟, 都有詳盡描述, 文字具體而可行, 對全真道的修丹具有深遠的影響。

　書內依次有:五行顛倒龍虎交媾圖, 五行顛倒周天火候圖, 三田返復肘後飛金精圖, 三田返復金液還丹圖, 五炁朝元太陽鍊形圖, 神氣交合三田既濟圖, 五氣朝元鍊神入頂圖, 內觀起火鍊神合道圖, 棄殼升仙超凡入聖圖。每一圖皆是一個修行階次, 由淺而深。在上九「圖」之後, 其後依次列出各圖的修行「訣」法。各個修行階段, 都是有「圖」有「訣」。書後為用法, 行持, 奧旨, 妙旨等短文。今以五行顛倒為例,說明於下.

五行顛倒龍虎交媾圖及修行訣法

　五行顛倒, 也稱為五行逆行, 是指人體中修鍊內丹時, 頭為南, 腹臍為北, 肝東, 肺西, 運用五行逆行法來行修鍊。

　修行之法是: 龍為心液正陽之氣, 制之不使上; 虎是腎水真一之氣, 制之不下走; 反而使龍下虎上而交媾。修鍊時, 升舉腎氣為子, 下降心液為午, 閉目內視中宮(臍中黃庭), 絕思慮, 滿口含津, 以鼻納氣, 以意送入中宮, 至尾閭, 閉氣, 引氣從夾脊三關至鼻, 再輕放。意念不離於臍內中宮, 使所入氣息, 和元陽真一之氣相接, 引腎氣, 心液交媾混合於中宮,「此謂龍虎交媾, 便是藥物」。

《大丹直指·卷上·五行顛倒龍虎交媾訣并圖》

　但初行之法, 閉目內視中宮(黃庭, 臍內一寸三分處), 絕慮忘思冥心, 滿口含津, 勿吐勿咽, 到此便飲刀圭之事。別有口訣, 不敢開寫。

　微微斂身, 並不升舉, 盤膝升身正坐, 跏趺, 不得只如常坐。左手兜起外腎(睾丸), 右手掩生門臍也, 塞兌戶口也, 開天門鼻也, 是為玄牝之門。須要一刀割斷, 然後鼻中入氣(吸氣), 入者為吸為息, 為陰為水,只要柔軟入息, 使鼻內無聞其聲。

靜坐行功的方法

其法是:結跏趺坐(雙腿交叉盤坐), 閉目, 觀想臍內一寸三分的黃庭中宮。忘去思慮(心齋坐忘), 滿口貯滿津液, 身稍微坐直, 左手捧外腎, 右手蓋住臍(生門), 閉口開鼻, 引氣入鼻(開始吸氣), 須柔細不聞聲, 以意念輕輕將氣送入臍內黃庭宮, 再送至尾閭, 氣將盡時, 引氣從背部督脈夾脊, 泥丸, 再往下入鼻而輕輕呼出(呼氣), 呼時耳不聞聲。

以意輕輕送入中宮(黃庭), 至尾閭, 所謂充開混沌池, 擘裂鴻濛竅。氣極, 乃從夾脊三關至鼻中, 輕輕放出(呼氣), 出者為呼為消, 為陽為火, 輕輕放出, 使耳內無聞其聲, 聽氣自出意, 且不可離中宮(黃庭)。意者, 性也, 神也, 真土也, 黃婆也。但所入氣息, 入中宮, 與元陽真氣相接相合。經云:『接天地無涯之氣, 續父母有限之身』; 即天地合其德也哉。

使水火二氣, 上下往來相須。天地升降一同也。勾引腎中真氣, 鉛也虎也, 心中木液汞也, 龍也。交媾混合於中宮, 謂之五行俱全, 和會一家。自然暢美。經云:『氣入臍為息, 神入氣為胎, 胎息相合, 名日大乙含真。』此謂龍虎交媾, 便是藥物。一纔有藥, 如母有胎, 便覺中宮有物, 所謂圓陀陀, 活潑潑, 當用火符鍊煮, 方得藥物不散。

所吸入的氣息, 進入黃庭中宮後, 便會和裏面的元陽真氣相接相合, 讓腎水心火二氣, 上下往來相待, 再以意念勾引腎中真氣上升, 心中木液下降, 觀想腎水心火(坎離二氣)在黃庭宮交媾, 而成藥物(黃芽白雪等), 然後用火候來鍊煮, 使藥物不散。

맺는 말

丘處機, 是七真之中, 聲名最著, 影響最大的, 他的應成吉思汗之邀, 往雪山見成吉思汗, 深得帝王崇信, 稱他為神仙, 使得全真教在他的手上, 發展得更加快速更壯大。而他所傳的龍門派, 其後也幾乎成了全真派的代稱詞。

丘處機的內丹修鍊, 集鍾離權, 呂洞賓及張伯端等三人內丹說之大成。在修命法門上, 詳載於《大丹直指》, 其修鍊法門, 最大者, 約可區分為三個步驟, 即是：鍊精化氣的坎離交媾; 鍊氣化神的水火既濟; 以及內觀起火焚去肉殼的鍊神合道。

首先以腎水心火行坎離交媾, 並在黃庭結成黃芽白雪等藥種, 然後以河車運轉, 一撞三關, 行三田返復肘後飛金精, 以此來鍊精化氣。其次為五氣朝元, 太陽鍊形, 以心中「氣」, 泥丸中「神」為修鍊之藥物, 引泥丸神水下降, 心氣上升, 成水火既濟, 以此來鍊氣化神。最後以內觀起火, 焚燒凡胎, 來鍊神合道; 終究目的, 在棄殼而升仙。

인도의 싯다 사상

남인도 타밀나두의 싯다 영성 과학을 중심으로

G.J. 수다카르

번역: 강시명(상생문화연구소)

필자 약력

수다카르

인도 역사학자.

인도 첸나이 소재 마드라스 크리스챤 대학교 졸업.

뉴델리 자와하르랄 네루대학교에서 박사학위 취득.

인도국립역사학회 집행위원회의 위원.

마드라스 대학교와 연계한 시피 라마스와미 아이야르 인도학 연구소 명예
교수.

「인도의 역사와 문화 학회지」 편집위원.

인도 시피 라마스와미 인도학연구소 명예교수

저서

「인도 역사의 도시화 고찰」

「1750-1857년 타밀나두를 중심으로 본 인도인들의 항쟁」

1 들어가는 말

싯다Siddhar는 초인적 성자로서 주로 남인도 타밀나두주에서 잘 알려져 있다. 싯다들은 자신의 엄격한 고행적 수련을 통해 싯디Siddhi라고 불리는 요가의 힘을 성취하여 갖게 되므로 요기Yogi[1]로 분류된다. 산스크리트어로 '싯다'는 '성취한 자'를 뜻하는데, 진아를 완성한 스승을 가리킨다. 이것은 보통 지속적인 수행과 자아에 대한 탐구를 통해서만 이루어진다. 싯다는 싯디를 성취한 자를 말한다. 싯디란 집중적 훈련과 엄격한 수행을 통해서 얻어지는 힘이며, 깨달음을 성취할 정도로 정화된 스승의 은혜에 의해 주어지는 힘이다. 싯다는 요가의 힘으로 시간과 공간의 장벽을 초월하고 다스릴 수 있는 성자로 여겨진다.

싯다스, 싯다, 싯타, 칫타는 인도와 서양의 영어권에 알려져 다양하게 사용되는 단어들이나, 각 단어는 타밀어에서 독특한 의미가 있다. 싯다스는 정제된 유일신적 신조와 연관되어 있다. 싯다는 완벽하거나 깨달은 성인을 의미한다. 싯타는 초상 능력, 연금술 등과 같이 마술적, 미신적 힘을 지닌 전문가를 암시한다. 칫타는 싯타와 같은 의미이나, 그런 힘을 마음을 통해 밖으로 펼치는 자라는 의미를 내포한다. 이러한 차이점은 기적이나 초상능력을 의미하는 타밀어 싯두와 마음과 마음의 능력을 의미하는 칫투의 서로 다른 이해와 해석에 따라 발생한다.

베단타 전통과는 달리, 남인도의 싯다 전통은 그 비밀적 전수 방식으로 인해 세상에 잘 알려지지 않았다. 싯다의 가르침은 보통 싯다 자신으로부

---

1) 요기는 요가의 다양한 수행법을 실행하는 남성(역자주: 여성은 '요기니'라 함)을 뜻한다. 요가의 한 형태로 간주되는 싯다의 수행법은 불요불굴의 마음을 확립하여 낮은 자아를 초월하는 과정이다.

터 영적으로 성숙한 제자에게 전통적 방식으로 전수된다. 전형적으로 싯다는 성인, 의사, 연금술사[2], 그리고 신비주의자였다. 그들은 자신들이 깨달은 바를 타밀어 시의 형태로 표현했는데, 이들의 작품은 종려잎에 기록되어 종려잎 필사본의 형태로 세대와 세대를 이어 전해졌다. 싯다의 지식 체계는 오랜 시간에 걸쳐 집대성되었고, 오늘날 타밀나두에서 싯다 의학으로 알려져 광범위하게 실천되고 있다.

---

2) 연금술사는 연금술에 정통한 자이다. 연금술은 고대 자연 철학의 한 갈래였는데, 후에 화학과 약학으로 발전하였다.

2 싯다의 일반적 특성

싯다는 크고 작은 초상 능력을 보유한 것으로 믿어진다. 고대의 수행이나 종교 관련 문헌에 이러한 점이 잘 나타나 있다. 타밀나두의 고대 수행 경전 『티루만티람』[3]은 이러한 초상력을 다음과 같이 설명한다.

1. 원자만큼 작아지는 것 (아니마)
2. 엄청난 비율로 크게 되는 것 (마히마)
3. 공중부양하여 수증기처럼 가볍게 되는 것 (라히마)
4. 산처럼 무거워지는 것 (가리마)
5. 다른 육체 속으로 들어가는 것 (프랍프티)
6. 무소부재로 어디에나 존재하는 것 (바시트밤)
7. 모든 사물에 내재하는 것 (프라카먀)
8. 전능함으로 모든 창조물의 주인이 되는 것 (이사트밤)

모든 싯다는 시바 신의 최고 제자들이며, 권능과 헌신의 측면에서 절대 자인 시바 신과 동등하다고 간주된다. 싯다들은 합리주의자이자 개혁가이다. 그들은 영적 지혜, 요가, 의학, 연금술, 점성술과 관련된 방대한 문헌을 유산으로 남겨 놓았다. 그들이 보여준 초상 능력과 기적적 성취는 수많은 이야기와 전설을 통해 생생하게 묘사되었다. 싯다는 다음과 같은 특성

---

3) 문자적으로 '신성한 만트라'를 의미하는 『티루만티람』은 기원후 6세기 무렵 티루물라 싯다에 의해 쓰여진 타밀 영성 시이다. 이 시는 삼천 개의 절로 이뤄져 있는데 영성, 윤리, 시바신의 찬미 등 여러 측면을 다루고 있다. 이 책은 타밀 시바파 신앙의 소의 경전인 『티루무라이 전집』 총12권 중에서 제10권에 해당한다. 타밀어로 된 사이바 아가마의 알려진 최초의 논서인 본 서에서 처음으로 샤이바 싯단타—"시바의 정수"를 의미함—라는 용어가 사용되었다.

을 가진 것으로 정의할 수 있다.

1. 엄격한 수행을 통해 궁극의 지혜를 이룬 자
2. 최고의 순결성과 신성함에 도달한 자
3. 여덟 가지 초상력을 보유하고 과거, 현재, 미래를 볼 수 있는 자
4. 진아를 깨달은 자
5. 자신의 마음과 행위를 완전히 다스릴 수 있는 자
6. 완전함을 이룬 성자
7. 내재하는 신을 깨달은 자 (외재가 아닌)
8. 신과 동행하는 자

상술한 싯다의 여덟 가지 초상 능력 즉 싯디Siddhi는 신의 성품에서 기인한다. 이러한 이유로 싯다는 신과 동등하다고 여겨지며, 이 점은 가장 오래된 싯다 중의 하나인 팜바티 칫타⁴가 지은 노래인 칫타 발라밤에 잘 나타나 있다. 여기서 그는 싯다는 신적 행위⁵를 펼칠 수 있다고 설명한다. 거의 모든 문명권에서 육체는 그 필멸적 속성으로 인해 출생, 사망, 노쇠, 질병에서 벗어날 수 없다고 주장한다. 하지만 그 반대로, 싯다는 가르침을 통해서 뿐만 아니라 실제 자신이 몸소 실천함으로써 불멸성을 깨달았다. 세계적으로 유명한 과학자들도 이러한 사실에 놀라움을 금치 못했다. 가장 확실한 증거는 라말링가 발랄라⁶의 일대기이다. 이는 1874년 1

---

4) 팜바티 칫타는 한 싯다의 이름이다. "팜부"는 타밀어로 뱀을 의미한다. 뱀은 영원을 상징하는 문양이고, 뱀의 껍질은 불가시성을 표상한다고 믿어진다. 껍질을 벗는다는 것은 오랜 수명, 더 나아가 불멸성을 암시한다. "뱀"이라는 말은 똬리를 튼 쿤달리니를 가리키는데, 쿤달리니 요가를 완성하고 불멸성을 성취한 싯다는 팜바티가 된다.
5) 창조하고, 보호하고, 파괴하고, 숨고, 축복한다.
6) 라마링감은 인도와 전 세계에서 발랄라르로 흔히 알려져 있다. 그는 유명한 타밀 성인들 중 한 명이었고 또한 "가나 싯다"로 알려진 19세기의 가장 위대한 타밀 시인 중 한 명이었다.

월 30일 금요일 자정에 일어난 사건이다. 당시 발랄라는 51세로 칫티 궁전의 한 방에 들어간 후 안에서 문을 잠갔다. 역사적 증거에 따르면, 그는 허공으로 사라져 빛이 되었다고 한다. 방으로 들어가기 전, 그는 설령 문을 열더라도 자신을 볼 수 없을 것이므로 문을 열지 말 것을 제자들에게 당부하였다. 그럼에도 불구하고 며칠 뒤 한 영국 장교가 공식허가서를 발부하여 그 방을 점검하도록 했는데, 경찰이 제공한 보고서에 따르면, 사람들이 방을 열었을 때 그 안에 아무도 없었다고 전한다.

그는 숫다 산마르가 상감(역자주: 문자적으로 "순수한 도道의 단체"를 의미함)이라는 개념을 널리 퍼뜨렸고, 사회적 해악인 카스트 제도를 없애려고 노력했다. 이 개념에 따르면 인생의 첫째 과제는 헌신적 봉사를 수반하는 박애와 참된 앎에 이르는 영적 수행이다.

3 타밀 싯다

타밀족은 3,000년 이상의 역사를 간직한 타밀어를 사용한다. 타밀족의 기원은 남인도 타밀나두이다. 타밀족은 대부분 힌두교도이며, 적지 않은 기독교도와 이슬람교 인구를 가지고 있다.

타밀인은 인도 타밀나두주 외에 스리랑카, 미국, 말레이시아, 캐나다, 싱가포르, 영국 등지에 거주하고 있다. 타밀족은 싯다 전통의 오랜 역사를 가지지만, 싯다는 어떠한 종교, 인종, 신앙에도 제한받지 않는다. 타밀 싯다는 독특한 사상가이자 위대한 요기이며 깨달은 현인이다. 그들은 대자연과 함께 살며, '낫투 마루투밤'이라고 하는 전통 의료체계를 발전시켰다. 그들은 정신적 완벽함뿐만 아니라 신체적 완벽함도 매우 중시하였다. 그들은 우주적 자아와 개인적 자아와의 일체성을 깨닫기 위해 쿤달리니 요가7)의 수행법을 사용하였고, 이를 통해 지복의 경지에 도달했다.

타밀 싯다의 문헌은 수 세기에 걸쳐 형성되었다. 아마도 그들 삶의 전기의 일부 세부사항들은 그것이 전해지고 기록되던 시기의 상황에 적합하도록 바뀌고, 수정되고, 많은 경우, 변형되었을 것이다. 따라서 싯다의 삶의 일대기에 관한 날짜와 구체적 정보는 확증적으로 이야기할 수 없다.

남인도의 고대 싯다 시기에 열 여덟 명의 싯다가 유명하다. 그들은 아가스탸, 보가, 코라카, 칼랑기나타, 삿타 무니, 티루물라, 난디, 테라야르, 타

---

7) 쿤달리니 요가는 요가 시스템의 하나로서 육체적, 정신적 수행법이다. 요가 분파인 하타 요가와 연관되어 있을 뿐만 아니라 라자 요가, 탄트라, 아슈탕가, 크리야 요가, 그리고 파탄잘리 수트라와도 밀접한 관련이 있다. 이 요가 수행체계는 일련의 요가 훈련과 명상들을 사용하는데, 때때로 크리야 요가 또는 간단히 크리야스라고도 불린다. 쿤달리니 요가는 종종 "의식각성의 요가"라고 불리는데, 이는 모든 인간 안에 이미 존재하는 무한한 잠재력을 일깨우기 때문이다.

야르, 마카 무니, 카루부라, 파탄잘리야, 에다이 카다, 카말라 무니, 푸나 케사르, 순다라난다르, 로마리쉬, 풀리파니이다.

4 싯다 시대

싯다 전통은 상감[8] 시기(500 BCE - 500 CE 또는 300 BCE - 300 CE)로 거슬러 올라가며, 이것은 시바파[9]의 철학, 탄트라[10], 남인도의 과학·기술과 밀접하게 연관되어 있다.

고대 타밀 문학은 대부분 상감기에 속한다고 알려져 있으며, 많은 사람은 이 시기를 타밀 문명의 황금시대로 간주한다. 그러나 많은 자료가 분실되었고 현재 이용 가능한 문헌은 단지 그 일부일 뿐이며, 싯다들이 활동한 정확한 시기는 확증하기 어렵다. 대체로 학자들은 싯다 시대는 두 시기 즉 문학 시기와 영성 시기로 나눌 수 있다고 이야기한다. 문헌학자들에 따르면, 싯다 시대는 기원전 5세기에 시작되었는데, 그것은 티루물라 싯다의 활동시기이다. 기원 전에 쓰인 『톨카피얌』이라는 책에서 싯다를 가리키는 '아리바(지혜로운 자)'라는 단어가 확인된다. 이처럼 서력 5세기 이전에 이미 싯다가 존재했음을 확인할 수 있다.

그 밖에, 발견된 야자잎 필사본들은 싯다들이 그리스도 이전의 시기에

---

8) 상감 문학은 현존하는 가장 오래된 타밀 문학으로서 사랑, 전쟁, 통치, 무역, 사별 등의 여러 주제를 다루고 있다. 하지만 아쉽게도 상감시기에 쓰여진 많은 타밀 문헌들은 소실되어 현재 전해지지 않는다.

9) 샤이비즘이라고 불리는 시바파 신앙체계는 힌두교의 가장 오래된 분파 가운데 하나이다. 샤이바라고 불리는 시바파의 신도들은 시바신을 우주 절대자로 받든다. 샤이바는 시바신이 우주 만유 그 자체이며, 만유에 내재하고, 창조자, 유지자, 파괴자이며 존재하는 모든 것의 창시자이자 종결자라고 믿는다. 시바파 신앙은 주로 인도, 네팔, 스리랑카에 퍼져 있다. 그 밖에 동남아시아의 일부분 즉 말레이시아, 싱가포르, 인도네시아에도 시바파 신자들이 거주하고 있다.

10) 샥티가 주존으로 숭배되는 탄트라는 하나의 종교 철학인데, 여기서 우주는 시바와 샥티의 신성한 유희로 묘사된다. '탄트라'라는 용어는 샥티를 받드는 경전을 가리키는 말로도 쓰인다. 탄트라는 무지와 윤회로부터 해탈하기 위해 실행하는 영적 수행체계와 예배 의식을 강조한다. 탄트라 전통은 힌두교와 불교 모두의 영성 전통에 영향을 주었다.

살았었다는 점을 입증하는 자료가 된다. 영적 측면에서, 티루물라는 매년 한 개의 노래씩 총합 삼천 개의 노래를 지었다고 한다. 이로 미루어 볼 때, 그가 기원후 5세기의 사람이라고 주장하는 것은 타당하지 않다. 이처럼 싯다 시대를 정확히 구분하는 것은 매우 어렵다.

5 타밀 싯다 철학

타밀 싯다들은 문헌에 얽매인 종교에 반대하며, 가능할 때마다 종교의식과 종교적 관습들을 비판하곤 했다. 그들은 자연과의 하나 됨의 원리를 옹호했다. 그들은 생명의 비밀을 발견했고, 사람들에게 가능한 한 가장 쉬운 방법으로 메시지를 전달했다.

싯다들은 카스트 제도를 맹렬히 비난했다. 사회에 의해 만들어진 카스트 신분제는 당시의 기성 종교 관습에 너무 종속되어 있었다. 싯다들은 이렇게 기존 질서와 체제에 반대하였기 때문에, 반항자 또는 추방자로 묘사되곤 하였다. 당시 사회는 그들을 베다의 권위에 거역하는 자로 간주하였다. 그래서 종교적 사원들은 나얀마르들과 알바르들을 우선시하였지만, 싯다들은 인정하지 않았다. 오직 시바 신을 신앙한 티루물라 싯다만이 시바파 성자로 인정되어 나얀마르들 중의 한 명으로 추대받았다.

싯다들의 무덤을 의미하는 사마디[11]는 현재 잘 알려진 사원이 되었다. 남인도의 유명한 사원 중에 티루파티의 콘카나 싯다 사마디, 티루바나말라이의 이다이카투 싯다 사마디, 팔라니의 보가와 풀리파니 싯다 사마디, 마루다말라이의 파암바티 싯다의 사마디, 마두라이의 순다라난다 싯다의 사마디, 그리고 카루부의 카루부 싯다의 사마디가 있다.

타밀인들은 싯다 수행법과 싯다들에 의해 도입된 의학 지식체계를 받아 이를 실천한다. 수십세기 전 살았던 싯다들은 파피루스나 야자잎 위에 다음 세대들을 위해 귀중한 지식의 보고를 남겼다.

---

11) 사마디는 신과 동등한 수준의 의식 경계를 가리킨다.

6 싯다와 종교

종교는 창조자를 기억하고 그에게 항상 감사하는 것이라고 간단하게 정의할 수 있다. 창조에 대한 관념은 서로 다른 사회에서의 문화적 발달의 결과였다. 사람들은 어렸을 때 자신이 어떻게 부모로부터 태어났는지 알고 싶어한다. 우리는 성장하면서 이 현상 세계가 어떻게 우주에서 출현하였는지 궁금해한다. 이처럼 세상의 창조와 그 안에 존재하는 생명의 기원은 전 세계의 지식층 사회의 끊임없는 논쟁의 주제이다. 하지만 논쟁은 끝이 나지 않는다. 왜냐하면 과학 탐구의 범위는 한계가 있기 때문이다. 모든 종교의 우화는 신이 이 세상을 창조했다고 항시 강조하며, 종교는 이 믿음에 기초한다.

1) 생명의 기원

싯다는 이성적인 사상가였다. 그들은 항시 대자연을 신봉했다. 그들은 신은 오직 자연의 의인화일 뿐이며, 대자연으로부터 온 세상이 출현하였다고 믿었다. 그래서 싯다는 이 주제에 대해 새로운 비유를 시도하였다. 아가스티야의 스승인 수브라흐마니야 싯다는 이에 대해 다음과 같은 계시를 전한다.

"태초에 한 소리가 출현하였다.
그 소리의 무형의, 유형의 힘이 시바를 창조했다!
시바의 빛에서 그의 왼쪽 절반인 샥티가 현현했다.
그리고 일곱가지 형태의 생명체가 등장했다.
그들은 자신의 의식에 따라 무수히 분화하였다.

세상은 완벽하고 결함이 없게 되었다.

이와 같이 시바와 샥티, 이 두 가지 서로 다른 요인은

가나파티와 샨무감, 즉 정적힘과 동적힘을 창조하였다!"

(수브라흐마니야, 그냐남 32:1)

위 구절에서 소리, 빛, 시바, 샥티, 가나파티, 샨무감(수브라흐마니야) 같은 단어들은 사실 특정한 과학적 사건이나 자연의 연금술과 관련된 물질들을 가리킨다. 이들은 모두 세상을 창조하는 데 관여하는 우주적 존재들이다. 시바와 샥티는 힌두교도의 시바 링감 숭배가 표상하는 근본 원리이다. 싯다들이 신비적 언어로 설명한 바, 이처럼 세상은 우주의 작용으로 탄생한 것이다.

2) 생명의 창조

인간 문화와 그들의 우월성에 대한 논의가 전 세계적으로 점점 증가하고 있다. 이는 사람들이 겉으로 바르게 행동하지만, 실제로는 속세의 허영심에 기반하여 행위를 하기 때문이다. 부자 나라들은 자신들의 어려웠던 과거 시절을 잊어버리고, 가난한 나라들은 자신들의 과거 영광의 시기를 망각하며 부자 나라들을 추종한다. 다른 나라가 자신의 나라보다 열등하다는 것을 선포하기 위해 나라들은 독단적 방식으로 암암리에 연구를 진행하였다. 싯다는 이 점에 대해 명확한 이해를 하고 있었다. 그들은 한 사람을 다른 사람과 차별하는 이론을 지지하지 않는다. 그들은 대자연의 창조 과정에서 모든 생명체가 브라흐만으로부터 생겨났다고 믿었다.

"태초에 온 우주는 공허하였다.

그 때 브라흐만이 지구에 출현했고

생명체들은 그의 힘에 의해 하나씩 생성되었다."

(부순다르, 미그냐나 빌락캄 - 80:66)

여기서 브라흐만은 하늘과 땅 사이에 존재하는 다섯 가지 기본 요소를 강화하며 삶의 토대가 되는 대자연을 표상하는 가상의 존재이다.

3) 신성한 Mantra

우리의 세계를 지배하는 다섯 가지 기본 요소는 하늘, 불, 공기, 물 그리고 흙이다. 이 가운데 세 개, 즉 불, 공기, 물은 위쪽의 하늘과 아래쪽의 땅 사이를 연결한다. 이 하늘과 땅 사이의 세 가지 기능은 계절 등을 창조하고 또한 하늘과 땅이 연결되어 있도록 작용한다. 이 기능은 실제로 하늘과 땅의 우주적 관계를 돕는 무형의 구속력이다. 만약 이 기능이 없다면 세상은 천천히 쇠락할 것이다.

가. 만약 불, 열 그리고 태양이 없다면, 세상은 점점 차가워져서 극저점에 이르게 되고, 지구 표면의 물은 얼어붙어 거대한 얼음이 형성되며 빙하 시대가 도래할 것이다.

나. 만약 물과 추위와 달이 없다면 세상은 점점 뜨거워져서 극고점에 이르게 되고, 지구 내부에서 용암이 밖으로 분출하여 세상을 거대한 돌덩어리로 만들 것이다.

다. 만약 공기, 질소, 진공이 없다면, 세계는 중력의 구심력을 잃어 우주의 돌처럼 날아가게 되고, 그 궤도에서 산산이 조각나 사라져 버릴 것이다.

라. 하늘이란 세상을 제외한 모든 것을 설명하기 위한 모호한 용어이다. 따라서 비록 행성이 시간의 여정에서 벗어나더라도 하늘은 절대 사라지지 않을 것이다. 싯다들은 우리의 영적 몸은 영원히 죽지 않는다고 확신하며,

하늘을 그 영체에 비유하였다.

마. 지구는 세속적 용어로서, 천천히 변화하는 모든 환상을 가진 우리의
삶을 가능케 하는 구형의 공이라고 정의된다. 싯다는 지구를 서서히 죽어
가는 우리의 환상의 몸에 비유하였다.

4) 신비적 기호

그러므로 싯다들은 대자연의 섭리와 지구의 문화를 육체를 가진 인간
존재의 비교적 관점에서 정의하였다. 여기서 교합은 성격이 다른 두 요소
를 결합하는 것을 의미한다. 이것의 낮은 차원의 예는 인간을 포함한 살
아있는 생명체가 누리는 성적 결합이다.

"하늘 즉 태양의 왕도는 남성성이다.
땅 즉 매혹의 아름다운 개화는 여성성이다!"

(로마리시, 아무다칼라이 그나남 - 52:38)

싯다에 관해 알고자 하는 자는 누구나 자기 주위의 모든 것을 대할 때
좋고 나쁨의 선입견 없이 참되게 관찰해야 한다. 왜냐하면 이 우주의 모든
것은 가장 지혜로운 자인 신에 의해 미리 계획되어 현현하기 때문이다. 이
점을 염두에 두고, 만약 우리가 어떠한 두 요소의 결합에 대한 세심하게
관찰한다면, 하나의 중요한 사실을 이해할 것이다. 여기서 A+B는 AB가
되는 것이 아니라 C, 즉 새로운 세 번째 요소가 된다는 것이다.

가. 삶에서, 남성과 여성이 만나 아기를 낳는다.
나. 언어에서, 모음과 자음이 만나 음절을 만든다.
다. 요가에서, 이다와 핑갈라가 만나 수슘나를 만든다. 이는 쿤달리니를

각성시키는 과정이다.

　라. 스승의 정보와 제자의 지식이 만나 창의성이 이뤄진다.

　우리는 또한 두 가지 요소의 결합으로 만들어진 세 번째 것이 그 자신이 비롯한 여러 요소로 분화될 수 없다는 것을 관찰할 것이다.

　예를 들어,

　가. 아기를 다시 그것을 낳은 요소들로 분화할 수 없다.

　나. 음절(결합한 소리)을 다시 기본 음성 요소들로 나눌 수 없다.

　다. 창의성을 다시 정보와 지식으로 나눌 수 없다.

　라. 쿤탈리니를 상승시키는 힘을 다시 호흡의 요소인 이다와 핑갈라로 나눌 수 없다.

5) 보편적 상징주의

　상징기호 옴은 우주의 근원소리를 상징한다. 통나무와 등유로 불을 붙일 수 있지만 불을 다시 통나무와 등유로 분화시킬 수 없는 것과 같이, 두 가지 창조적 요소의 결합은 다시 분열될 수 없다. 하지만 이것들은 점점 더 성장할 수 있다. 풀들 하나하나가 자라나 아름다운 잔디밭이 되는 것처럼, 신의 창조는 성장하고 발전하는 경향성을 가진다. 그러므로, 이 놀라운 세계와 그 직관적인 자연의 풍요는 전지자인 신이 만든 조화이다. 이처럼 싯다는 모든 창의적인 행동들 뒤에 링감의 창조 과정이 있다는 것을 깨닫는다.

　"한낮에 자라는 링감,
　성스러운 수미산에서 자라는 링감
　샥티의 터전위에서 자라는 링감

살아있는 싯다 안에서 자라는 링감

발견과 발명으로 자라는 링감

링감은 지구의 창조의 시기에 자라났다.

모든 곳에서 숭배받는 링감

링감은 하나뿐이고 유일한 신이다!"

(부순다르, 메이그나나 빌락캄 - 80:51)

이처럼 싯다는 깨달음의 영역을 두 가지 요소의 결합이라고 정의한다.

6) 독특한 종교

천국, 지옥, 덕, 죄 등은 우리의 삶과 직접 관련이 없지만, 우리가 만든 이념들이다. 종교적 제도들은 사람들이 일상생활 속에서 종교에 보다 의존하도록 자신들의 시간과 자원을 사용한다. 이러한 상황에서, 사람들은 다음과 같은 질문들을 마주할 수 있다. 종교의 경전들은 과연 사실인가; 우리는 어떻게 이러한 지식을 얻을 수 있는가 등등. 싯다는 만일 사람들이 자아를 관찰하여 깨닫는다면 이런 모든 의문들에 대한 답을 얻을 수 있다고 이야기한다. 내면의 자신을 관찰하고 깨닫는 것이 요가이다. 요가는 자아를 실현하는 것, 내면의 참나를 실현하는 것에 대한 결정적 답을 제공한다. 요가는 일상생활에서 우리에게 영향을 주는 많은 자아, 즉 사람과 물질, 지구와 우주 등을 지배하는 무수한 자아를 구성하는 외적 자아를 깨닫는 데 도움을 준다. 카랑기는 이에 대해 다음과 같이 제안한다.

"그대가 밖에 있는 대상을 그 극단적 지점까지 사유하면

그 결과로 당신은 지성의 점화를 체험할 것이다.

그대는 자연의 역할을 깨닫고 신성한 경전의 공허함을 알게 될 것이다.

그대는 지구와 우주의 혼란을 깨닫고 스스로 집착에서 벗어난다!"

(칼랑기나다 인디랄라 그나남- 48:3, 발췌)

매 종교는 신의 우월성에 대해 설교하지만, 아무도 신을 보지 못했다. 상술한 수행을 지속하면 수행자는 브라마, 비쉬누, 시바, 링감, 춤추는 시바 등 신성을 깨닫기 위해 더욱 준비가 필요할 것이다. 사실 그들은 종교에서 받드는 신들과 다른 여러 종교 배후에 있는 진리를 깨달을 수 있다. 싯다는 종교의 핵심적 의미는 자연과 세속적 존재로서의 외적 자아를 관찰하고 이해하는 것이라고 정의하였다.

개인적 자아는 사회적 자아의 일부이고, 사회적 자아는 국가적 자아의 일부이다. 국가적 자아는 세계적 자아의 일부이며, 세계적 자아는 우주적 자아의 일부이다. 이로 인해 사람들은 자신들의 사회, 국가, 세계, 우주에 관해 관심을 가진다. 누구든지 완벽한 구원을 얻고자 하면, 어떤 신을 숭배하더라도, 하늘과 땅 사이에 신성이 어떻게 작용하는지 알아야 하고, 신의 법칙이 순조롭게 진행되도록 도와야 한다. 우리 삶에서 춤을 추는 신의 다리를 아는 자만이 완전한 구원과 불멸성을 얻을 것이다.

"힘을 북돋아 주는 다리에 대해 아는 자
우주와 세상을 연결하는 몸에 대해 아는 자 (춤추는 시바)
그들만이 죽음의 신을 정복할 수 있다.
오직 그들만이 칼람(시간)을 다스릴 수 있다!"

(칼랑기나다, 인디라 잘라 그나남 - 48:22)

타밀어로 칼람은 시간을 가리킨다. 여기서 칼람은 한 개인의 삶의 수명을 뜻한다. 칼람은 시간에 맞춰 죽음을 조절하며 지구상에서 펼쳐지는 인간들의 삶의 조절자이다. '신의 다리'를 안다는 것은 밀교적 표현이다. 여기서 다리란 요가의 호흡 수행에서 프라나, 그리고 싯다가 만드는 카르팜(역자주: 불로수)이라는 신비한 물질을 뜻하기도 한다. 싯다는 다리를 의미하는 타밀어 칼이라는 단어를 신비적 술어로서 이 두 의미를 나타내기 위해 사용한다. 위 구절의 간략한 설명은 아래와 같다.

구원은 정신과 신체의 정화를 말한다. 몸의 정화란 우리 몸 전체에 흩어진 마음을 원래의 위치로 집중시키는 것이다. 랄라담 즉 두 눈썹 사이의 점은 마음의 근원적 거주처이다. 이를 위해서 호흡 훈련을 해야 하며, 특히 칼 즉 프라나의 중요성을 알아야 한다. 이처럼 몸은 필멸하는데, 그 주체가 되는 사람을 불멸에 이르게 하는 카르팜 즉 신비적 술어로 칼이라고 하는 주요 구성요소를 알아야 한다. 이 둘은 곧 춤추는 시바의 칼 즉 두 다리이다. 따라서, 인도의 사원 특히 시바파 힌두 사원의 석조 신상은 외관상 단순한 돌로 만든 조각으로 보이지만, 실제로는 이를 통해 싯다 문헌에 근거하여 예배에 참여하는 자에게 싯다 신앙을 전파하는 것이다.

7 싯다의 결론

육체와 건강 유지에 관하여

육체는 우주적 실체이고 그것의 구성요소는 판차부타스 곧 흙, 물, 불, 공기, 그리고 하늘이다. 이런 요소는 출생 시 특정 비율 즉 6:5:4:3:2로 나타나게 된다. 그래서 판차부타스의 비율이 변경되면 건강에도 그에 따른 장애가 발생한다.

육신은 사실 영혼이 머무는 수용체이다. 육체의 삶이 있어야 영혼이 살아갈 수 있다. 따라서 영혼의 삶을 위해서 건강한 육체의 지원이 필요하다. 만약 사람이 몸을 적절히 유지한다면, 영혼이 머무는 것도 적절하게 유지할 수 있다. 따라서 영혼의 장수는 육체의 건강에 의해 결정된다. 무엇을 먹느냐가 몸의 성장을 결정한다.

음식의 여섯 가지 다른 맛 곧 신랄한 맛, 짠맛, 단맛, 신맛, 쓴맛, 매운맛은 육체의 여섯 가지 생물학적 요소 즉 피, 뼈, 살, 지방 조직, 혈관, 침을 각각 지원하고 균형을 맞추는 역할을 하고 있다. 그리고 이들이 연합하여 작용할 때 일곱 번째 요소인 두뇌의 균형을 맞출 수가 있다. 따라서, 맛이 균형 잡힌 음식을 섭취하는 것은 더 나은 삶을 위한 건강을 유지하는 데 있어서 큰 도움이 된다. 다시 말해, 음식 자체가 건강 유지를 위한 보약이 된다.

인간의 삶은 육체에 저장된 에너지를 사용하는 많은 활동으로 점철되어 있다. 이러한 무수한 활동은 감정에 의해 촉발되는데, 나중에 같은 것을 사고할 때 같은 결과가 나오지 않는다. 따라서 인간은 목적이 뚜렷한 활동들과 잘 계획된 삶의 패턴을 지녀야 한다. 이처럼 에너지를 보존하는 것은 건강을 복원하는 길이다.

우리 몸의 메커니즘은 각각 피탐, 셋투맘, 바담이라 불리는 열, 추위, 공기 세 가지 자연적인 요인에 의해 제어되고, 그들의 작용은 산성 액, 담, 가스를 배출하면서 몸 안의 기운의 불균형을 초래한다. 또한 시스템 내에 노폐물이 쌓이게 되어 체내 메커니즘의 기능 저하를 가져온다. 싯다 문서에 기술되었듯이, 베텔 잎을 매일 씹고, 사하제와 구토제를 복용하고, 약 성분의 기름으로 몸을 마사지한 후 몸 전체를 씻는 것 같은 습관들은 육체 내의 기운을 회복시킬 수 있다. 따라서 어떤 간단한 건강 관리 습관에 따라 몸의 화학 요소의 균형을 맞추고 일반적인 질환에 대처하는 것이 가능하다.

만성 쇠약증은 특정한 약초, 광물, 금속으로 치료할 수 있지만, 급성 쇠약증은 독약으로 간주되는 나바파샤남으로 만든 선별된 약제에 의해 주의를 기울여 치료할 수 있다. 이와 같이 약효 성분을 가진 천연 물질들은 질병으로부터 벗어나는데 도움을 준다.

장수와 구원에 관하여

탄생은 악순환이다. 사람이 다시 태어날 때, 인간으로 다시 태어나지 않을 수도 있다. 인간의 탄생이 고귀한 것은 지혜와 구원을 얻을 수 있기 때문이다. 그러므로, 탄생을 끝내려면 사람은 죽음을 극복하고 오래 살아야 하는데, 구원을 얻기 위해 수명을 늘려야 하는 것이다. 장수는 다른 방법으로도 얻을 수 있다.

음식이 육체의 생명을 삶을 촉진하듯이 공기는 보통 유실되는 프라나의 기운을 보존함으로써 생명을 오랜 시간 더 연장할 수 있다. 어떤 약초는 체계적 방식으로 일정 기간 사용할 경우 수명을 늘릴 수도 있다. 어떤 희귀한 약초는 이 과정을 촉진할 수 있다.

싯다는 어떤 독성이 있는 약초의 약제 성분을 추출하여 무독성의 약초에 섞어 검은 약초를 만드는 배양법을 발견하였다. 이 검은 약초를 지혜롭게 복용하면 수명을 극적으로 향상시킬 수 있다. 마찬가지로 광물, 금속, 크리스탈 등의 사용도 수명의 연장을 가져올 수 있다. 이런 이유로 싯다는 지혜롭게 여러 방법을 시도하며 해탈이라는 궁극적 목표에 필요한 전설적 무병장수를 성취하는 것이다.

싯다의 구원은 두 가지 방법으로 가능한데, 힘이드는 명상 수행인 요감 Yogam과 신적 불로수인 카르팜Karpam이다. 싯다는 이러한 방법으로 획득되는 두 가지 경지를 아트마 싯디와 카야 싯디라고 부른다. 이는 종교적 관점에서 영적 구원과 육체적 구원에 해당한다. 이 두 가지 방법으로 얻은 신체적인 변형을 고대의 남인도 신선인 티루물라는 그의 저서 『티루만디람』에서 데바(신성한 천사)와 데밧토돗파(신과 동등함)라고 명명했다.

싯다는 약초를 통해 수명을 향상시키는 기본적인 지식과 함께 아스탕가 요감(여덟 단계 영적 수행)이라고 알려진 수행법을 사용하며 사람들을 영적 구원으로 이끌었다. 요감에서 첫 번째 부분인 네 개의 단계는 야맘, 니야맘, 아다남, 프라나얌은 싯다가 육체의 쇠약성을 극복하는 데 도움을 준다. 그 다음 두 개의 단계는 프라티야하람과 타라나이로서 수행자 내면의 부정적 사고를 제거하고 긍정적 사고로 바꾸어 그들이 마음의 쇠약성을 극복할 수 있도록 도와준다. 마지막 두 개의 단계는 드야남과 사마디로서 생각을 모으기 위한 마음의 훈련이며, 마음을 하나의 목표에 이르도록 집중시킨다. 이를 통해 수행자는 영혼의 쇠약성을 극복하고 영적 정상에 이르는 권능을 부여받게 된다. 드야남의 단계 동안, 특히 "마우남"이라고 알려진 최고점에서 싯다는 지식의 미지의 영역으로 들어갈 수 있도록 힘을 부여받게 되며, 이제까지 답을 얻지 못했던 모든 물음들의 해답을 얻게 된다. "마우남"의 경지에 머물려고 하는 반복적인 시도를 통해 수행자는 "그나나 사스티람"이라고 하는 지식의 새로운 지평선으로 인도된다.

사마디 단계 동안, 수행자는 자신의 영혼을 분리하여 미지의 영역으로 여행을 떠나 새로운 실험과 지식을 얻게 된다. 사마디는 특히 카르팜 즉 신적 불로수를 복용한 후 젊음을 되찾고 신체 각 부위를 활성화시키기 위해 실시하는 은밀한 운동이라고 볼 수 있다. 그래서, 싯다 차타이 무니와 다른 이들은 여러 번 사마디 경지에 머물렀고, 신비로운 무병장수를 성취하였다. 싯다들이 회춘하게 되는 이유는 그들이 사마디의 단계에 머물 수 있기 때문인 것으로 추정된다.

아슈탕가 요감을 통해서 수행자는 몸과 마음과 정신을 정화한 후 우주로 진입하여 그곳에 감춰진 암호를 해독한다. 이런 상황에서 싯다는 그들의 몸을 사마디의 의식상태에서—보통 수십 년 동안—제자들에게 맡기고 그들의 영혼은 육체에서 분리되어 우주의 궤도 너머에 있는 영역으로 여행한다.

싯다들은 자신의 육체는 감당할 수 없는 그 영역에 자신의 영적 자아로 여행하였던 것으로 사료된다. 하지만, 카르팜을 복용하면, 수행자는 스스로 한 행성이 될 수 있다. 즉, 수행자는 생물학적으로 종속된 몸을 신화에서 찬미되는 아우라의 육체로 변형시킴으로써 불멸성을 얻을 수 있다.

대자연을 포용하기 위한 연금술과 신비주의

카르팜의 부산물로서, 싯다는 자연의 비밀을 풀어내 일반 금속을 신성한 금속인 바담 즉 금속의 연금술로 변형시키고, 현대의 사상가들도 받아들이기 어려운 가장 높은 한계까지 도달하였다. 싯다는 그들의 비밀의 가르침이 카스트나 신조에 상관없이 진실하고 준비된 사람들에게 전해지기를 원하였다. 바담과 카르팜이 잘못된 사람에게 전수되면 인간 사회에 악한 영향을 가져오는 고로, 싯다들은 자신의 가르침을 밀교적 술어를 통해 기록하였는데, 신성한 주문, 비밀 예배, 신비적 신상, 비밀의 방법론 등이다. 싯다는 신성한 주문을 고안해 내었고, 신비스런 모습을 갖춘 신상을 보유한 사원의 형태로 그들의 영성 과학의 메시지를 구조적으로 표현하였다. 운명에 의해 지혜로운 자들은 참 의미를 알아내게 되며, 그러한 실천을 통해 스스로 싯다가 된다. 그래서 시바바키야와 같은 싯다는 '사원은 무엇인가? 신이란 무엇인가?' 등과 같은 질문을 던진다. 이러한 사람들에게 정적 링감은 지구 위의 삶을 창조하기 위한 우주적 입문을 뜻할 수 있으며, 사원에 있는 나타라자는 삶의 생존과 창조 등에 가해지는 우주적 충격을 의미한다고 할 수 있다.

신성한 주문들은 원래 싯다에 의해 고안되었다. 이 주문에는 두 종류의 상술한 구원과 그들의 복합적 성취를 밝혀낼 수 있도록 이끄는 이차적 의미가 포함되어 있었다. 예를 들어, '옴'은 A+U+M의 조합으로 싯다들은 이를 궁극적 목표인 불멸성을 가리키는 "영혼 + 육체 + 결합"으로 설명한다. 시바파 주문인 "나+마+시+바+야"에서 음절 '나마'는 카르팜을, 시바는 요감을, 야는 이 두 단계의 복합적인 결과를 나타낸다.

싯다는 밀교적 어휘를 사용하고 아가람('A', 8, 영혼) + 우가람('U', 2, 육체) = 야가람('Ya', 10, 불멸의 몸)과 같이 타밀 수비학을 사용하여 그 비밀 코드를 풀어냈다. 8+2가 10으로 변형되는 경우, 새로운 숫자는 M의 방법을 통해 A=U로 변환되고, 숫자는 옴으로 변형되고, 새로운 소리인 나마와 시바는 야, 즉 새로운 몸으로 변형된다. "옴나마시바야"의 신성한 주문은 나마를 먹고 시바를 들이마시고 불멸의 몸("옴")인 야를 얻는다는 거룩한 의미를 담고 있다. 그리하여, "나마시바야"는 인류 전체에게 주는 하나의 거룩한 메시지이다.

인간의 조화 도술을 가능케 하는 두 가지 분야의 과학에 관해서

싯다는 성자가 아니다. 어떤 의미에서 그들은 대자연의 과학자이다. 모든 사람이 싯다가 될 수 없고, 되려고 하지도 않는다. 그러므로 태어날 때부터 싯다인 경우가 있고, 신앙, 노력, 기회에 의해 싯다로 되어지는 경우가 있다. 사람은 스스로 지혜를 얻기 위해 그리고 고귀한 목적을 가지고 그가 속한 사회와 다른 이웃 사람들에게 지혜를 나눠주기 위해 싯다가 되기를 선택할 수 있다. 싯다의 영적 학교에는 내면의 학교와 외면의 학교의 두 가지 종류가 있다. 내적으로, 싯다가 되고자 하는 자는 자신의 몸을 연구하고 그 기제를 이해하며, 마음의 인식범위를 확인하며, 요가 과학을 확립한다. 외적으로, 그들은 지구와 우주를 관찰하여 카르팜의 과학을 굳게 세웠다. 그들은 대자연의 인과관계를 이해하고, 자신들의 이해 정도에 따라 인간 사회에 유용한 것들을 고안해 내었다. 그래서 싯다들은 거의 모든 분야에서 공헌했다.

그들은 출생시의 행성 위치를 분석하는 점성술의 과학을 세워 개인의 미래를 예측했다. 그들은 오랜 수명과 불멸의 기술을 발견한 후, 그 지식을 타밀인의 종교에 숨겨 두었다. 따라서 타밀 신들의 관념은 사실상 감춰진 연금술 과학을 신비적으로 설명한 것이라고 볼 수 있다. 그들은 우주의 모습에 대한 그들의 이해를 바탕으로 생활에 적용하여 금속을 제련하는 자연 기법을 도입하였다. 그들은 수많은 수술 도구를 고안해 환자들을 치료하고 특히 정밀한 수술에 있어서 이를 활용했다. 그들은 현대 과학에서도 풀지 못하는 많은 과학적 경이로운 성취를 이루었다. 그들은 대자연의 성질을 관찰했고, 도로, 물, 하늘을 여행할 수 있는 많은 운송수단을 발명했다. 그들은 쿨리가이를 고안하여 중력을 극복했고, 같은 매체를 활용하여 항공 여행을 실현하였다. 그들은 상술한 착상들을 더욱 발전시켜 다른 자연적 힘들을 극복하였고 기적적인 일들을 실행할 수 있었다. 그들은 기초 과학에도 정통했는데, 몸동작에 의해서도 작동되는 로봇을 발명할 정도로 화학과 물리학에도 월등히 뛰어났다.

≡ 참고 문헌 ≡

타밀어 문헌

- Agathiyar, Vaidya Pooranam – 205, Central Council for Research in Ayurveda and Siddha, New Delhi – 58, 1997.
- Bogar, Karpa Vidhi – 300, In Siddhar Kaya Karpam (collection), Central Council for Research in Ayurveda and Siddha, New Delhi – 16, 1981.
- Karuvoorar, Palathirattu, International Institute of Tamil Studies, Madras – 113, 1982.
- Konganar, Nadukandam – 1000, Central Council for Research in Ayurveda and Siddha, New Delhi – 58, 2001.
- Machchamuni, Perunool – 800 Central Council for Research in Ayurveda and Siddha, New Delhi – 16, 1985.

영어 문헌 – 고대사 및 고고학

- Alan and Sally Landsburg, The Outer Space Connection, Corgi Books, Transworld Publishers Ltd., New York, 1975.
- Andrew Thomas, We are not the first – Riddles of ancient Science, Bantam Books, New York, USA, 1973.
- Joseph L. Gardner (Project Editor), Mysteries of the Ancient, Reader's Digest General Books, USA, 1986.
- Mc Kay, Hill, Buckler & Ebrey, A History of World Societies, Vol. A., Houghton Mifflin Co., Boston, New York, 2000.

연구서적

- Annie Besant and Leadbeater, C.W., Thought Forum, The Theosophical Publishing House, Madras, 1971.
- Shanmuga Velan, A., Dr. Siddhar's Science of Longevity and Kalpa Medicine of India, Sakthi Nilayam, Madras – 10, 1963.

- Nemisharan Mital, World Famous Mythologies, Pustak Mahal, New Delhi, 2003.
- Rene Welek and Austin Warran, Theory of Literature, London, 1961.
- Fink, B. The Human Larynx, Raven, New York, 1975.
- Sundberg J., Vertical Larynx Position – Research findings and their relationships to singing (discussion). Journal of Voice, (vol.2 pp.220-222), 1987.

전자서적 / 전자문헌:

- Demetrius Charles Boulger, China (ebook) – www.web_books.com
- Edward Furlong, The Immortals, (etext) – Pritchard James B., Ancient Near Eastern Texts (ANET), Princeton University Press, 1950, etext at:http://www3.sympatico.ca/nimbus/K1.htm
- Edward Kelly, The Stone of the Philosophers – http://www.sacred-texts.com/alc/kellystn.htm
- Frank Lewis Dyer and Thomas C. Martin, Edison, His Life and Inventions, The Project Guternberg Ebook, (2006).
- Nicholas Flamel, The Book of Abraham The Jew – http://www.alchemylab.com/flamel.htm
- Plato. The Dialogues of Plato, vol. 2, B. Jowett (transl.), - Random House, New York, 1892, 1920.
- The Rig Veda, (Etext) Ralph T.H. Griffith, Trans., 1896 & 1889. – http://www.sacred-texts.com
- The Six Keys of Eudoxus – http://www.sacred-texts.com/alc/eudoxus.htm
- Genetics identify the first Indians – www.hindustantimes.com/storypage/print/295146.aspx
- Great Human Migration – http://www.maduraimessenger.org/printed-version/2010/july/the-great-human-migration/
- Miracles of Vallalar – www.vallalar.org/articlesenglish/9
- Mount Meru as depicted in an old Buddhist cave sanctuary in Chinese

Turkestan – http://www.thelivingmoon.com/42stargate/03files/Mount_
Meru.html

- People living on mountains live longer – http://www.sciencedaily.com/
releases/2011/03/110325251643

- Surgery for curing bloodclot in Brain – http://en.wikipedia.org/wiki/cere-
bral_infraction

- Surgery in throat – http://voice-teacher.com/howvoiceworks.html

- Unusually long lived people in USA – www.vanished.com/pages/unusu-
ally_long_lived_people.htm

- Yogic Longevity – http://www.amazingabilities.com/amaze7a./html

- Vertical and Saggital Position of Larynx in Singing, Department of Com-
munication, University of Jyvaskyla, Jyvaskyla, Finland. – http://users.
jyu.fi/-hurme/Sthlm.html

SPIRITUAL SCIENCES OF SIDDHARS OF TAMI NADU, SOUTH INDIA

Prof. GJ Sudhakar

Siddhars are known as saints, mainly in the state of Tami Nadu in South India. The Siddhars are also classified as Yogis[1] as Siddhars acquire Yogic powers called Siddhis through their austerities or penance. In Sanskrit, "Siddha" means "one who is accomplished" and refers to perfected masters of their self. This is usually accomplished only by persistent meditation and an enquiry into self (*athato brahma jigyasa*). A Siddhar refers to one who has attained a Siddhi. A siddhi is a power that can be focused on, acquired through deep practice and austerity, or can be given by grace to someone who has been so purified as to be enlightened. Siddhars are considered to be people who are believed to control and transcend the barriers of time and space by their Yogic powers.

Siddhas, Siddhar, Sittar are Chittar, are the words variously used in English by the western and as well Indian scholars but each as specific connotation in Tamil. Siddhas means the refined monotheistic creed existed. Siddhar means perfected or realized saints. Sittar implies an expert in occultism, alchemy and so on with magic or superstitious

---

1) A Yogi is a Sanskrit term for a male (Yogini for a female) who practices various forms of the path of Yoga. (Siddha is also considered as a form of Yoga) maintaining a steadfast mind, the process of transcending the lower self.

power. Cittar also connotes the same however exhibiting such powers with mind. It may be noted that the differentiation arises due to the understanding and interpretation of the Tamil words, siddhu (miracle, supernatural performance, etc.) and cittu (connected with mind and mental powers).

Unlike the Vedanta traditions, not much is known of the Siddha traditions of south India as it was guarded in secrecy. The Siddha philosophies are usually taught in the traditional manner by a Siddhar to a spiritually mature disciple. Typically, Siddhars were saints, doctors, alchemists[2] and mystics all in one. They wrote their findings, in the form of poems in Tamil language, or palm leaf which are collected and stored in what are known today as palm leaf manuscript, and handed down through the generations. The Siddhars have over the centuries developed, a vast knowledge-system, what is now known as siddha medicine, practiced mainly in Tamil Nadu.

General Characteristics of Siddhas:

The Siddhars are believed to have had powers either major and other minor powers or siddhis. They are explained in detail in various Yogic as well as religious texts:

Tirumantiram[3] describes the powers as:

----

2) An alchemist was a person versed in the art of alchemy, an ancient branch of natural philosophy that eventually evolved into chemistry and pharmacology.
3) The Tirumantiram, is a Tamil religious poetic work written by Tirumoolar. It consists of over three thousand verses dealing with various aspects of spirituality, ethics and praise of Lord Siva. The Tirumantiram is the tenth of the twelve volumes of the Tirumurai, the key texts of Tamil Saivism. It is the first known Tamil work to use the term Shaiva Siddhanta and the earliest known exposition of the Saiva Agamas in Tamil.

1. To become tiny as the atom within the atom (Anima)
2. To become big in unshakeable proportions (Mahima)
3. To become as light as vapour in levitation (Laghima)
4. To become as heavy as the mountain (Garima)
5. To enter into other bodies in transmigration (Prapti)
6. To be everywhere in omnipresence (Vasitvam)
7. To be in all things, omni-pervasive (Prakamya)
8. To be lord of all creation in omnipotence (Isatvam)

All Siddhars were among the highest disciples of Lord Siva and are considered equal in their power and devotion to that Supreme Being. The Siddhars are rationalists and reformists. They left behind them a vast body of literature, relating to spiritual wisdom, Yoga, medicine, alchemy and astrology. The supra-natural powers and rare achievements of the Siddhars are vividly portrayed in many stories and legends.

Siddhars can be defined as possessing the following characteristics:

1. The one who had attained ultimate wisdom through penance and yogic practice.
2. The one who had achieved supreme purity and sacredness.
3. The one who had obtained eight types of abilities (super powers) and able to see the past, present and future.
4. The one who had realized himself.
5. The one who can control his mind and actions.
6. Saints who had attained perfection.
7. The one who realize God is within; not without.
8. The one with God.

The eight super power abilities or 8 (ashta) Siddhis highlighted earlier of the Siddhas are of God's nature. Therefore, Siddhars are considered equal to God. This is cited by Pambatti Cittar[4], one of the earliest Siddha, in his song, Cittar Vallabam (Nyanakkovai). Here, it is explained that Siddhas could perform the actions[5] of God.

Almost all the civilisations claim that human body is perishable and is subject to birth, death, old age and disease (janma, mritya, jara, vyadhi). Contradictorily, Siddhas discovered immortality by not only preaching it but also by practicing it. This action, of course amazed the world's renowned scientists. The best evidence for their fact is the life history of Ramalinga Vallalar[6]. An incident happened on 30th January, 1874, Friday at midnight in Mettukuppam, Tamil Nadu, India. At that time, Vallalar was 51. He entered into one of the rooms of Citti palace and locked himself. According to historical proofs, he vanished and became light. Prior to entering the room, he gave instruction to his disciples not to open the door as he would be invisible even if the door is opened. Despite that, a few days later, a British officer produced official permission to open and inspect the room. According to the report provided by the officer, the room was found to be empty when opened.

----

4) Pambatti Cittar is a name of one Siddha. "Pambu" in Tamil means snake. Snakes are emblems of eternity and the snake skin is supposed to procure invisibility. The practice of casting its skin suggested longevity or even immortality in the snake. The term "snake" refers to the coiled kundalini. A Siddha who has perfected Kundalini yoga and attained immortality is a "Pambatti".

5) Create, protect, destroy, hide, bless.

6) Ramalingam, is commonly known in India and across the world as Vallalar. He was one of the famous Tamil Saints and also one of the greatest Tamil poets of the 19th century known as "gnana siddhar". He spread Suddha Sanmarga Sangam and through the notion of Suddha Sanmarga Sangam, he endeavored to eliminate the menace of caste system. According to Suddha Sanmarga, the prime aspects of human life should be love connected with charity and divine practice leading to achievement of pure knowledge.

Tamil Siddhas

Tamil people speak Tamil language with a recorded history of more than 3,000 years. The origin of Tamil community is from Tamil Nadu, South India. The Tamils are mostly Hindus with sizable number of Christians and Muslim populations. Tamils are found notably in Sri Lanka, USA, Malaysia, Canada, Singapore and the UK.

Although the Tamils have a rich history in Siddha traditions, Siddhas however are not bound by any religion, race or faith.

The Tamil Siddhas are a unique group of thinkers and were great Yogins and Jnanis. They lived in the company of nature and evolved the native system of traditional medicine known as "naattu maruthuvam". They attached much importance to the physical as well as the psychical perfection. They adopted the method of Kundalini Yoga[7] to realise the oneness of the Individual Self with the Universal Self, leading to eternal bliss.

The literature of the Tamil Siddhas spans many centuries and it is probable that certain details of the life-history of them are changed, modified and many time distorted, to suit the ethos, the occasion, the period and the time when they were narrated and recorded. Hence, it is not possible to say anything definite about the life, date i.e. the biography of the Siddhas. Siddhas have not left any autobiographical details in their poems. In a number of cases factual information such as dates

----

7) Kundalini yoga is a physical and meditative discipline within the tradition of Yoga, associated with the subdivision of Hatha Yoga, but also closely associated with Raja yoga, Tantra, Ashtanga, Kriya Yoga and the sutras of Patanjali. It describes a set of yoga exercises and meditations which are also sometimes referred to as Kriya Yoga or simple Kriyas. Kundalini Yoga is sometimes called "the yoga of awareness" because it awakens the "Kundalini" which is the unlimited potential that already exists within every human being.

of birth, or at least the periods in which they lived, the real (original) names of the Siddhas, the villages where they were born, and the castes and religions in which they were born and the places where they lived and attained liberation (samadhi) cannot be obtained.

There are 18 Siddhars. They were Agastyar, Bogar, Korakkar, Kalanginathar, Satta Muni, Thirumoolar, Nandhi, Therayar, Konganar, Macha Muni, Karuvoorar, Patanjaliyar, Edai Kaadar, Kamala Muni, Punnakeesar, Sundarandandar, Romarishi and Pulipani.

Period of Siddhas:

Siddha and Siddhars can be traced back to Sangam[8] period (500 BCE – 500 CE or 300 BCE – 300 CE) and it is closely linked with the development of Saivism[9] philosophy, Tantras[10], science and technology in South India.

It is a known fact that most of the ancient Tamil literature belongs to the Sangam period, considered by many as the golden age of Tamil

----

8) Sangam literature comprises some of the oldest extant Tamil literature, and deals with love, war, governance, trade and bereavement. However, many of the Tamil literature belonging to the Sangam period had been lost.
9) Shaivism is one of the oldest of the four seats of Hinduism. Followers of Shaivism, called 'Shaivas', and also 'Saivas' or 'Saivites', revere Lord Siva as the Supreme Being. Shaivas believe that Shiva is All and in all, the creator, preserver, destroyer, revealer and concealer of all that is. Shaivism is widespread throughout India, Nepal and Sri Lanka, mostly. Notable areas of the practice of Shaivism also include parts of South east – Asia like Malaysia, Singapore and Indonesia.
10) Tantra is a religious philosophy according to which Shakti is usually the main deity worshipped, and the universe is regarded as the divine play of Shakti and Siva. The word Tantra also applies to any of the scriptures commonly identified with the worship of Shakti. Tantra deals primary with spiritual practices and ritual forms of worship, which aim at liberation from ignorance and rebirth. Tantricism has influenced the Hindu and Buddhist religious traditions.

civilization. However, many of these had been lost and the available literature currently is just a fraction of the material produced and it is difficult to ascertain the exact period of the Siddhas.

Some scholars are in opinion that the period of Siddhas can also be divided into two categories, namely literature period and spiritual period. According to scholars in Literature, Siddhas period began from 5th Century A.D., which is from the period of Thirumoolar. Based on Tolkappiyam, which was written before Christ, the existence of the word 'Arivar' (the wise one) is found which refers to Siddhas. As such, it is evident that Siddhas existed prior to 5th Century A.D. Besides their palm scripts also serve as proofs that the Siddhas existed before Christ.

On the spiritual level, it is said that Thirumoolar had written 3000 songs by producing one each year. As such, it is impossible to claim that he belongs to 5th Century A.D. As such, even now it is difficult to determine the period of Siddhas.

Tamil Siddha Philosophy:

The Tamil Siddhas were against the text religion and whenever possible criticized the rituals and religious practices. They uphold the principle of being united with nature. They discovered the secret of life and delivered the message in the simplest way possible to people. The Siddhas denounced the caste system. Though the caste system was created by the society, during that time, caste system was embedded into the religious practice of the society. As Siddhas were against such practices, they were portrayed as rebels and outcast of the society. Society also looks at the siddhas as people who go against the Vedas. Therefore, the temples gave priority to the Nayanmars and Alvars and denied any recognition to the Siddhas. Only Thirumoolar who practiced saivism was given recognition and accepted among the saivites and uplifted as one of the Nayanmars. Some of the siddhas great Samadhi[11] has currently become well known temples.

In south India, among the well-known temples, Konkana Siddhar's Samadhi in Tirupati, Idaikaattu Siddhar's Samadhi in Thiruvannamalai, Bogar and Pulipani Siddhar's Samadhi in Palani, Paambatti Siddhar's Samadhi in Marudhamalai, Sundarananthar Siddhar's Samadhi in Madurai and Karuvoor Siddhar's Samadhi in Karuvoor.

The Tamil society appreciates and welcomes the knowledge of Siddha practice and siddhas medicine introduced by these siddhas. Siddhas who lived centuries ago left valuable knowledge on papyrus / palm leaves for the current community.

Siddhas and Religion:

Religion could simply be explained as remembering the creator and thanking him always. Ideas about creation were by products of cultural development in different societies. As children we are anxious to know how we were born to our parents; as we grow up; we wonder how our world was born of cosmos. Thus, the creation of world and the origin of life in it is an ever-rehearsed debate of the elite societies all over the world. The debate is endless; because science can probe only up to a certain extent. Epics of all religions always stress that God created this world and religions were based on this belief.

---

11) Samaadhi – A level equivalent to God.

(a) Genesis of World:

Siddhas were rational thinkers; they always believed in the Nature. They believed that God could only be a personification of The Nature and it is the Nature that was responsible for the genesis of the world. Hence, Siddhas gave a different analogy about this topic. Siddha Subramaniyar, mentor of Agasthiyar gave his verdict about this topic below:

"At first there emerged a sound, and,
Its invisible and visible force created Siva!
From Siva, The light, emerged Sakthi his left half,
Then emerged the seven forms of life,
They then branched as their wits guided,
The world became complete and flawless,
Thus the Sakthi and Siva, the two different factors
Created Ganapathi and Shanmugam,
The static and kinetic forces!"
(Subramaniyar, Gnaanam – 32:1)

In the above verse, words like sound, light, Siva, Sakthi, Ganapathi and Shanmugam (God Subramaniyar), in fact refer to certain scientific events/ substances related to alchemy of the Nature itself. These are all cosmic characters involved in the creation of the world; in which, Siva and Sakthi were the basic ideology behind the icon worship of Siva Lingam by Hindus. So the genesis of world happened as a result of cosmic actions explained in the cryptic languages by Siddhas.

(b) The Creation of Lives:

There is an ever-growing discussion about the human cultures and their superiority all over the world. Though people behave decently outwardly, that is just an act in the Vanity Fair, of worldly life. Rich countries make jest of poor countries, forgetting the past financial history of them, while the poor ones worship the rich ignoring the past stories of their glories. There is continuous unaided and uncalled–for research conducted in a freelance fashion to declare how the other man is inferior to one. But Siddhas had a clear cut understanding on this point. They never support the theory that differentiates one man from the other. They believed that all living beings arose from Bramam during the process of nature's creative function.

"*The world was barren in the beginning, and when,*
The Brammam came into being on the earth,
The lives emerged one by one due to its virility".
(Busundar, Meignaana Vilakkam – 80:66)

Here, Brammam is an imaginary form of nature that consolidates from sky to earth, five basic factors and thus represent a zone of life.

(c) The Sacred Manthras:
The five basic factors that rule our world are the sky, fire, air, water, and earth. Of these, the middle three, i.e., the fire, air and water connects the sky above and earth below.

These three function between the sky and earth and create seasons, etc., and keep the connection of sky and earth together. They are, indeed, the invisible binding factors that help the cosmic relation of sky and earth. If they are not there then the world would slowly decay.

(i) If there is no fire, heat and sun, the world will grow cool, cooler and coolest and the water on its surface would freeze around and form a bigger ball of ice layers and would result in an Ice – Age.

(ii) If there is no water, cold and Moon, the world would grow hot, hotter and hottest and experience eruption of lava from the womb of the earth that would turn the world into a big ball of stone.

(iii) If there is no air, nitrogen and vacuum, the world would loose its gravity pull and hurtle like cosmic stone and get pulverized in its transit and finally cease to exist.

(iv) The sky is a vague term to explain everything other than world. Hence, the sky will never perish (even if some planets were missing the course of time). Siddhas believed that our astral – self will never perish; hence compared sky to our astral-self.

(v) The Earth a mundane term to explain the spherical ball that enables our life with all its fancies perishing slowly. Siddhas compared earth to our fanciful body that decays slowly.

(d) The Mystic Symbol:

Thus the ordinance of nature, the culture of our earth is defined by siddhas with a comparative sense of our bodily existence. Here, the coition refers to union of two factors having characters one opposed to the other. A cheap example for this would be the sexual union that living beings including humans enjoy.

"The sky, the royal path of Sun is the Male,
The earth, the blooming beauty of charms is the Female!"
(Romarishi, Amudhakalai Gnaanam – 52:38)

A person who observes siddhas should keep a wide eye and watch everything, without prejudice as to what is seen is good or bad. Since, everything is a pre-planned orchestral function of The Wisest, The God.

With this bearing in mind, if we care to observe coition of any two factors we will understand one important fact; here A + B is not AB, but C – a new third factor.

(i)   In life, male and female mix together and produce a baby.
(ii) In language, vowel and consonant mixes together and produce a syllable.
(iii) In Yoga, Idaikalai and Pingalai mix together and produce Suzinai, the process to raise Kundalini.
(iv) Information (from mentor) and knowledge (of disciple) mixes together and produce inventions.

We will also observe that the third thing produced by the coition of two factors cannot be split again into factors themselves.

For instance,

(i)   We cannot split the baby again into the factors that produced it.
(ii) We cannot split a syllable (a combined sound) again into its basic sounds.
(iii) We cannot split an inventive idea into information and knowledge again.
(iv) We cannot split the force that raises Kundalini into breath factors idaikalai and pingalai.

(e) The Universal Symbolism:

The icon Ohm. Just as a log of wood and kerosene can cause fire but the fire cannot again be split into the log of wood and kerosene again, the union of two creative factors can never be split again. But these can continue to grow more and more. Like grasses grows one by one and form a beautiful lawn, the creation of god has a tendency to grow and develop. Thus, the incredible world and its intuitive natural wealth is a network created by God, The Omniscient. So, in the eyes of Siddhas behind every creative action there is a Lingam process.

"The Lingam that grows in the midday,
The Lingam that grows upon the sacred Meru,

The Lingam that grows upon Sakthi's base,
The Lingam that grown inside a living Siddha,
The Lingam that grows into discoveries and inventions,
The Lingam that grown during the genesis of earth,
The Lingam that grows to be worshipped everywhere,
The Lingam, which is in fact, the one and only God!"
(Busundar, Meignaana Vilakkam – 80:51)

Thus, the Siddhas define the realm of realization as the union of two factors.

(f) The Unique Religions:

Heaven, Hell, Virtue, Sin, etc. are ideologies nurtured by us, though not related to our lives directly. Religious institutions spend time and resources to grow our dependence on them on a day-to-day basis. Under the circumstances, one may face with questions like: are the religious scripts true; how do we realize the facts; how do we get knowledge of all these; and so on. Siddhas say that one can attain answers to all these doubts, if he cares to observe and realise his outer self.

Observing and realizing one's inner self is Yoga, the definitive answer for self-realisation or the realisation of the inner self. Yoga can also be helpful to realise the outer-self - the self that comprises many selves that affect us in or day to day life and that rules men and materials, earth and cosmos, etc.

Kaalaangi gives a suggestion on this:
"When you contemplate outward-out, outer and outermost,
You will be imbued by the ignition of intelligence, as a result,
You will realize the role of nature and falsehoods in sacred scripts,
You will realize the clutters of earth and cosmos, and detach yourself!"
(Kaalaanginaadhar Indirajaala Gnaanam – 48:3, excerpt)

Each religion preaches the superiority of its God, but, nobody has seen the God. At the end of the above practice one may be in a better position to realise the God, as to, who are Brahma, Vishnu, Siva, Lingam, Dancing Siva, etc. They can, in fact, realise the facts behind religious deities and of other religions too. Siddhas have defined that the core meaning of religion is observing and understanding the nature, the outer self of one's worldly existence.

Our personal self is a part of our social self: the social self is a part of our national self: the national self is the part of our world self: and finally world is the part of our cosmic self. Because of this, we worry for our society, nation, world, cosmos, etc. If one wishes to get perfect salvation, whoever is the God and worships; he should know the how godliness works between the sky and world and help the Rule of God to go smoothly. Only he, who knows the 'legs of the God' that performs the dance of our lives, will attain 'perfect salvation' and immortality.

"Those who know the legs that bestows momentum,
Of the body that connects the cosmos and world (Dancing Siva),
Will they alone conquer the Lord of Death!
The Kaalan, never fails otherwise!"
(Kaalaanginaadhar, Indira Jala Gnaanam – 48:22)

Kaalam in Tamil refers to Time, here the time of one's life span. Kaalan is the name of the God who regulates death in a timely manner; the time keeper of our life time on earth. Knowing 'legs of the God' is an esoteric expression, where leg(s) refer to Praa Na in Yogic breathing and also an esoteric substance in Siddhas preparation of Karpam (elixir). Siddhas use a Tamil word 'kaal' (meaning = leg), as an esoteric term to refer to both these meanings.

Hence, a brief explanation of the above verse is this. Salvation refers to purification of mind and body. Purification of body is concentrating the mind, which strays all over our body, in its original abode itself. Lalaadam, the mid-brow point is the original abode of mind. This requires knowledge of breath practice especially the importance of Kaal (Praa Na). Similarly, body is perishable. To immortalise the same one should know Karpam, especially, its main ingredient referred to as Kaal (an esoteric term). These two are the two legs (kaal) of the Dancing Siva.

Thus, the stone idols in Indian temples, especially those of Saivism, were outwardly stone idols but in reality they preach the Siddha cult to the ones who can view them through Siddhas scripts.

Conclusions of Siddhas:

On Body and Healthcare:

Body is a cosmic entity and its components are made of the Panchaboothas, viz., earth, water, fire, air and sky. These factors prevail in human body in a particular ratio (viz., 6:5:4:3:2) at the time of birth. Hence, when there is a change in the ratio of Panchaboothas, it results in health disorders.

Body is, in fact, a receptacle where the Spirit dwells. Life of the Body ensures the life of the Spirit and hence the Body's support required for the survival of the Spirit. If one maintains the Body properly, one can also maintain the stay of the Spirit in it appropriately. Hence, the longevity of the Spirit is decided by the fitness of the Body.

The food one eats decides the growth of the Body. The six different tastes of the food (viz., astringent, salty, sweet, sour, bitter and hot tastes), support and balance the six biological components of the Body (namely, blood, bones, flesh, fatty tissues, veins and saliva, respectively) and their combined effect is responsible for balancing the seventh component, the brain. Hence, a taste balanced food can sustain health for a better living. In other words, food itself can serve as medicine for healthcare.

The human life is filled with numerous activities accomplished by using the energy stored in the Body. Many activities are triggered by emotions and are fruitless when one thinks of the same later. As such, one should have purposeful activities and well planned life pattern. Hence, energy conservation is a means for restoration of health.

The function of our Body mechanism is controlled by three natural factors heat, cold and air (referred to as Piththam, Seeththumam and Vaadham) and their operation excrete acidic fluids, phlegm and gases and result in imbalance of atmosphere inside the Body. Also, one acquires certain debilities in the functionality of Body mechanism due to accumulation of waste matters in the system. Certain habits like chewing betel leaves daily, taking purgative and vomiting medicines and bathing the whole Body after massaging with medicated oils, as prescribed in SIddha's texts, can restore Body's inside atmosphere. Hence, it is possible to balance Body's chemistry and tackle common ailments by following certain simple health care habits.

Chronic debilities can be cured by certain herbs, minerals and metals while acute debilities can be cured by carefully selected medicines made of Navapashanam (invariably referred to as poisons). Hence, natural objects in their medicinal form can cure us from diseases.

On Longevity and Salvation:

Birth is a vicious circle and when one takes rebirth, one may not get a human birth again. Human birth is sacred and meant for acquiring wisdom and salvation. Hence, to put an end to birth, one requires to overcome death, attain longevity and use that long span of life for achieving salvation.

Longevity can be attained by different methods. Just as food can facilitate life in the Body, air can extend that facility for a longer time through storage of Praa Na in Body that is normally wasted otherwise. Certain herbs that abound in medicinal quality can also increase longevity if taken in a systematic manner for a given period. Certain rare herbs can expedite this process. Siddhas discovered a method of cultivation through which the medicinal qualities of certain poisonous herbs could be added to non-poisonous herbs and produce black herbs; the strategic consumption of which could improve longevity dramatically. Similarly, minerals, metals and crystals, etc, can also improve longevity in their medicinal forms. Hence, Siddhas employed all these knowledge judiciously for a number of attempts, and attained legendary longevity required for their ultimate goal of salvation.

Siddhas salvation was possible through two methods; namely, Yogam (the strenuous meditative practice) and Karpam (ambrosia of Gods). Siddhas refer to these two resultant statuses as Aathma Siddhi and Kaaya Siddhi; it may be religiously interpreted as Spiritual salvation and Physical salvation. The physical transformation attained through these two methods are termed as Deva (divine angel) and Devaththodoppar (equal to God) by Thirumoolar in his Thirumandhiram.

Siddhas, with their basic knowledge of improving longevity through herbs, added an age old practice of meditation known as Yogam, re-fined by them as Astaanga Yogam (The Spiritual practice of eight steps) and preached the same for spiritual salvation.

In Yogam, the first form parts, namely, Iyamam, Niyamam, Aadha-nam and Praa Namayamam helped Siddhas to overcome the debilities of the Body. The next two, namely, Prathyaagaaram and Thara Nai, erased their negative thoughts and replaced them with positive thoughts, and thus, helped them to overcome the debilities of the mind. The final two, namely, Dyanam and Samaadhi, are mind practices to narrow-down thoughts and focus the same towards destined goal by overcoming the debilities of the soul enabling them to attain Spiritual excellence.

During Dyanam, especially at its peak moments known as "Mau-nam", Siddhas were facilitated to journey through unknown realms of knowledge and get answers for all their unanswered questions. A re-petitive attempt of "Maunam" helped them to get introduced to newer avenues of knowledge rendered them as "Gnaana Saasthirams". During Samaadhi, they were able to separate their spirit and travel to unknown lands and acquire newer experiments and knowledge. It appears that, Samaadhi is a secret workout for rejuvenation and revitalisation of the Body components especially after taking Karpam. Thus, Siddha Chat-taimuni and others assumed Samaadhi state for several times, and achieved their mythic longevity. Probably, Saamaadhi was responsible for the rejuvenation of the Siddhas.

By Ashtaanga Yogam, one can purify the Body, mind and spirit and can enter into the cosmos and decipher in secrets. While in this status, Siddhas kept their Body under the custody of their disciples in Samaa-dhi (usually, for specific decades), separated their spirit and travelled to places beyond the cosmic orbit. It appears that they may have travelled with their spiritual self at such times, to places whose ecological environment cannot support their physical Body.

But, by Karpam, one can become a planet himself. That is, one can attain physical immortality by transforming the biologically dependant Body into a Body of aura that is glorified in mythology.

On Alchemy and Mysticism to embrace Mother Nature:

As a by-product of their Karpam, Siddhas have unlocked the secret of the Nature that converts the base metal into a noble one known as Vaadham (Alchemy of metals) and reached its highest limits that could challenge modern thinkers.

Siddhas wished that their secrets were made known to true, worthy people, with no barrier of caste, creed and credulity. Since, acquisition of Vaadham and Karpam by wrong persons can produce evil effect over human society they recorded their secrets buried in esoteric terms like sacred spells, secret worship, mysterious idols, cryptic methodologies, etc.

Siddhas devised sacred spells and incepted structural indications of their scientific message in the form of temples, where the idols with mystic details were erected. The wiser ones motivated by destiny were expected to cipher the real meaning, act upon them and thus become a Siddha. That is why, Siddhas like Sivavaakkiyar cast an open question as: what is temple? What is God? and, so on. For such a person the static Lingam could mean cosmic initiation to create lives on earth and the kinetic Nataraja in a temple could mean cosmic impact on survival of lives, creation, and so on.

The sacred spells were originally devised by Siddhas with some inner secondary meaning that can lead to ciphering two kinds of above salvations and their combined achievement too. For instance, 'Ohm' is a combination of sounds A+U+M which is explained by Siddhas as Spirit + Body + Merging which refers to Immortality, their ultimate object. While in Na + Ma + Si + Va + Ya, the sound chunks 'Na Ma' refers to Karpam and 'Si Va' refer to Yogam and 'Ya' refers to the combined result of these two practices.

Siddhas interpreted their secret coding by using their esoteric terms with the Tamil numerics like Agaram ('A', 8, Spirit) + Ugaram ('U', 2, Body) = Yagaaram ('Ya', 10, immortal Body). Where numbers (8 + 2 gets transformation as 10, a new number sounds A = U (through method M) get transformation as Ohm, a new sound processes Na Ma + Si Va get transformation as Ya, a new Body. In Toto, the sacred spell Ohm Na Ma Si Va Ya has a mystic message that, "Eat Na Ma and breath Si Va to attain Ya, the immortal Body ("Ohm")". Hence, Na Ma Si Va Ya is a sacred message to the mankind at large.

On the two branches of Science to enable the mastery of human creation:

Siddhas are not saints; they are in a way, scientists of nature. Not all can, and will, become a Siddha. For, One becomes a Siddha by birth, grows up as Siddha by his faith, effort and opportunity. One opts to become a Siddha to gain wisdom himself and impart the same to his society and thus help his fellow men to use their birth for a noble meaning and purpose.

The mystic school of Siddhas was of two kinds, namely, internal and external; internally they studied their Body, understood its mechanism, identified its network with mind, and formed the science of Yogam; and, externally they observed the earth and the cosmos and formed the science of Karpam.

They understood cause and effect of nature and adapted their understanding to invent many useful things to human society. Thus, Siddhas have contributed in almost all fields. They founded the science of astrology to predict the future of individuals by analysing the planetary position at the time of one's birth. They discovered longevity and immortality techniques and hid that knowledge in the religion of the Tamils. Hence, the Tamil god ideas are, in reality, mythical explanation of science of alchemy in disguise. They advocated refinement of metals natural techniques by applying their understanding of cosmic set-up. They devised numerous surgical instruments and used them for delicate surgery in their patient care. They invented many scientific marvels that would still be a mystery of modern science. They observed the nature of Nature, and invented many vehicles that could travel on road, water and sky. They overcame gravity by devising Kuligai, and used the same for aerial travel. They replicated the above idea to overcome other natural forces also and were able to perform mysterious facts. They combined excellence in physics and chemistry has gone to the extent of inventing robots that can be operated by gestures.

Conclusion:
Siddhas were mystics of Ancient India. They believed that human race was created to excel in knowledge and help human societies form an advanced civilization on the Earth. They knew that they needed to live longer and even become immortals to achieve this goal.

In Indian context Siddhas were considered as doctors but in Western context, such people were called Philosophers. Nevertheless, a deeper understanding of social reformers, priest kings, pioneers of different cultures, etc. Siddhas speak about spirit, soul and body in their scripts. They also compare cosmos, nature and earth in their science.

The unique attainment of Siddhas could be their mastery over physical and cosmic sciences. Siddhas believed that physical science is comparable with cosmic science. Thus, through their physical and cosmic observations, they succeeded in inventing ambrosia of Gods and many became Gods themselves.

≡ BIBLIOGRAPHY ≡

In TAMIL:

- *Agathiyar, Vaidya Pooranam* – 205, Central Council for Research in Ayurveda and Siddha, New Delhi – 58, 1997.

- *Bogar, Karpa Vidhi* – 300, *In Siddhar Kaya Karpam* (collection), Central Council for Research in Ayurveda and Siddha, New Delhi – 16, 1981.

- *Karuvoorar, Palathirattu*, International Institute of Tamil Studies, Madras – 113, 1982.

- *Konganar, Nadukandam* – 1000, Central Council for Research in Ayurveda and Siddha, New Delhi – 58, 2001.

- *Machchamuni, Perunool* – 800 Central Council for Research in Ayurveda and Siddha, New Delhi – 16, 1985.

- In English – Ancient History and Archaeology:

- Alan and Sally Landsburg, The Outer Space Connection, Corgi Books, Transworld Publishers Ltd., New York, 1975.

- Andrew Thomas, We are not the first – Riddles of ancient Science, Bantam Books, New York, USA, 1973.

- Joseph L. Gardner (Project Editor), Mysteries of the Ancient, Reader's Digest General Books, USA, 1986.

- Mc Kay, Hill, Buckler & Ebrey, A History of World Societies, Vol. A., Houghton Mifflin Co., Boston, New York, 2000.

Research Books:

- Annie Besant and Leadbeater, C.W., Thought Forum, The Theosophical Publishing House, Madras, 1971.

- Shanmuga Velan, A., Dr. Siddhar's Science of Longevity and Kalpa Medicine of India, Sakthi Nilayam, Madras – 10, 1963.

- Nemisharan Mital, World Famous Mythologies, Pustak Mahal, New Delhi, 2003.

- Rene Welek and Austin Warran, Theory of Literature, London, 1961.
- Fink, B. The Human Larynx, Raven, New York, 1975.
- Sundberg J., Vertical Larynx Position – Research findings and their relationships to singing (discussion). Journal of Voice, (vol.2 pp.220-222), 1987.

Ebooks – Etexts:

- Demetrius Charles Boulger, China (ebook) – www.web_books.com
- Edward Furlong, The Immortals, (etext) – Pritchard James B., Ancient Near Eastern Texts (ANET), Princeton University Press, 1950, etext at:http://www3.sympatico.ca/nimbus/K1.htm
- Edward Kelly, The Stone of the Philosophers – http://www.sacred-texts.com/alc/kellystn.htm
- Frank Lewis Dyer and Thomas C. Martin, Edison, His Life and Inventions, The Project Guternberg Ebook, (2006).
- Nicholas Flamel, The Book of Abraham The Jew – http://www.alchemylab.com/flamel.htm
- Plato. The Dialogues of Plato, vol. 2, B. Jowett (transl.), - Random House, New York, 1892, 1920.
- The Rig Veda, (Etext) Ralph T.H. Griffith, Trans., 1896 & 1889. – http://www.sacred-texts.com
- The Six Keys of Eudoxus – http://www.sacred-texts.com/alc/eudoxus.htm
- Genetics identify the first Indians – www.hindustantimes.com/storypage/print/295146.aspx
- Great Human Migration – http://www.maduraimessenger.org/printed-version/2010/july/the-great-human-migration/
- Miracles of Vallalar – www.vallalar.org/articlesenglish/9
- Mount Meru as depicted in an old Buddhist cave sanctuary in Chinese Turkestan – http://www.thelivingmoon.com/42stargate/03files/Mount_Meru.html

- People living on mountains live longer – http://www.sciencedaily.com/releases/2011/03/110325251643
- Surgery for curing bloodclot in Brain – http://en.wikipedia.org/wiki/cerebral_infraction
- Surgery in throat – http://voice-teacher.com/howvoiceworks.html
- Unusually long lived people in USA – www.vanished.com/pages/unusually_long_lived_people.htm
- Yogic Longevity – http://www.amazingabilities.com/amaze7a./html
- Vertical and Saggital Position of Larynx in Singing, Department of Communication, University of Jyvaskyla, Jyvaskyla, Finland. – http://users.jyu.fi/-hurme/Sthlm.html